A ALEGRIA
DE VIVER

A ALEGRIA DE VIVER

REVELANDO O SEGREDO E A CIÊNCIA DA FELICIDADE

MINGYUR RINPOCHE

com Eric Swanson

Tradução: Cristina Yamagami

Do original: *The joy of living*.
Tradução autorizada do idioma inglês da edição publicada por Harmony Books.
Copyright © 2007 Yongey Mingyur Rinpoche

Todos os direitos desta edição são reservados:
© 2021 Editora Lúcida Letra Eireli

Coordenação editorial: Vítor Barreto
Tradução: Cristina Yamagami
Revisão: Paula Rozin
Projeto gráfico: Mariana Erthal (www.eehdesign.com)
Foto da capa: Bema Orser Dorje

1ª edição, Elsevier, 2007
2ª edição, Lúcida Letra, 04/2021

Dados Internacionais de Catalogação na Publicação (CIP)

Y78a	Yongey Mingyur, Rinpoche, 1976-.
	Alegria de viver : descobrindo o segredo da felicidade / Mingyur Rinpoche com Eric Swanson ; tradução: Cristina Yamagami. – Teresópolis, RJ : Lúcida Letra, 2021.
	312 p. ; 23 cm.
	Inclui glossário.
	Tradução de: The joy of living.
	ISBN 978-65-86133-26-4
	1. Vida espiritual - Budismo. 2. Felicidade. 3. Meditação. 4. Emoções. 5. Sentimentos. I. Swanson, Eric. II. Yanagami, Cristina. III. Título.
	CDU 294.3

Índice para catálogo sistemático:
1. Vida espiritual : Budismo 294.3
(Bibliotecária responsável: Sabrina Leal Araujo – CRB 8/10213)

SUMÁRIO

INTRODUÇÃO PARA A 2ª EDIÇÃO BRASILEIRA 10
PREFÁCIO 13
INTRODUÇÃO 16

PARTE I: A BASE 25

1 - A JORNADA COMEÇA 26
    1.1 - Um encontro de mentes 29
    1.2 - A importância da linhagem 31
    1.3 - Encontrando minha mente 37
    1.4 - A luz do ocidente 41

2 - A SINFONIA INTERNA 45
   2.1 - O que está acontecendo lá? 49
   2.2 - Três cérebros em um 54
   2.3 - O maestro inexistente 59
   2.4 - Atenção plena 62

3 - ALÉM DA MENTE, ALÉM DO CÉREBRO 66
   3.1 - A mente natural 67
   3.2 - A paz natural 70
   3.3 - Conhecendo sua mente natural 73
   3.4 - Mente, corpo ou ambos? 74
   3.5 - Ser você 76

4 - VACUIDADE: A REALIDADE ALÉM DA REALIDADE 81
   4.1 - Duas realidades: a absoluta e a relativa 85
   4.2 - Um exercício de vacuidade 89
   4.3 - A física da experiência 92
   4.4 - A liberdade da probabilidade 97

5 - A RELATIVIDADE DA PERCEPÇÃO 100
   5.1 - Interdependência 101
   5.2 - Sujeitos e objetos: uma visão neurocientífica 105
   5.3 - O dom da incerteza 109
   5.4 - Contexto: uma perspectiva cognitiva 110
   5.5 - A tirania do tempo 112
   5.6 - Impermanência 118

6 - A DÁDIVA DA CLAREZA..121
    6.1 - A consciência natural..122
    6.2 - Iluminando a escuridão......................................124
    6.3 - Aparência e ilusão...126
    6.4 - A união de clareza e vacuidade 130

7 - COMPAIXÃO: A SOBREVIVÊNCIA DO MAIS GENTIL. 133
    7.1 - A biologia da compaixão 134
    7.2 - O acordo para discordar 136

8 - PORQUE SOMOS INFELIZES?....................................140
    8.1 - O corpo emocional...143
    8.2 - Estados e características pessoais 145
    8.3 - Fatores condicionantes 146
    8.4 - Aflições mentais...148
    8.5 - Aflição ou oportunidade?..................................156

PARTE II: O CAMINHO..159

9 - ENCONTRANDO SEU EQUILÍBRIO...........................160
    9.1 - Sabedoria e método..162
    9.2 - Postura física..164
    9.3 - Postura mental 168

10 - SIMPLESMENTE REPOUSAR: O PRIMEIRO PASSO....170
    10.1 - Meditação sem objeto......................................172

11 - PRÓXIMOS PASSOS: REPOUSANDO NOS OBJETOS..176
   11.1 - As portas da percepção...177
   11.2 - Meditação com um objeto..178
   11.3 - Outros suportes úteis..191

12 - TRABALHANDO COM PENSAMENTOS E SENTIMENTOS 194
   12.1 - Usando seus pensamentos 198
   12.2 - O caso especial dos pensamentos desagradáveis 204
   12.3 - Usando as emoções 205

13 - COMPAIXÃO: ABRINDO O CORAÇÃO DA MENTE...210
   13.1 - O significado da bondade amorosa e da compaixão....211
   13.2 - Aprendendo aos poucos 214
   13.3 - Nível um 217
   13.4 - Nível dois...226
   13.5 - Nível três...229

14 - COMO, QUANDO E ONDE PRATICAR........................233
   14.1 - Escolha o que funciona para você................................234
   14.2 - Períodos curtos, muitas vezes 236
   14.3 - Prática informal...241
   14.4 - Em qualquer momento, em qualquer lugar.............244
   14.5 - Concluindo...246

PARTE III: O FRUTO **248**

15 - PROBLEMAS E POSSIBILIDADES 249

    15.1 - Estágios progressivos da prática da meditação 252

    15.2 - Confundindo experiência com realização 258

16 - UM TRABALHO INTERNO 262

    16.1 - Sobreviver ou ter sucesso: eis a questão 263

    16.2 - Direcionando o cérebro 264

    16.3 - O fruto da compaixão 271

17. A BIOLOGIA DA FELICIDADE 276

    17.1 - Aceitando seu potencial 277

    17.2 - Mente feliz, corpo saudável 280

    17.3 - A biologia da absoluta felicidade 283

    17.4 - Os benefícios de reconhecer a vacuidade 284

18. SEGUINDO EM FRENTE 289

    18.1 - Encontrando um professor 292

    18.2 - Escolhendo a felicidade 294

AGRADECIMENTOS 299

GLOSSÁRIO 301

SOBRE OS AUTORES 310

INTRODUÇÃO PARA A 2ª EDIÇÃO BRASILEIRA

Conheci Mingyur Rinpoche quando ele ainda era uma criança de 10 anos, durante os anos que passei no Nepal estudando com seu pai, o renomado mestre de meditação, Tulku Urgyen Rinpoche. Naquela tenra idade, Mingyur Rinpoche era incrivelmente inteligente e tinha grande desejo de aprender e vivenciar a tradição de meditação da sua própria tradição familiar de grandes meditadores, tão reverenciada pela cultura do Himalaia. Essa paixão continuou a guiar e enriquecer Mingyur Rinpoche até os dias de hoje.

Desde jovem, Mingyur Rinpoche tem se dedicado a fazer todo o possível para tornar disponíveis os ensinamentos e a prática da meditação que têm sido tão enriquecedoras para ele, quanto para pessoas ao redor do mundo que procuram maneiras autênticas e eficazes de trabalhar com seus corações e mentes. Ele se dedica a compartilhar esses ensinamentos e técnicas para que outras pessoas possam ter uma vida equilibrada, aberta e conectada ao mundo à sua volta. Esse chamado foi a inspiração para a publicação em 2007 do livro *A Alegria de Viver: Revelando o Segredo e a Ciência da Felicidade*. Na mesma época, Mingyur Rinpoche e quatro de seus alunos próximos formaram a Comunidade de Meditação Tergar, uma afiliação de grupos e comunidades que seguem e compartilham os ensinamentos de Mingyur Rinpoche. Nos quatorze anos desde que o livro foi publicado pela primeira vez, tive a oportunidade de testemunhar o impacto que esse livro teve sobre indivíduos, famílias e comunidades de todo o mundo.

Durante as muitas vezes em que acompanhei Mingyur Rinpoche em suas viagens de ensinamentos, vi em primeira mão como o público responde ao seu exemplo extraordinário dos benefícios que a meditação pode trazer. Independentemente do lugar do mundo onde estivéssemos, a história pessoal do Rinpoche e o profundo impacto que a meditação teve em sua vida repercutiam fortemente em muitos. Sua apresentação da consciência como a qualidade essencial e natural que todos nós possuímos, e que pode ser acessada a qualquer momento, por qualquer pessoa, tocou e transformou milhares. Embora os ensinamentos de Mingyur Rinpoche tenham sua origem no coração da antiga tradição budista, a maneira como ele os compartilha é bastante atual, acessível e cativante. Mingyur Rinpoche vem aproveitando a popularização do movimento da atenção plena, vinculando-o a essa tradição tão poderosa e autêntica de incorporar as infinitas possiblidades que se apresentam quando realmente domamos a nossa mente e abrimos o nosso coração.

Poucos anos depois da publicação de *A Alegria de Viver*, enquanto a comunidade Tergar estava começando a se formar, Mingyur Rinpoche deixou seu monastério no meio da noite para começar um retiro errante de quatro anos e meio pelo Himalaia e nas planícies da Índia. Essa jornada épica, seguindo os passos de grandes mestres do passado, surgiu de sua profunda dedicação aos ensinamentos que ele compartilhou em *A Alegria de Viver* e inspirou tantas pessoas. Uma prova do poder que *A Alegria de Viver* tem de atrair pessoas para vivenciar os benefícios da meditação foi que a Comunidade de Meditação Tergar continuou a crescer e prosperar apesar da ausência do Rinpoche. Hoje, Mingyur Rinpoche tem alunos em todos os continentes e em mais de 100 grupos e comunidades ao redor do mundo. Seus vídeos de ensinamentos já foram vistos milhões de vezes.

As mensagens contidas em *A Alegria de Viver*, e o professor que as incorpora, nunca foram mais relevantes e oportunas do que são hoje. Com tanta discórdia e sofrimento no mundo, todos nós desejamos e precisamos de consciência, compaixão e sabedoria que a meditação pode trazer para nós. Minha aspiração é que esta nova edição brasileira de *A Alegria de Viver* beneficie todos aqueles que entrarem em contato com ela e que seja uma centelha de alegria e paz para todos nós.

Por Timothy Olmsted

Instrutor sênior do Tergar International, fundador da Yongey Foundation e presidente da Pema Chödrön Foundation

PREFÁCIO

Estamos testemunhando uma época sem precedentes na história da ciência: um diálogo sério e de mão dupla entre cientistas e religiosos. Do ponto de vista científico, parte desse encontro tem sido revelador. Meu ramo da ciência, a psicologia, sempre pressupôs que suas raízes seriam encontradas na Europa e na América do Norte, mais ou menos no início do século XX. Essa visão se mostrou tanto culturalmente preconceituosa quanto historicamente míope: as teorias da mente e de seu funcionamento — isto é, os sistemas psicológicos — foram desenvolvidos pela maioria das grandes religiões do mundo, todas da Ásia.

Na década de 1970, durante uma viagem para a Índia quando ainda estava na faculdade, estudei o Abhidharma, um dos mais elegantes exemplos dessa antiga psicologia budista. Fiquei atônito ao descobrir que as questões básicas de uma ciência da mente haviam sido exploradas por milênios, não somente por um mero século. A psicologia clínica, minha área na época, buscava ajudar a aliviar os vários sofrimentos emocionais. Contudo, para a minha surpresa, descobri que esse sistema, de um milênio de idade, articulava um conjunto de métodos não apenas para curar o sofrimento mental, mas também para expandir as capacidades humanas positivas, como a compaixão e a empatia. E, mesmo assim, nunca vira nenhuma referência a essa psicologia em meus estudos.

Hoje, o vigoroso diálogo entre praticantes dessa antiga ciência interior e cientistas modernos floresceu em uma colaboração ativa. Essa parceria de trabalho foi catalisada pelo Dalai Lama e pelo *Mind and Life Institute*, que por vários anos reuniram budistas e acadêmicos em discussões com cientistas modernos. O que começou como conversas exploratórias evoluiu para um esforço conjunto para pesquisas posteriores. Como resultado, especialistas da ciência mental budista têm trabalhado com neurocientistas para elaborar e conduzir pesquisas que documentarão o impacto neural desses vários treinamentos mentais. Yongey Mingyur Rinpoche tem sido um dos praticantes especialistas mais ativamente envolvidos nessa aliança, trabalhando com Richard Davidson, diretor do *Waisman Laboratory for Brain Imaging and Behavior* da Universidade de Wisconsin. Essa pesquisa gerou resultados impressionantes que, replicados, mudarão para sempre algumas hipóteses científicas básicas — por exemplo, a de que o treinamento sistemático em meditação, quando feito de forma constante ao longo dos anos, pode aumentar a capacidade humana de gerar alterações positivas na atividade cerebral em uma extensão jamais sonhada pela moderna neurociência cognitiva.

Talvez o resultado mais incrível até agora tenha vindo do estudo de um grupo de especialistas em meditação que incluiu Yongey Mingyur Rinpoche (como ele descreve neste livro). Durante uma sessão de meditação sobre a compaixão, a atividade neural em um centro-chave do sistema cerebral para a felicidade aumentou 700% a 800%! Em pessoas comuns — voluntários que começavam a meditar — a mesma área aumentou sua atividade em meros 10% a 15%.

Esses especialistas em meditação apresentam níveis de prática típicos de atletas olímpicos — entre 10 mil e 55 mil horas ao longo de uma vida inteira —, aprimorando suas habilidades de meditação durante anos de retiro. Yongey Mingyur é uma espécie de prodígio nesse sentido. Ainda na infância, recebeu instruções para meditação profunda de seu pai, Tulku Urgyen Rinpoche, um dos mais reconhecidos mestres que saíram do Tibete logo antes da invasão comunista. Com apenas 13 anos, Yongey Mingyur foi inspirado a participar de um retiro de meditação de três anos de duração. E, ao fim do período, foi nomeado mestre de meditação de todos os futuros retiros de três anos naquele monastério.

Yongey Mingyur também é excepcional em seu grande interesse pela ciência moderna. É fervoroso espectador de várias reuniões do Mind and Life Institute e aproveitou todas as oportunidades de se encontrar com cientistas que pudessem lhe explicar mais sobre suas especialidades. Muitas dessas conversas revelaram semelhanças extraordinárias entre pontos-chave do budismo e da ciência moderna, não apenas na psicologia, mas também em princípios cosmológicos resultantes dos recentes avanços da teoria quântica. A essência dessas conversas é compartilhada neste livro. Os pontos mais esotéricos são incorporados em uma narrativa mais ampla.

Uma apresentação mais pragmática das práticas meditativas básicas que Yongey Mingyur ensina de forma bastante acessível. Afinal, este é um guia prático, um manual para uma vida melhor. E esta jornada começa em qualquer ponto em que estivermos, assim que dermos o primeiro passo.

Daniel Goleman

INTRODUÇÃO

Este livro ganhou vida com a tarefa relativamente simples de reunir transcrições das palestras mais recentes de Yongey Mingyur Rinpoche em centros budistas ao redor do mundo e editar todo o material de maneira logicamente estruturada. (Vale notar que Rinpoche — que pode ser aproximadamente traduzido do tibetano como "o precioso" — é um título vinculado ao nome de um grande mestre, similar à forma como o título PhD é agregado ao nome de uma pessoa considerada especialista em várias áreas do conhecimento ocidental. De acordo com a tradição tibetana, é comum dirigir-se a um mestre que tenha recebido o título de Rinpoche somente por esse título.)

Entretanto, como muitas vezes acontece, tarefas simples tendem a ganhar vida própria, expandindo-se para além de seu escopo inicial em projetos muito maiores. Como a maioria das transcrições que recebemos foi feita a partir dos primeiros ensinamentos de Yongey Mingyur, elas não refletiam o entendimento detalhado da ciência moderna que ele adquiriu ao longo de suas discussões posteriores com cientistas europeus e norte-americanos, de sua participação nas conferências do *Mind and*

Life Institute[1] e de sua experiência pessoal como um objeto de estudos do *Waisman Laboratory for Brain Imaging and Behavior* da Universidade de Wisconsin, Madison.

Felizmente, abriu-se uma oportunidade de trabalhar no texto diretamente com Yongey Mingyur quando este fez uma pausa em sua agenda de ensinamentos ao redor do mundo para passar uma temporada no Nepal nos últimos meses de 2004. Devo admitir que fiquei mais inspirado pelo medo do que pela empolgação diante da perspectiva de passar vários meses em um país tomado pelo conflito entre o governo e as facções rebeldes. Entretanto, quaisquer inconveniências pelas quais eu possa ter passado durante minha estada lá foram mais do que suplantadas pela oportunidade extraordinária de passar uma ou duas horas por dia na companhia de um dos professores mais carismáticos, inteligentes e experientes que jamais tive o privilégio de conhecer.

Nascido em 1975, em Nubri, Nepal, Yongey Mingyur Rinpoche é uma estrela em ascensão da nova geração de mestres do budismo tibetano treinados fora do Tibete. Profundo conhecedor das disciplinas práticas e filosóficas de uma tradição antiga, possui vasto conhecimento das questões e dos detalhes da cultura moderna, tendo viajado por quase uma década em todo o mundo, encontrando-se e conversando com uma grande variedade de indivíduos, de cientistas internacionalmente renomados a pessoas comuns tentando resolver pequenas rixas com vizinhos furiosos.

Suspeito que a facilidade com que Rinpoche é capaz de transitar por situações complexas e algumas vezes emocionalmente carregadas com as quais se depara em suas viagens pelo mundo resulte em parte de ter sido preparado, desde a infância, para os rigores da vida pública. Aos 3 anos, foi formalmente reconhecido pelo 16º Karmapa (um dos mestres budistas mais respeitados e admirados do século XX) como a sétima encarnação de Yongey Mingyur Rinpoche, um estudioso e grande mestre de meditação do século XVII, conhecido, em particular, como o mestre

---

1 Um diálogo público anual entre budistas e cientistas modernos iniciado em 1987 pelo Dalai Lama e Francisco Varela, um dos neurocientistas mais proeminentes do século XX

dos métodos avançados da prática budista. Por volta da mesma época, Dilgo Khyentse Rinpoche informou aos pais de Rinpoche que o filho deles também era a encarnação de Kyabje Kangyur Rinpoche, mestre de meditação de imenso talento prático que, como um dos primeiros grandes mestres tibetanos a voluntariamente aceitar o exílio de sua terra natal no início das mudanças políticas que começaram a abalar o Tibete na década de 1950, instruiu, até a sua morte, um grande número de estudantes orientais e ocidentais.

Para os que não estão familiarizados com os detalhes do sistema tibetano de reencarnação, uma nota explicativa é necessária aqui. De acordo com a tradição do budismo tibetano, acredita-se que os grandes mestres que atingiram os níveis mais altos de *iluminação* são inspirados por uma grande compaixão a renascer várias e várias vezes para ajudar todos os seres vivos a descobrirem em si a total liberdade da dor e do sofrimento. O termo tibetano para esses homens e mulheres altamente comprometidos é *tulku*, uma palavra que pode ser traduzida como "emanação física". Sem dúvida, o *tulku* mais conhecido da atualidade é o Dalai Lama, cuja atual encarnação exemplifica o compassivo comprometimento com o bem-estar dos outros atribuído a um mestre reencarnado.

Cabe a você escolher acreditar que o atual Yongey Mingyur Rinpoche desenvolveu a mesma ampla variação de habilidades práticas e intelectuais ao longo de várias encarnações sucessivas ou as dominou por meio de um nível realmente excepcional de diligência pessoal. O que distingue o Yongey Mingyur Rinpoche atual dos detentores prévios do título é a escala internacional de sua influência e renome. Enquanto as encarnações prévias da linha de tulkus do Yongey Mingyur Rinpoche foram um tanto limitadas pelo isolamento geográfico e cultural do Tibete, as circunstâncias conspiraram para permitir ao atual detentor do título comunicar a profundidade e a extensão de seus conhecimentos a um público de milhares de pessoas, da Malásia aos Estados Unidos.

Os títulos e as linhagens, entretanto, oferecem pouca proteção contra as dificuldades pessoais pelas quais Yongey Mingyur Rinpoche sem dúvida passou. Conforme ele relata, sempre com muita candura, apesar de ter sido criado por uma família afetuosa em uma região do Nepal reconhecida por suas belezas naturais, passou a infância atormentado pelo que provavelmente seria diagnosticado por especialistas ocidentais como síndrome do pânico. Na primeira vez em que me falou sobre a profundidade da ansiedade que caracterizou sua infância, achei difícil acreditar que aquele jovem afetuoso, charmoso e carismático havia passado a maior parte de sua infância em um estado constante de medo. Trata-se de uma afirmação não somente de seu caráter extraordinariamente forte, mas também da eficácia das práticas do budismo tibetano apresentadas neste livro, o seu primeiro, e de sua capacidade de dominar e superar essa aflição sem recorrer a nenhuma ajuda química ou terapêutica convencional.

O testemunho pessoal de Rinpoche não é a única evidência de seu triunfo sobre uma devastadora dor emocional. Em 2002, como um dos oito experientes praticantes de meditação budista participando de um estudo conduzido por Antoine Lutz, PhD — neurocientista treinado por Francisco Varela — e Richard Davidson, PhD, neurocientista reconhecido internacionalmente e membro do Conselho Científico do National *Institute of Mental Health*, Yongey Mingyur passou por uma bateria de testes neurológicos no *Waisman Laboratory* em Madison, Wisconsin. Os testes empregaram a última palavra em tecnologia de ressonância magnética funcional (fMRI), que — diferentemente da tecnologia padrão de ressonância magnética que fornece apenas uma espécie de fotografia das atividades cerebrais e corporais — faz um registro visual momento a momento dos diferentes níveis de atividade em diversas áreas do cérebro. O equipamento de eletroencefalograma utilizado para mensurar os minúsculos impulsos elétricos que ocorrem quando as células cerebrais se comunicam também era muito sofisticado. Enquanto um procedimento típico de eletroencefalograma envolve a fixação de apenas 16 eletrodos na cabeça para medir a atividade elétrica na superfície do crânio, o equipamento utilizado no *Waisman Laboratory* empregou 128 eletrodos para mensurar pequenas alterações na atividade elétrica que ocorriam profundamente nos cérebros das pessoas analisadas.

Os resultados da ressonância magnética funcional e do eletroencefalograma desses oito experientes praticantes da meditação foram impressionantes em dois níveis. Enquanto praticavam a meditação sobre a compaixão e a bondade amorosa, a região do cérebro normalmente ativada pelo amor materno e pela empatia foi mais marcadamente ativada pelos praticantes de longo prazo do budismo do que pelos participantes do grupo de controle, que receberam instruções de meditação uma semana antes dos testes e orientações para praticar diariamente. A capacidade de Yongey Mingyur de gerar tal estado altruísta e positivo se mostrou verdadeiramente impressionante, já que mesmo pessoas que não sofrem de síndromes de pânico muitas vezes têm sensações de claustrofobia ao se deitarem no espaço confinado de um *scanner* de ressonância magnética funcional. O fato de ser capaz de concentrar sua mente tão habilmente mesmo em um ambiente claustrofóbico sugere que seu treinamento em meditação superou a propensão para ataques de pânico.

Mais notadamente, as medições resultantes do eletroencefalograma da atividade cerebral nos praticantes experientes durante a meditação estavam aparentemente tão fora da escala de leituras normais de eletroencefalograma que — da forma como eu entendo —, a princípio, os técnicos do laboratório pensaram que o equipamento pudesse estar com defeito. Contudo, depois de verificar o equipamento, os técnicos foram forçados a eliminar a possibilidade de mau funcionamento e encarar a realidade de que a atividade elétrica associada à atenção e à consciência fenomênica superava qualquer coisa que já haviam testemunhado. Saindo da linguagem tipicamente cautelosa dos cientistas modernos, Richard Davidson falou sobre o experimento em uma entrevista para a revista Time em 2004: "Ficamos empolgados... Não esperávamos ver nada tão surpreendente."[2]

Nas páginas a seguir, Yongey Mingyur fala de forma muito honesta sobre seus problemas pessoais e sua luta para superá-los. Ele também descreve seu primeiro encontro, na infância, com um jovem cientista chileno

---

2 Michael D. Lemonick, "The Biology of Joy", Time, 17 de janeiro de 2005

chamado Francisco Varela, que se tornaria um dos mais proeminentes neurocientistas do século XX. Varela foi treinado pelo pai de Yongey Mingyur, Tulku Urgyen Rinpoche, cujos cursos na Europa, América do Norte e Ásia atraíram milhares de alunos. Varela desenvolveu uma grande amizade com Yongey Mingyur, apresentando-lhe as ideias ocidentais sobre a natureza e o funcionamento do cérebro humano. Notando seu interesse em ciências, outras pessoas dentre os alunos ocidentais de Tulku Urgyen começaram a ensinar física, biologia e cosmologia a Yongey Mingyur. Essas "aulas de ciências", que lhe foram oferecidas quando tinha 9 anos, surtiram um profundo efeito sobre ele e, mais tarde, o inspiraram a encontrar um meio de unir os princípios do budismo tibetano e da ciência moderna de uma forma acessível àqueles que, impossibilitados de ler e digerir todas as publicações científicas existentes, ou os céticos, ou aqueles impressionados pelo enorme volume de livros budistas, ainda assim desejassem uma alternativa prática de atingir um senso mais estável e duradouro de bem-estar pessoal.

Entretanto, antes de poder iniciar tal projeto, Yongey Mingyur precisava completar sua educação budista formal. Entre as idades de 11 e 13 anos, viajava de um lado para outro entre o monastério de seu pai, no Nepal, e o monastério Sherab Ling, na Índia, a principal residência do 12º Tai Situ Rinpoche, atualmente um dos mais importantes professores do budismo tibetano ainda vivos. Sob a orientação dos mestres budistas no Nepal e em Sherab Ling, se dedicou a um intenso estudo dos sutras, que representam as próprias palavras do Buda, e dos shastras, um conjunto de textos que representam comentários do budismo indiano sobre os sutras, bem como textos seminais e comentários de mestres tibetanos. Em 1988, ao final desse período, Tai Situ Rinpoche lhe concedeu permissão para participar de seu primeiro programa de retiro de três anos em Sherab Ling.

Criado séculos atrás no Tibete como a base de um treinamento avançado de meditação, o retiro de três anos é um programa altamente seletivo que envolve o estudo intensivo das técnicas fundamentais da prática de meditação do budismo tibetano. Yongey Mingyur Rinpoche foi um dos alunos mais jovens na história do budismo tibetano a receber permissão para entrar nesse programa. Seu progresso foi tão impressionante que, depois de completar o programa, Tai Situ Rinpoche o nomeou mestre do próximo retiro no Sherab Ling — fazendo dele, aos 17 anos, o mais jovem mestre de retiro do budismo tibetano. Em suas funções como o mestre de retiro, Yongey Mingyur completou o que totalizava cerca de sete anos de retiro formal.

Em 1994, ao final do segundo retiro, se inscreveu em uma universidade budista, conhecida em tibetano como *shedra*, para dar continuidade à sua educação formal por meio de estudos intensivos de textos budistas essenciais. No ano seguinte, Tai Situ Rinpoche o nomeou o principal representante do Sherab Ling, supervisionando todas as atividades do monastério e reabrindo o shedra, onde deu continuidade a seus estudos, ao mesmo tempo que exercia as funções de professor. Pelos anos seguintes, Yongey Mingyur Rinpoche dividiu seu tempo entre a administração das atividades do monastério, ensinando e estudando no shedra, além de atuar como mestre em outro retiro de três anos. Em 1998, aos 23 anos, recebeu a ordenação monástica completa.

Desde os 19 anos — uma idade na qual a maioria de nós está ocupada com interesses mais mundanos —, Yongey Mingyur mantinha uma cansativa rotina que incluía supervisionar as atividades de monastérios no Nepal e na Índia, viajar pelo mundo inteiro como instrutor, dar aconselhamento individual, memorizar centenas de páginas de textos budistas e absorver o máximo possível de todos os membros da geração de professores de meditação treinados no Tibete.

Porém, o que mais me impressionou desde que o conheci foi sua capacidade de encarar qualquer desafio não só com um invejável nível de serenidade, mas também com um senso de humor inteligente e elegante. Em mais de uma ocasião durante minha estada no Nepal, enquanto eu relia em tom monótono a transcrição de nossa conversa do dia anterior, ele fingia pegar no sono ou ameaçava pular pela janela. Com o tempo, percebi que ele só estava "zombando" de mim por levar meu trabalho muito a sério, demonstrando, de forma especialmente direta, que certo nível de leveza é essencial à prática do budismo. Já que, como o Buda propôs em seus primeiros ensinamentos sobre atingir a iluminação, a essência da vida comum é o sofrimento, então um dos antídotos mais efetivos é o riso — principalmente rir de si mesmo. Cada aspecto da experiência assume certo brilho quando você aprende a rir de si mesmo.

Essa talvez tenha sido a lição mais importante que Yongey Mingyur me ofereceu durante o tempo em que passei com ele no Nepal e sinto-me grato por isso e pelos insights profundos sobre a natureza da mente humana que ele foi capaz de transmitir por meio de sua habilidade ímpar de sintetizar as sutilezas do budismo tibetano e as maravilhosas revelações da ciência moderna. Espero sinceramente que todas as pessoas que lerem este livro encontrem seu próprio caminho através do labirinto da dor, do desconforto e do desespero pessoais que caracterizam a vida cotidiana e aprendam, como eu aprendi, a rir.

Como uma observação final, a maioria das citações dos textos em tibetano e sânscrito é obra de outros tradutores, verdadeiros gigantes em suas áreas, a quem devo enorme gratidão por sua clareza, conhecimento e sabedoria. As poucas citações que não são diretamente atribuídas a outra pessoa são traduções minhas cuidadosamente revisadas por Yongey Mingyur Rinpoche, cujo profundo conhecimento das preces antigas e dos textos clássicos me ofereceu ainda mais um vislumbre da natureza de um verdadeiro mestre budista.

Eric Swanson

PARTE I: A BASE

Todos os seres sencientes, incluindo nós mesmos, já possuem a causa primária da iluminação.

GAMPOPA, *The Jewel Ornament of Liberation*,
tradução de Khenpo Konchog Gyaltsen Rinpoche.

1. A JORNADA COMEÇA

Se houvesse alguma religião que pudesse lidar com todas as necessidades científicas modernas, essa religião seria o budismo.

ALBERT EINSTEIN

Quando é treinado como budista, você não pensa no budismo como uma religião. Você pensa nele como um tipo de ciência, um método para explorar a própria experiência por meio de técnicas que lhe permitam examinar suas ações e reações sem julgamentos, com o olhar voltado para o reconhecimento: "Ah, é assim que minha mente funciona. É isso que preciso fazer para vivenciar a felicidade. É isso que preciso evitar para evitar a infelicidade."

Em sua essência, o budismo é muito prático. Trata-se de fazer coisas que encorajem a serenidade, a felicidade e a confiança, e evitar coisas que provoquem a ansiedade, a desesperança e o medo. A essência da prática budista não é tanto um esforço para mudar seus pensamentos ou seu comportamento para que você se torne uma pessoa melhor, mas perceber que, independentemente de sua opinião sobre as circunstâncias que definem sua vida, você já é bom, pleno e completo. Trata-se de reconhecer o potencial inerente da sua mente. Em outras palavras, o budismo não se preocupa tanto em ficar bem, mas em *reconhecer* que você já é, aqui mesmo e agora, tão pleno, tão bom, tão essencialmente bom quanto poderia esperar ser um dia.

Você não acredita nisso, certo?

Bem, por muito tempo, também não acreditei.

Eu gostaria de começar com uma confissão, o que pode soar estranho vindo de alguém considerado como um lama reencarnado que supostamente fez todo tipo de coisas maravilhosas em suas vidas passadas. Desde a minha infância, fui assombrado por sentimentos de medo e ansiedade. Meu coração acelerava e muitas vezes eu tinha crises de sudorese na presença de desconhecidos. Não havia nenhuma razão para o desconforto que eu sentia. Eu morava em um belo vale, cercado por uma família carinhosa e vários monges, monjas e outras pessoas que estavam profundamente envolvidas em aprender como despertar a paz e a felicidade interiores. Mesmo assim, a ansiedade me acompanhava como uma sombra.

Eu tinha cerca de 6 anos quando comecei a sentir algum alívio. Inspirado mais pela curiosidade infantil do que por qualquer outra coisa, comecei a subir os morros ao redor do vale onde cresci para explorar as cavernas nas quais gerações de praticantes do budismo haviam passado vidas inteiras em meditação. Algumas vezes, eu entrava em uma caverna e fingia meditar. É claro que, na verdade, eu não tinha a menor ideia de como meditar. Só me sentava lá repetindo mentalmente *Om Mani Peme Hung*, um mantra, ou combinações especiais de sílabas antigas, conhecidas por quase todo tibetano, budista ou não. Algumas vezes, eu ficava sentado lá por horas, mentalmente recitando o mantra sem entender o que estava fazendo. Mesmo assim, comecei a sentir certa tranquilidade.

Entretanto, mesmo depois de três anos me sentando em cavernas e tentando descobrir como se meditava, minha ansiedade aumentou até que se tornou o que provavelmente seria diagnosticado no ocidente como síndrome do pânico, com todos os seus sintomas. Por algum tempo, recebi orientações informais de meu avô, um grande mestre de meditação que preferia não fazer alarde de suas realizações; mas, finalmente, reuni coragem para pedir à minha mãe que conversasse com meu pai, Tulku Urgyen Rinpoche, levando meu pedido de estudar formalmente com ele. Meu pai concordou e, pelos três anos seguintes, me instruiu nos vários métodos de meditação.

Eu não entendia muito no começo. Tentava repousar minha mente como ele ensinava, mas minha mente não tinha descanso. Na verdade, durante aqueles primeiros anos de treinamento formal, cheguei a me sentir mais distraído do que antes. Todo tipo de coisa me perturbava: desconforto físico, ruídos de fundo, conflitos com outras pessoas. Anos mais tarde, eu viria a perceber que, na verdade, não estava piorando, mas me tornando mais consciente do fluxo constante de pensamentos e sensações que nunca havia percebido antes. Tendo observado outras pessoas passando pelo mesmo processo, percebo agora que se trata de uma experiência comum a pessoas que estão começando a aprender como examinar suas mentes pela meditação.

Apesar de ter começado a vivenciar breves momentos de calma, o temor e o medo continuavam a me assombrar como fantasmas ansiosos — especialmente porque, a cada período de alguns meses, eu era enviado ao monastério Sherab Ling, na Índia (a principal residência do 12º Tai Situ Rinpoche, um dos maiores mestres do budismo tibetano vivos atualmente e um de meus mais influentes professores, cuja grande sabedoria e gentileza em orientar meu desenvolvimento são dívidas que jamais serei capaz de pagar), para estudar sob as orientações de novos professores, com colegas que não conhecia, e então enviado de volta ao Nepal para continuar o treinamento com meu pai. Passei quase três anos assim, indo de um lado para o outro entre a Índia e o Nepal, recebendo orientações formais de meu pai e de meus professores em Sherab Ling.

Um dos momentos mais terríveis veio logo antes de meu aniversário de 12 anos, quando fui enviado a Sherab Ling com um propósito especial, que vinha temendo por muito tempo: a entronização formal como a encarnação do 1º Yongey Mingyur Rinpoche. Centenas de pessoas foram à cerimônia e passei horas recebendo seus presentes e abençoando-os como se eu fosse alguém realmente importante, e não apenas um garoto aterrorizado de 12 anos. À medida que as horas passavam, fiquei tão pálido que meu irmão mais velho, Tsoknyi Rinpoche, que estava a meu lado, achou que eu fosse desmaiar.

Quando me recordo dessa época e de toda a gentileza que recebi de meus professores, pergunto a mim mesmo como pude ter sentido tanto medo. Em retrospecto, posso ver que a base de minha ansiedade estava no fato de eu não ter verdadeiramente percebido real natureza da minha mente. Eu tinha uma compreensão intelectual básica, mas não o tipo de experiência direta que me permitiria perceber que qualquer sensação de terror ou desconforto era produto de minha própria mente e que as bases inabaláveis da serenidade, da confiança e da felicidade estavam mais perto de mim do que meus próprios olhos.

Ao mesmo tempo em que iniciei meu treinamento budista formal, algo maravilhoso estava ocorrendo; apesar de não ter percebido na época, as novas circunstâncias teriam um impacto duradouro em minha vida e acelerariam meu progresso pessoal. Eu estava gradualmente sendo apresentado às ideias e às descobertas da ciência moderna — em especial, o estudo da natureza e do funcionamento do cérebro.

UM ENCONTRO DE MENTES

Precisamos passar pelo processo de nos sentar e examinar a mente e nossa própria experiência para ver o que, de fato, está acontecendo.

KALU RINPOCHE, *The Gem Ornament of Manifest Instructions*, editado por Caroline M. Parke e Nancy J. Clarice.

Eu era apenas uma criança quando conheci Francisco Varela, um biólogo chileno que mais tarde se tornaria um dos neurocientistas mais renomados do século XX. Francisco fora ao Nepal para estudar o método budista de exame mental e treinar sob a orientação de meu pai, cuja reputação atraiu um grande número de alunos ocidentais. Quando não estávamos estudando ou praticando, Francisco, muitas vezes, conversava comigo sobre a ciência moderna, principalmente sobre sua própria especialidade, que envolvia a estrutura e o funcionamento do cérebro. É claro que ele tinha o cuidado de estruturar suas lições em termos que um menino de 9 anos pudesse entender. Como outras pessoas, entre os alunos ocidentais do meu pai, reconheceram meu interesse em ciência, também elas começaram a me ensinar o que sabiam sobre as teorias modernas de biologia, psicologia, química e física. Era um pouco como aprender duas línguas ao mesmo tempo: por um lado, o budismo e, por outro, a ciência moderna.

Eu me lembro de pensar, mesmo na época, que não parecia haver muita diferença entre ambos. As palavras eram diferentes, mas o significado me parecia relativamente o mesmo. Depois de certo tempo, também comecei a ver que as formas pelas quais os cientistas ocidentais e budistas abordavam seus objetos de estudo eram notadamente similares. Os textos budistas clássicos começam apresentando um fundamento teórico ou filosófico de análise, comumente chamado de "Base". Prosseguem, então, para os vários métodos de prática, comumente chamados de "Caminho" e finalmente concluem com uma análise dos resultados de experimentos pessoais e sugestões para estudos posteriores, descritas como "Fruto". Muitas vezes, a investigação científica ocidental segue uma estrutura similar, começando com uma teoria ou hipótese, uma explicação dos métodos pelos quais a teoria é testada, e uma análise comparativa dos resultados dos experimentos com a hipótese original.

O que mais me fascinou em simultaneamente aprender sobre a ciência moderna e a prática budista foi que, enquanto a abordagem budista era capaz de ensinar às pessoas um método introspectivo e subjetivo para perceber seu pleno potencial para a felicidade, a perspectiva ocidental explicava, de forma mais objetiva, o porquê e como os ensinamentos funcionavam.

Separadamente, tanto o budismo quanto a ciência moderna proporcionavam revelações extraordinárias sobre o funcionamento da mente humana. Juntos, eles formavam um conjunto mais completo e inteligível.

Perto do final daquele período de viagens entre a Índia e o Nepal, fiquei sabendo que um programa de retiro de três anos estava prestes a começar no monastério Sherab Ling. O mestre do retiro seria Saljay Rinpoche, um de meus principais professores em Sherab Ling. Saljay Rinpoche era considerado um dos mais completos mestres do budismo tibetano da época. Homem gentil, com voz profunda, ele tinha uma capacidade impressionante de fazer ou dizer exatamente a coisa certa no momento certo. Estou certo de que alguns de vocês também tiveram a oportunidade de passar algum tempo perto de pessoas que surtiam um tipo semelhante de impacto, pessoas capazes de ensinar lições incrivelmente profundas sem ao menos parecer estar ensinando. A simples forma como elas *são* é uma lição que nos acompanha para o resto de nossas vidas.

Como Saljay Rinpoche era muito velho e aquele provavelmente seria o último retiro que ele lideraria, eu queria muito participar. Entretanto, eu só tinha 13 anos, uma idade normalmente considerada insuficiente para tolerar os rigores de três anos em um retiro. Mesmo assim, implorei para que meu pai intercedesse em meu favor e, no fim, Tai Situ Rinpoche me concedeu permissão para participar.

Antes de descrever minhas experiências durante aqueles três anos, sinto ser necessário reservar um tempo para falar um pouco da história do budismo tibetano, que pode explicar por que eu estava tão ansioso para entrar no retiro.

A IMPORTÂNCIA DA LINHAGEM

> *O conhecimento não é suficiente... você precisa ter a convicção de que ele provém de sua experiência pessoal.*
>
> 9º GYALWANG KARMAPA, *Mahāmudrā: The Ocean of Definitive Meaning*, traduzido para o inglês por Elizabeth M. Callahan.

O método de explorar e trabalhar diretamente com a mente, que chamamos de budismo, tem em sua origem os ensinamentos de um jovem nobre indiano chamado Siddhartha. Ao testemunhar diretamente o terrível sofrimento vivido pelas pessoas que não foram criadas no mesmo ambiente privilegiado no qual cresceu, Siddhartha renunciou à segurança e aos confortos de seu lar a fim de encontrar uma solução para o problema do sofrimento humano. O sofrimento assume várias formas, desde uma constante insinuação de que seríamos mais felizes "se ao menos" algum pequeno aspecto de nossas vidas fosse diferente, até a dor da doença e o pavor da morte.

Siddhartha se tornou um asceta, vagando pela Índia para estudar sob a orientação de professores que declaravam ter encontrado a solução que ele buscava. Infelizmente, nenhuma das respostas que ofereciam e nenhuma das práticas que ensinavam pareciam totalmente completas. Enfim, ele decidiu abandonar todos os conselhos externos e buscar a solução para o sofrimento no lugar que ele tinha começado a suspeitar ser a origem do problema: a própria mente. Em um lugar chamado Bodhgaya, na província de Bihar, no nordeste da Índia, ele se sentou sob o abrigo de uma árvore e mergulhou cada vez mais profundamente em sua própria mente, determinado a encontrar as respostas que procurava ou morrer tentando. Depois de muitos dias e noites, ele finalmente encontrou o que estava buscando: uma consciência fundamental do que era imutável, indestrutível e infinito. Quando emergiu de seu estado de profunda meditação, ele já não era mais Siddhartha. Ele era o Budha, um título em sânscrito que significa "aquele que é desperto".

Ele havia despertado para o pleno potencial de sua própria natureza, que fora previamente limitada pelo que é comumente chamado de dualismo — a ideia de um "eu" distinto e inerentemente real separado de um "outro" aparentemente distinto e inerentemente real. Como examinaremos mais adiante, o dualismo não é uma "falha de caráter" ou um defeito. É um complexo mecanismo de sobrevivência, profundamente enraizado na estrutura e no funcionamento do cérebro — que, como outros mecanismos, pode ser alterado pela experiência.

O Buda reconheceu essa capacidade para a mudança por meio do exame introspectivo. As maneiras pelas quais conceitos equivocados se enraízam na mente e as formas de eliminá-los foram os objetos de quarenta anos de ensinamentos que ele deu viajando pela Índia e atraindo centenas, talvez milhares de alunos. Mais de 2.500 anos depois, os cientistas modernos estão começando a demonstrar, através de pesquisas rigorosas, que as revelações que ele obteve por meio da investigação subjetiva foram incrivelmente precisas.

Como o escopo da percepção do Buda se estendia muito além das ideias comuns que as pessoas tinham em relação a si mesmas e à natureza da realidade, ele foi estimulado — como outros grandes mestres antes e depois dele — a comunicar o que aprendeu por meio de parábolas, exemplos, enigmas e metáforas. Ele tinha de usar as palavras. E, embora essas palavras tenham sido mais tarde escritas em sânscrito, páli e outras línguas, elas sempre foram transmitidas oralmente, geração após geração. Por quê? Porque quando ouvimos as palavras do Buda e dos mestres que o seguiram e obtiveram a mesma liberdade, precisamos *refletir* sobre seu significado e *aplicar* esse significado à nossa própria vida. E, quando fazemos isso, promovemos mudanças na estrutura e no funcionamento do nosso cérebro, muitas das quais serão discutidas nas páginas a seguir, criando para nós mesmos a mesma liberdade que o Buda vivenciou.

Nos séculos que se seguiram à morte do Buda, seus ensinamentos começaram a se espalhar para muitos países, incluindo o Tibete, cujo isolamento geográfico do resto do mundo proporcionava um ambiente perfeito para que gerações sucessivas de estudantes e professores se dedicassem exclusivamente ao estudo e à prática. Os mestres tibetanos que atingiram a iluminação e se tornaram Budas em suas próprias épocas transmitiam tudo o que haviam aprendido a seus alunos mais promissores, que, por sua vez, passaram essa sabedoria a seus próprios alunos. Dessa forma, foi estabelecida no Tibete uma linhagem contínua de ensinamentos baseada em instruções do Buda, fielmente registradas por seus primeiros seguidores e nos comentários detalhados daqueles ensinamentos originais. Contudo, o poder real da linhagem do budismo tibetano, que lhe dá tanta pureza e força, é a conexão direta entre os corações e as mentes dos mestres que transmitiram os principais ensinamentos da linhagem oralmente, e muitas vezes em segredo, a seus alunos.

Como muitas áreas do Tibete são isoladas por montanhas, rios e vales, tornava-se difícil para mestres e estudantes viajar pela região, compartilhando o que haviam aprendido uns com os outros. Assim, as linhagens de ensinamentos em diferentes regiões evoluíram de formas um pouco diferentes. Hoje, há quatro principais escolas, ou linhagens, do budismo tibetano: Nyingma, Sakya, Kagyu e Gelug. Apesar de cada uma dessas escolas principais ter se desenvolvido em épocas diferentes e em regiões diferentes do Tibete, elas compartilham as mesmas crenças, práticas e princípios básicos. As diferenças entre elas, como me disseram, similares à distinções que existem entre as várias denominações do protestantismo, residem principalmente na terminologia e, muitas vezes, em abordagens muito sutis à teoria e à prática. A mais antiga dessas linhagens, estabelecida entre o século VII e começo do século IX, quando o Tibete era governado por reis, é a Escola Nyingma — *nyingma* é um termo tibetano que pode ser traduzido como "os antigos". Infelizmente, o último dos reis tibetanos, Langdarma — por motivos políticos e pessoais —, iniciou uma violenta repressão ao budismo. Apesar de Langdarma ter reinado por apenas quatro anos antes de ser assassinado no ano 842 DC, durante cerca de 150 anos após a sua morte, a primeira linhagem de ensinamentos budistas manteve-se como um tipo de movimento "de resistência", à medida que o Tibete passava por grandes mudanças políticas, se reconstituindo em uma série de reinos feudais separados mas fracamente confederados.

Essas mudanças políticas proporcionaram uma oportunidade para o budismo reafirmar sua influência lenta e silenciosamente, à medida que professores indianos viajavam para o Tibete e alunos interessados faziam a árdua viagem pelo Himalaia para estudar diretamente sob a orientação dos mestres do budismo indiano. Entre as primeiras escolas a se basearem no Tibete durante esse período, estava a Kagyu, cujo nome é derivado dos termos tibetanos *ka*, traduzido como "fala" ou "instrução", e *gyu*, um termo que essencialmente significa "linhagem". A base da Escola Kagyu reside na tradição de transmitir instruções oralmente de mestre a aluno, preservando, dessa forma, uma quase inigualável pureza de transmissão.

A tradição Kagyu se originou na Índia durante o século X, quando um homem extraordinário chamado Tilopa despertou para seu pleno potencial. Ao longo de várias gerações, as revelações que Tilopa obteve — e as práticas por meio das quais ele as apreendeu — foram passadas de mestre a aluno, mais tarde chegando a Gampopa, um brilhante tibetano que abriu mão de sua carreira como médico para seguir os ensinamentos do Buda. Gampopa transmitiu tudo o que aprendeu para quatro de seus alunos mais promissores, que abriram suas próprias escolas em diferentes regiões do Tibete.

Um desses alunos, Dusum Khyenpa (um nome tibetano que pode ser traduzido como "o profeta dos três tempos" — o passado, o presente e o futuro), fundou o que é hoje conhecido como a linhagem Karma Kagyu, cujo nome deriva da palavra em sânscrito *karma*, que pode ser traduzida como "ação" ou "atividade". Na tradição Karma Kagyu, todo o conjunto de ensinamentos, que representa mais de uma centena de volumes contendo instruções filosóficas e práticas, é transmitido oralmente pelo mestre da linhagem, conhecido como o Karmapa, a um grupo de alunos — vários dos quais encarnaram geração após geração especificamente para transmitir a totalidade dos ensinamentos à próxima encarnação do Karmapa —, a fim de preservar e proteger essas lições, de valor inestimável na forma pura como foram passadas mais de mil anos atrás.

Não há um equivalente na cultura ocidental para esse tipo de transmissão direta e contínua. O mais perto de como isso poderia funcionar seria imaginar alguém como Albert Einstein abordando seus alunos mais capazes e dizendo: "Se você me permitir, agora vou despejar tudo o que aprendi no seu cérebro. Você pode ficar com isso por algum tempo e, quando eu voltar em outro corpo, daqui a vinte ou trinta anos, seu trabalho é despejar de volta tudo o que ensinei no cérebro de um jovem, que você só será capaz de reconhecer como eu por meio das revelações que estou transmitindo a você. Ah, e a propósito, só para o caso de a gente se desencontrar, você precisa passar tudo o que vou lhe ensinar agora a alguns outros alunos, cujas qualidades você será capaz de reconhecer com base no que estou prestes a lhe mostrar — só para ter certeza de que nada será perdido."

Antes de falecer, em 1981, o 16º Karmapa transmitiu seu precioso corpo de ensinamentos a vários de seus principais alunos, conhecidos como "Filhos do Coração", e os encarregou da missão de transmiti-los à próxima encarnação do Karmapa, ao mesmo tempo em que se certificavam de preservar os ensinamentos intactos ao passá-los em sua totalidade a outros alunos excepcionais. Um dos mais proeminentes Filhos do Coração do 16º Karmapa, o 12º Tai Situ Rinpoche, me considerou um estudante promissor e facilitou minhas viagens à Índia para estudar sob a orientação dos mestres reunidos no monastério Sherab Ling.

Como mencionei anteriormente, as distinções entre as diferentes linhagens são muito pequenas, normalmente envolvendo apenas mínimas variações na terminologia e nas abordagens de estudo. Por exemplo, na linhagem Nyingma — da qual meu pai e vários de meus professores posteriores eram considerados mestres especialmente proeminentes —, utiliza-se o termo *dzogchen*, uma palavra tibetana que significa "grande perfeição", para se referir aos ensinamentos sobre a natureza fundamental da mente. Na tradição Kagyu, a linhagem na qual Tai Situ Rinpoche, Saljay Rinpoche e muitos dos professores reunidos em Sherab Ling tiveram seu principal treinamento, os ensinamentos sobre a essência da mente são coletivamente chamados de *mahāmudrā*, uma palavra que pode ser traduzida como "o Grande Selo". Há muito pouca diferença entre os dois conjuntos de ensinamentos, exceto talvez pelo fato de os ensinamentos *dzogchen* se concentrarem em cultivar um entendimento profundo da visão da natureza fundamental da mente, enquanto os ensinamentos mahāmudrā tenderem a se concentrar *em práticas de meditação* que facilitam a experiência direta da natureza da mente.

No mundo moderno de aviões, automóveis e telefones, é muito mais fácil para professores e alunos viajarem, de modo que quaisquer diferenças que eventualmente tenham sido desenvolvidas no passado, nas diferentes escolas, se tornem menos significativas. O que não mudou, entretanto, é a importância de receber a transmissão direta dos ensinamentos daqueles que os dominam. Pelo vínculo direto com um mestre em vida, algo incrivelmente precioso é transferido, como se algo vivo e pulsante fosse passado do coração do mestre para o do aluno. É dessa forma direta que os conhecimentos ensinados durante o retiro de três anos são passados de mestre a aluno, o que talvez explique por que eu estava tão ansioso para participar do retiro em Sherab Ling.

ENCONTRANDO MINHA MENTE

A simples percepção do significado da mente abrange todo o entendimento.

JAMGÖN KONGTRUL LODRÖ THAYÉ, *Outline of Essential Points*, traduzido para o inglês por Maria Montenegro.

Eu gostaria de dizer que tudo melhorou depois que me instalei com segurança entre os outros participantes do retiro de três anos em Sherab Ling. Entretanto, na verdade, meu primeiro ano no retiro foi um dos piores de minha vida. Todos os sintomas da ansiedade — tensão física, aperto na garganta, tonturas e ondas de pânico que eram especialmente intensas durante as práticas em grupo — me atacaram com força máxima. Em termos ocidentais, eu estava tendo um esgotamento nervoso.

Em retrospecto, posso dizer que o que estava de fato ocorrendo era o que gosto de chamar de um "auge da crise nervosa". Totalmente isolado das distrações da vida cotidiana, me vi na posição de ter de confrontar diretamente minha própria mente — que, naquele ponto, não era uma paisagem muito agradável para se contemplar fixamente, dia após dia. A cada semana que passava, parecia que a paisagem mental e emocional que eu estava vendo ficava cada vez mais assustadora. Enfim, quando o primeiro ano de retiro chegou ao fim, me descobri tendo de fazer a escolha entre passar os dois anos seguintes escondido em meu quarto ou aceitando a total verdade das lições que havia aprendido com meu pai e outros professores: que quaisquer problemas que eu pudesse estar vivenciando eram hábitos de pensamento e percepção impregnados em minha própria mente.

Decidi seguir o que haviam me ensinado.

Por três dias, fiquei em meu quarto meditando, usando muitas das técnicas que descreverei posteriormente neste livro. Aos poucos, comecei a reconhecer como os pensamentos e as emoções que me perturbaram por alguns anos eram, na verdade, fracos e transitórios, e como minha fixação nos pequenos problemas os transformaram em grandes problemas. Só de me sentar calmamente e observar como meus pensamentos e emoções iam e vinham rapidamente e, em muitos aspectos, sem nenhuma lógica, comecei a reconhecer de forma direta que eles estavam longe de ser tão sólidos ou reais quanto aparentavam. E, uma vez que comecei a me livrar de minha crença na história que eles pareciam contar, também comecei a ver o "autor" por trás deles — a consciência infinitamente vasta e infinitamente aberta que é a própria natureza da mente.

Qualquer tentativa de captar a experiência direta da natureza da mente em palavras é inútil. O melhor que pode ser dito é que a experiência é de imensurável tranquilidade e, uma vez estabilizada pela prática, virtualmente inabalável. É uma experiência de bem-estar que irradia de todos os estados físicos, emocionais e mentais — mesmo aqueles que possam ser comumente rotulados como desagradáveis. Esse senso de bem-estar, independentemente das flutuações das experiências externas e internas, é uma das formas mais claras de compreender o que os budistas querem dizer por "felicidade", e tive a sorte de ter um vislumbre dele durante meus três dias de isolamento.

Ao final daqueles três dias, deixei meu quarto e retomei minhas práticas em grupo. Mais duas semanas de prática intensa decorreram para eu superar a ansiedade que havia me acompanhado ao longo de toda a minha infância e para perceber, por meio da experiência direta, a verdade do que me fora ensinado. Daquele ponto em diante, nunca mais tive um ataque de pânico. A sensação de paz, confiança e bem-estar que resultou daquela experiência — mesmo sob condições que poderiam objetivamente ser consideradas estressantes — nunca mais se abalou. Não assumo nenhum crédito pessoal por essa transformação em minha experiência, já que ela só se concretizou pelo esforço de aplicar diretamente a verdade que me foi transmitida pelos que me precederam.

Eu tinha 16 anos quando concluí o retiro e, para a minha grande surpresa, Tai Situ Rinpoche me nomeou mestre daquele mesmo retiro, que estava para começar quase imediatamente. Assim, em poucos meses, vi-me de volta ao retiro, ensinando as práticas preliminares e avançadas da linhagem Kagyu, proporcionando aos novos participantes do retiro acesso à mesma linha de transmissão direta que eu havia recebido. Apesar de então eu ser o mestre, aquilo, do meu ponto de vista, era uma oportunidade maravilhosa de passar quase sete anos ininterruptos em prática intensiva de retiro. E dessa vez não passei nem um instante sequer me encolhendo de medo em meu quarto.

Quando o segundo retiro terminou, inscrevi-me para um ano na universidade monástica Dzongsar, que ficava bem perto de Sherab Ling. A ideia fora uma sugestão de meu pai e Tai Situ Rinpoche prontamente a aceitou. Sob a orientação direta do chefe da universidade — Khenchen Kunga Wangchuk, um grande acadêmico que havia acabado de chegar à Índia do Tibete —, tive a sorte de avançar em meus estudos das disciplinas filosóficas e científicas do budismo.

O método de estudos em uma universidade monástica tradicional é bem diferente da maioria das universidades ocidentais. Você não tem a chance de escolher as disciplinas ou sentar-se em uma agradável sala de aula ou sala de convenções, ouvindo os professores dando suas opiniões e explicações sobre assuntos específicos ou escrever trabalhos e fazer testes escritos. Em uma universidade monástica, espera-se que você estude um amplo número de textos budistas e quase todos os dias há "testes surpresa" orais, nos quais se solicita que um estudante, cujo nome é retirado aleatoriamente de um vaso, elabore um comentário espontâneo sobre o significado de uma seção específica de um texto. Nossos "testes" consistiam, algumas vezes, em compor comentários escritos sobre os textos que estudávamos e, outras vezes, em debates públicos nos quais os professores inesperadamente chamavam estudantes individuais, desafiando-os a dar respostas precisas a perguntas imprevisíveis sobre algumas questões delicadas da filosofia budista.

Ao final de meu primeiro ano como aluno em Dzongsar, Tai Situ Rinpoche embarcou em uma série de viagens ao redor do mundo para lecionar e encarregou-me da tarefa de supervisionar, sob sua direção, as atividades cotidianas de Sherab Ling, bem como da responsabilidade por reabrir o shedra no monastério, estudando e trabalhando como professor assistente. Ele também me encarregou de liderar os próximos retiros de três anos em Sherab Ling. Como eu devia muito a ele, não hesitei em aceitar essas responsabilidades. Se ele confiava em mim para essas funções, quem era eu para questionar sua decisão? E, naturalmente, tive a sorte de viver em uma época na qual sempre poderia contar com o telefone para receber sua orientação e instruções diretas.

Quatro anos se passaram assim, supervisionando as tarefas em Sherab Ling, aprofundando meus estudos, ensinando no novo shedra e transmitindo ensinamentos diretamente para os alunos em retiro. Ao final daqueles quatro anos, viajei para o Butão a fim de receber de Nyoshul Khen Rinpoche, mestre *dzogchen* de extraordinária visão, experiência e habilidade, a transmissão direta dos ensinamentos orais conhecidos como *Trekchö and Tögal* — que podem ser traduzidos como "pureza primordial" e "presença espontânea". Esses ensinamentos são dados a apenas um aluno por vez e fiquei, para dizer o mínimo, impressionado por ter sido escolhido para receber essa transmissão direta. Não posso deixar de considerar Nyoshul Khen Rinpoche, bem como Tai Situ Rinpoche, Saljay Rinpoche e meu pai, os professores mais influentes de minha vida.

A oportunidade de receber essas transmissões também me ensinou, de forma indireta, a lição extremamente valiosa de que, não importa em que nível uma pessoa se comprometa em promover o bem-estar dos outros, ela recebe um pagamento multiplicado por mil pelas oportunidades de aprender e evoluir. Cada palavra gentil e cada sorriso que você oferece a alguém que possa estar tendo um dia ruim retornam de forma que você nunca esperaria. Como e por que isso ocorre é um assunto que examinaremos mais adiante, uma vez que a explicação tem muito a ver com os princípios da biologia e da física que aprendi quando comecei a viajar pelo mundo e a trabalhar mais diretamente com os mestres da ciência moderna.

A LUZ DO OCIDENTE

Uma única tocha pode dissipar a escuridão
acumulada de milhares de éons.

TILOPA, *Mahāmudrā of the Ganges*, traduzido
para o inglês por Maria Montenegro.

Como minha agenda durante os dias que se seguiram a meu primeiro retiro estava relativamente cheia, eu não tinha muito tempo para acompanhar os avanços que estavam sendo feitos na neurociência e em áreas relacionadas da pesquisa cognitiva, ou para digerir as descobertas no campo da física que estavam se consolidando. Em 1998, entretanto, minha vida mudou de forma inesperada quando meu irmão, Tsoknyi Rinpoche, que havia recebido a tarefa de ensinar na América do Norte, não pôde fazer a viagem e fui enviado em seu lugar. Foi minha primeira longa visita ao Ocidente. Eu tinha 23 anos. Apesar de não saber disso, quando embarquei no voo para Nova York, as pessoas que eu estava para conhecer durante aquela viagem moldariam definitivamente a minha forma de pensar.

Cedendo generosamente seu tempo e oferecendo-me uma montanha de livros, artigos, DVDs e vídeos, eles me apresentaram as ideias da física moderna e os últimos desenvolvimentos nas pesquisas neuro-científicas, cognitivas e comportamentais. Fiquei muito empolgado, já que as pesquisas científicas objetivando o estudo dos efeitos do treinamento budista haviam se tornado muito ricas e detalhadas — e, ainda mais importante, compreensíveis para pessoas, como eu, que não eram cientistas treinados. E, como meu conhecimento da língua inglesa não era avançado naquela época, sou duplamente agradecido às pessoas que passaram tanto tempo explicando as informações em termos que eu pudesse entender. Por exemplo, não há palavras equivalentes em tibetano para termos como "célula", "neurônio" ou "DNA" — e as manobras verbais que as pessoas tinham de fazer para me ajudar a compreender esses conceitos eram tão complicadas que quase sempre acabavam em ataques de riso.

Enquanto estive ocupado com meus estudos entrando e saindo de retiros, meu amigo Francisco Varela estava trabalhando com o Dalai Lama para organizar diálogos entre cientistas modernos e monges e estudiosos budistas. Esses diálogos evoluíram para conferências do *Mind and Life Institute*, durante as quais especialistas em várias áreas da ciência moderna e de estudos budistas se reuniam para trocar ideias sobre a natureza e o funcionamento da mente. Tive a grande oportunidade de poder participar da conferência em Dharamsala, na Índia, em março de 2000, e da conferência no MIT (*Massachusetts Institute of Technology*) em Cambridge, Massachusetts, em 2003.

Aprendi muito sobre os mecanismos biológicos da mente durante a conferência em Dharamsala. Contudo, foi a conferência do MIT — que se concentrava nas correlações entre os métodos budistas introspectivos de experiência exploratória e a abordagem objetiva da ciência moderna — que me fez começar a pensar em como levar o que havia aprendido durante meus anos de treinamento a pessoas que não tinham necessariamente familiaridade com a prática budista ou com as complexidades da ciência moderna.

De fato, à medida que a conferência do MIT evoluía, algumas questões começavam a surgir: O que aconteceria se as abordagens budista e ocidental fossem combinadas? O que poderia ser aprendido ao juntar as informações fornecidas por pessoas treinadas para oferecer descrições subjetivas detalhadas de suas experiências e os dados objetivos proporcionados por máquinas capazes de mensurar alterações em tempo real da atividade cerebral? Quais fatos os métodos introspectivos da prática budista poderiam proporcionar que as linhas ocidentais de pesquisa tecnológica não poderiam? Quais revelações as observações objetivas das pesquisas clínicas poderiam oferecer aos praticantes do budismo?

Quando a conferência terminou, os participantes tanto dos painéis budistas quanto da ciência ocidental reconheceram não apenas que ambos os lados poderiam ganhar muito se descobrissem alternativas de trabalhar juntos, mas também que a colaboração em si representava uma enorme oportunidade de melhorar a qualidade da vida humana. Em seu discurso de conclusão do evento, Eric S. Lander, PhD, professor de biologia molecular do MIT e diretor do *Whitehead Institute / MIT Center for Genome Research* — Centro para Pesquisas do Genoma —, salientou que, enquanto as práticas budistas enfatizam o alcance de níveis mais elevados de consciência mental, o foco da ciência moderna residia em refinar maneiras de recuperar pacientes com distúrbios mentais a um estado de normalidade.

"Por que parar por aqui?", ele perguntou à audiência. "Por que nos satisfazermos em dizer que não somos mentalmente doentes? Por que não nos concentramos em melhorar cada vez mais?"

As perguntas do professor Lander me fizeram pensar em criar alguma forma de oferecer às pessoas a oportunidade de aplicar as lições do budismo e da ciência moderna aos problemas que enfrentam em suas vidas cotidianas. Como aprendi da pior forma durante meu primeiro ano em retiro, o conhecimento teórico, por si só, é de fato insuficiente para sobrepujar os hábitos psicológicos e biológicos que geram tanta dor de cabeça e desconforto no dia a dia. Para que a verdadeira transformação ocorra, a teoria deve ser aplicada na prática.

Sou extremamente grato aos professores budistas que me proporcionaram, em meus primeiros anos de treinamento, tantas profundas revelações filosóficas e meios práticos para aplicá-las. E me sinto igualmente agradecido aos cientistas que me concederam seu tempo e esforço de forma tão generosa, não somente por reavaliar e parafrasear tudo o que aprendi em termos que pudessem ser mais facilmente acessíveis aos ocidentais, mas também por validar os resultados da prática budista por meio de extensivas pesquisas em laboratório.

Que sorte temos de estarmos vivos neste momento único na história humana, em que a colaboração entre cientistas ocidentais e budistas está equilibrada para oferecer a toda a humanidade a possibilidade de atingir um nível de bem-estar que desafia a imaginação! Minha esperança ao escrever este livro é que todos os que o lerem reconhecerão os benefícios práticos de aplicar as lições dessa extraordinária colaboração e perceberão por si mesmos a promessa de seu pleno potencial humano.

2. A SINFONIA INTERNA

*Um conjunto de partes produz o
conceito de um veículo.*

Samyuttanikāya, traduzido para
o inglês por Maria Montenegro.

Uma das primeiras lições que aprendi como budista foi que cada ser senciente — isto é, cada criatura com pelo menos um senso muito básico de consciência — pode ser definido por três aspectos ou características básicas: corpo, fala e mente. O *corpo*, é claro, se refere à parte física de nosso ser, que está em constante mudança. Ele nasce, cresce, adoece, envelhece e, mais cedo ou mais tarde, morre. A *fala* se refere não somente à nossa habilidade de falar, mas também a todos os diferentes sinais que trocamos na forma de sons, palavras, gestos e expressões faciais e até mesmo a produção de feromônios, componentes químicos secretados pelos mamíferos que sutilmente influenciam o comportamento e o desenvolvimento de outros mamíferos. Como o corpo, a fala é um aspecto impermanente da experiência. Todas as mensagens que trocamos por meio de palavras e outros sinais vão e vêm em seu próprio tempo. E, quando o corpo morre, a capacidade de fala morre com ele.

A *mente* é mais difícil de descrever. Não é uma "coisa" que podemos apontar tão facilmente como podemos identificar o corpo ou a fala. Por mais profundamente que investiguemos esse aspecto do ser, não podemos de fato localizar qualquer objeto definido que possamos chamar de mente. Centenas, talvez milhares, de livros e artigos foram escritos na tentativa de descrever esse aspecto elusivo do ser. Porém, apesar de todo o tempo e esforço gastos em tentar identificar o que é a mente e onde ela está, nenhum budista — e nenhum cientista ocidental — foi capaz de dizer conclusivamente: "Aha! Encontrei a mente! Ela está localizada nesta parte do corpo. Ela tem essa aparência e funciona dessa forma."

Na melhor das hipóteses, séculos de investigação puderam determinar que a mente não tem uma localização determinada, forma, cor ou qualquer outra qualidade tangível que possamos relacionar a outros aspectos básicos como a localização do coração e dos pulmões, os princípios da circulação e as áreas que controlam funções essenciais como o metabolismo. Como seria mais fácil dizer que algo tão indefinível quanto a mente na verdade não existe! Como seria mais fácil despachar a mente para o domínio das coisas imaginárias como fantasmas, fadas e duendes!

Entretanto, como alguém poderia realisticamente negar a existência da mente? Nós pensamos. Sentimos. Reconhecemos quando nossas costas doem ou nossos pés ficam dormentes. Sabemos quando estamos cansados ou alertas, felizes ou tristes. A incapacidade de localizar ou definir com precisão um fenômeno não significa que ele não exista. Tudo o que isso significa é que ainda não acumulamos informações suficientes para propor um modelo com o qual possamos trabalhar. Para usar uma analogia simples, você pode comparar a compreensão científica da mente com a nossa própria aceitação de algo tão simples quanto o poder da eletricidade. Acionar um interruptor de luz ou ligar uma televisão não requer um entendimento detalhado de redes de circuito ou energia eletromagnética. Se a luz não acender, você troca a lâmpada. Se a televisão não funcionar, você verifica a antena, a conexão do cabo ou do satélite. Você pode ter de trocar uma lâmpada queimada, apertar a conexão entre a televisão e os fios que a conectam ou substituir um fusível queimado. Na pior das hipóteses, você tem de chamar um técnico. Contudo, sustentando todas essas ações, há um entendimento básico, ou uma fé, de que a eletricidade *de fato* funciona.

Uma situação semelhante está implícita ao funcionamento da mente. A ciência moderna tem sido capaz de identificar muitos processos e estruturas celulares que contribuem para os eventos intelectuais, emocionais e sensoriais que associamos ao funcionamento mental. Entretanto, ela ainda precisa identificar o que constitui a "mente" em si. Na verdade, quanto mais os cientistas conseguem analisar com precisão a atividade mental, mais eles se aproximam do entendimento budista de que a mente é um *evento* em perpétua evolução, e não uma entidade distinta.

As primeiras traduções dos textos budistas tentavam identificar a mente como um tipo distinto de "coisa" que existe além dos limites da compreensão científica atual. Contudo, essas traduções incorretas eram baseadas em pressuposições ocidentais antigas de que toda experiência deve, de alguma forma, ser relacionada a algum aspecto de função física. Interpretações mais recentes de textos clássicos revelam um entendimento muito mais próximo do conceito científico moderno de que "a mente" é um tipo de *ocorrência* em constante evolução resultante da interação de hábitos neurológicos e dos elementos imprevisíveis da experiência imediata.

Os cientistas modernos e os budistas concordam que ter uma mente é o que diferencia todos os seres sencientes, ou conscientes, de outros organismos como a grama ou as árvores — e certamente as coisas que não consideraríamos necessariamente vivas, como pedras, canetas ou blocos de cimento. A mente, em essência, é o aspecto mais importante de todas as criaturas que compartilham o atributo de serem sencientes. Até a minhoca tem uma mente. Admito que pode não ser tão sofisticada quanto a mente humana, mas, novamente, pode haver alguma virtude na simplicidade. Nunca ouvi falar de uma minhoca que tenha passado a noite inteira em claro preocupada com o mercado de ações.

Outra questão sobre a qual tanto cientistas modernos quanto budistas concordam é que a mente é o aspecto mais importante da natureza de um ser senciente. A mente é, em certo sentido, quem controla os fios das marionetes, enquanto o corpo e as várias formas de comunicação que constituem a "fala" são meramente as suas marionetes.

Você mesmo pode testar essa ideia da função da mente. Se você coçar seu nariz, o que é que reconhece uma coceira? O corpo, por si só, é capaz de reconhecer a coceira? É o corpo que se controla para levantar a mão e coçar o nariz? Será que o corpo chega a ser capaz de fazer a distinção entre a coceira, a mão e o nariz? Ou pegue o exemplo da sede. Se você está com sede, é a mente que primeiramente reconhece a sede, que o impulsiona a pedir um copo d'água, que direciona sua mão para pegar o copo e levá-lo à boca e a comanda a engolir a água. É a mente que então registra o prazer de satisfazer uma necessidade física.

Apesar de não podermos vê-la, a mente está sempre presente e ativa. Ela é a fonte de nossa capacidade de reconhecer a diferença entre um prédio e uma árvore, entre a chuva e a neve, entre um céu limpo e um nublado. Contudo, como ter uma mente é uma condição tão básica de nossa experiência, a maioria de nós não lhe dá o devido valor. Não nos preocupamos em nos perguntar o que é que pensa: "Eu quero comer; eu quero ir; eu quero sentar". Nós não nos perguntamos: "A mente está dentro do corpo ou além dele? Ela começa em algum lugar, existe em algum lugar e termina em algum lugar? Ela tem uma forma ou cor? Será que ela chega a existir ou é só uma atividade aleatória de células cerebrais que, com o tempo, acumularam a força do hábito?" Entretanto, se quisermos nos desviar de todas as variedades e níveis de dor, sofrimento e desconforto que vivenciamos no dia a dia e compreender o pleno significado de ter uma mente, temos de fazer alguma tentativa no sentido de olhar para a mente e distinguir suas características principais.

O processo é, na verdade, muito simples. Ele só parece difícil no começo porque estamos muito acostumados a olhar para o mundo "lá fora", um mundo que parece tão cheio de objetos e experiências interessantes. Quando você olha para a sua mente, é como tentar ver a própria nuca sem a ajuda de um espelho.

Então, agora, gostaria de propor um teste simples para demonstrar o problema de tentar olhar para a mente de acordo com nossa maneira usual de entender as coisas. Não se preocupe. Você não tem como não passar neste teste e não vai precisar de uma caneta para preencher todos os formulários.

Eis o teste: Na próxima vez que você se sentar para almoçar ou jantar, pergunte a si mesmo: "O que me faz pensar que esta comida está boa ou não tão boa? O que reconhece o ato de comer?" A resposta imediata parece óbvia: "Meu cérebro." Entretanto, quando de fato olhamos para o cérebro do ponto de vista da ciência moderna, descobrimos que a resposta não é tão simples assim.

O QUE ESTÁ ACONTECENDO LÁ?

Todos os fenômenos são projeções da mente.

3º GYALWANG KARMAPA, *Wishes of Mahāmudrā*,
traduzido para o inglês por Maria Montenegro.

Se tudo o que queremos é a felicidade, por que precisamos saber qualquer coisa sobre o cérebro? Não podemos só ter pensamentos felizes, imaginar nossos corpos cheios de luz cintilante ou cobrir nossas paredes com imagens de coelhinhos e nuvens e parar por aí? Bem... talvez.

Infelizmente, um dos principais obstáculos que encaramos quando tentamos analisar a mente é uma convicção profundamente enraizada e muitas vezes inconsciente de que "nascemos assim e nada do que possamos fazer pode mudar isso". Vivenciei essa mesma sensação de ineficácia pessimista em minha própria infância e vi isso refletido várias e várias vezes em meu trabalho com pessoas do mundo inteiro. Mesmo sem conscientemente pensar a respeito, a ideia de que não podemos alterar a nossa mente bloqueia qualquer tentativa possível.

As pessoas com as quais conversei que tentam fazer mudanças usando afirmações, preces ou visualizações admitem que muitas vezes desistem depois de alguns dias ou semanas, por não verem resultados imediatos. Quando suas preces e afirmações não funcionam, elas rejeitam toda a ideia de trabalhar com a mente como um artifício de marketing planejado para vender livros.

Uma das melhores coisas de ensinar ao redor do mundo nas vestimentas de um monge budista e com um título influente é que as pessoas que não costumariam dispor de seu tempo para uma pessoa comum ficam felizes em conversar comigo, como se eu fosse alguém importante o suficiente para se levar a sério. E, em minhas conversas com cientistas ao redor do mundo, fiquei surpreso ao ver que há um consenso quase universal na comunidade científica de que o cérebro é estruturado de uma forma que realmente possibilita efetuar mudanças reais na vivência cotidiana.

Ao longo dos últimos dez anos, ouvi muitas ideias interessantes dos neurocientistas, biólogos e psicólogos com os quais conversei. Ouvi algumas coisas que desafiaram as ideias com as quais cresci; outras confirmaram o que eu havia aprendido, embora por um ponto de vista diferente. Independentemente de concordarmos ou não, a coisa mais valiosa que aprendi com essas conversas é que dedicar algum tempo para compreender, mesmo que parcialmente, a estrutura e o funcionamento do cérebro fornece uma base mais sólida para compreender, do ponto de vista científico, como e por que as técnicas que aprendi como budista de fato funcionam.

Uma das metáforas mais interessantes sobre o cérebro com a qual me deparei foi uma afirmação feita por Robert B. Livingston, chefe e fundador do Departamento de Neurociências da Universidade da Califórnia, San Diego. Durante a primeira conferência do *Mind and Life Institute*, em 1987, o Dr. Livingston comparou o cérebro com "uma sinfonia bem afinada e bem disciplinada"³ Como uma orquestra sinfônica, ele explicou, o cérebro é feito de grupos de atuantes — no caso da orquestra, músicos — que trabalham juntos para produzir resultados específicos, como movimentos, pensamentos, sentimentos, memórias e sensações físicas. Apesar de esses resultados poderem parecer relativamente simples quando você observa alguém bocejar, piscar, espirrar ou levantar um braço, o grande número de aspectos envolvidos em ações tão simples e a amplitude das interações entre eles formam um panorama incrivelmente complexo.

Para melhor compreender o que o Dr. Livingston estava dizendo, tive de pedir que as pessoas me ajudassem a entender as informações contidas na montanha de livros, revistas e outros materiais que recebi em minhas primeiras viagens ao ocidente. Grande parte do material era extremamente técnico e, enquanto eu tentava compreender aquilo tudo, peguei-me sentindo uma grande compaixão por aspirantes a cientistas e estudantes de medicina.

Felizmente, tive a chance de conversar bastante com pessoas que tinham um conhecimento muito maior do que eu nessas áreas e que traduziram todo o jargão científico em termos simples que eu pudesse entender. Espero que o tempo e o esforço que eles despenderam com isso tenham sido tão úteis para eles como foram para mim. Não apenas meu vocabulário em inglês aumentou significativamente, mas também obtive conhecimento de como o cérebro funciona de uma forma extremamente simples e que fazia muito sentido. E, à medida que minha compreensão acerca dos detalhes essenciais aumentava, ficava mais claro para mim que, para alguém que não foi criado na tradição budista, uma apreciação básica da natureza e do papel dos "músicos" aos quais o Dr. Livingston se referiu é essencial para entender como e por que as técnicas budistas de meditação de fato funcionam em um nível puramente psicológico.

Também fiquei fascinado em aprender do ponto de vista científico o que ocorreu dentro do meu próprio cérebro para me permitir evoluir de uma

---

3 Jeremy W. Hayward e Francisco J. Varela, *Gentle Bridges; Conversations with the Dalai Lama on the Science of Mind* (Boston: Shambhala, 1992), 188

criança dominada pelo medo a alguém que consegue viajar pelo mundo e manter-se sem nenhum traço de medo diante de centenas de pessoas que se juntaram para ouvir meus ensinamentos. Não sei explicar direito por que tenho tanta curiosidade em entender as razões físicas por trás das mudanças que ocorrem depois de anos de prática, enquanto tantos de meus professores e contemporâneos se satisfazem com a própria mudança na consciência. Talvez em alguma vida passada eu tenha sido mecânico.

Mas, voltando ao cérebro... Colocando em termos muito simples, a maior parte da atividade cerebral parece decorrer de uma classe muito especial de células chamadas neurônios. Os neurônios são células muito sociáveis: adoram fofocar. Em alguns aspectos, eles são como crianças desobedientes na escola passando bilhetinhos e cochichando entre si — com a diferença de que as conversas secretas entre os neurônios tratam principalmente de sensações, movimentos, solução de problemas, criação de memórias e produção de pensamentos e emoções.

Essas células fofoqueiras se parecem muito com árvores, compostas de um tronco, conhecido como axônio, e galhos que se estendem para enviar e receber mensagens de, e para, outros galhos e outras células nervosas que passam pelos tecidos musculares e cutâneos, órgãos vitais e órgãos sensoriais. Eles passam suas mensagens uns aos outros através de pequenas lacunas entre os galhos mais próximos. Essas lacunas são chamadas de *sinapses*. As mensagens que fluem por essas lacunas são enviadas na forma de moléculas químicas chamadas *neurotransmissores*, que geram sinais elétricos que podem ser medidos por um eletroencefalograma. Hoje em dia, as pessoas estão bem familiarizadas com alguns desses neurotransmissores: por exemplo, a serotonina, que é influente na depressão; a dopamina, uma substância química associada às sensações de prazer; e a epinefrina, mais comumente conhecida como adrenalina, uma substância química muitas vezes produzida em resposta ao estresse, à ansiedade e ao medo, mas também crítica para a atenção e a vigilância. O termo científico para a transmissão de um sinal eletroquímico de um neurônio para o outro é *potencial de ação* — um termo que me soou tão estranho quanto a palavra *vacuidade* pode soar a pessoas que nunca foram treinadas como budistas.

Reconhecer a atividade dos neurônios não seria muito relevante em termos de sofrimento ou felicidade, exceto por alguns detalhes importantes. Quando os neurônios se conectam, formam um vínculo muito parecido com amizades antigas. Eles adquirem o hábito de passar os mesmos tipos de mensagens de um lado para o outro, como velhos amigos tendem a reforçar os julgamentos uns dos outros sobre pessoas, eventos e experiências. Esse vínculo é a base biológica de grande parte do que chamamos de hábitos mentais, uma espécie de reflexo automático — daqueles que temos quando um médico nos bate no joelho com um martelinho — em relação a determinados tipos de pessoas, lugares e coisas.

Para usar um exemplo muito simples, se tivesse me assustado com um cachorro quando era muito pequeno, um conjunto de conexões neuronais teria se formado em meu cérebro correspondendo às sensações físicas de medo, por um lado, e o conceito *cachorros são assustadores*, por outro. Na próxima vez em que eu visse um cachorro, o mesmo conjunto de neurônios recomeçaria a conversar animadamente entre si para me lembrar de que cachorros são assustadores. E, a cada vez que eles conversassem entre si, a mensagem se tornaria mais alta e mais convincente, até se tornar uma rotina tão arraigada que tudo o que eu precisaria fazer seria pensar sobre cachorros e meu coração começaria a bater mais rápido e eu começaria a suar.

Agora, suponha que um dia eu visite um amigo que tem um cachorro. Inicialmente, posso ficar aterrorizado ao ouvir o cão latir e ver o animal sair para me cheirar. Contudo, depois de algum tempo, o cachorro se acostumaria comigo e viria se sentar a meus pés ou no meu colo e talvez até começaria a me lamber — tão feliz e afetuoso que eu praticamente teria de empurrá-lo para o lado.

O que aconteceu no cérebro do cachorro é que um conjunto de conexões neuronais associadas com meu cheiro e todas as sensações que lhe dizem que seu dono gosta de mim cria um padrão que equivale a algo como: "Ei, essa pessoa é legal!" Enquanto isso, em meu cérebro, um novo conjunto de conexões neuronais associadas às sensações físicas agradáveis começa a conversar entre si e começo a pensar: "Ei, talvez os cachorros sejam legais!" A cada vez que eu visitar meu amigo, esse novo padrão é reforçado e o antigo é enfraquecido — até que, finalmente, não terei mais tanto medo de cachorros.

Em termos neurocientíficos, essa capacidade de substituir conexões neuronais antigas por novas é chamada de *plasticidade neuronal*. O termo tibetano para essa capacidade é *le-su-rung-wa*, que pode ser traduzido como "maleabilidade". Você pode usar qualquer um dos termos e soar muito esperto. Em resumo, em um nível estritamente celular, *a experiência repetida pode mudar a forma como o cérebro trabalha*. Este é o *motivo* por trás de *como* os ensinamentos budistas lidam com a eliminação de hábitos mentais que nos conduzem à infelicidade.

TRÊS CÉREBROS EM UM

As formas do Buda são classificadas como três...

GAMPOPA, *The Jewel Ornament of Liberation*, traduzido para o inglês por Khenpo Konchog Gyaltsen Rinpoche.

Agora já deve estar claro que o cérebro não é um objeto único e que a resposta a uma pergunta como "O que me faz pensar que esta comida está boa ou não tão boa?" não é tão simples quanto parece. Mesmo atividades relativamente básicas como comer e beber envolvem a troca de milhares de sinais eletroquímicos, cuidadosamente coordenados e que ocorrem em frações de segundos, entre milhões de células no cérebro e por todo o corpo. Há, entretanto, um nível adicional de complexidade que devemos levar em consideração antes de concluir nosso passeio pelo cérebro.

Os bilhões de neurônios no cérebro humano são agrupados por função em três camadas diferentes, cada uma das quais se desenvolveu ao longo de centenas de milhares de anos à medida que a espécie evoluía e adquiria mecanismos cada vez mais complexos para a sobrevivência. A primeira e mais antiga dessas camadas, conhecida como o *tronco cerebral*, é um grupo de células na forma de bulbo que se estende até o começo da medula espinhal. Essa camada também é comumente chamada de *cérebro reptiliano*, devido à semelhança com o cérebro completo de muitas espécies de répteis. A principal finalidade do cérebro reptiliano é regular funções básicas e involuntárias, como a respiração, o metabolismo, as batidas do coração e a circulação. Ele também controla o que é chamado de reação de lutar ou fugir, ou "sobressalto", uma reação automática que nos força a interpretar um evento ou encontro inesperado — por exemplo, um ruído alto, um cheiro desconhecido, alguma coisa rastejando em seu braço ou espreitando em um canto escuro — como uma possível ameaça. Sem nenhum comando consciente, a adrenalina começa a correr pelo corpo, o coração acelera e os músculos ficam tensos. Se a ameaça for percebida como algo maior do que nossa capacidade de superá-la, nós fugimos. Se acharmos que conseguiremos vencer a ameaça, nós lutamos. É fácil perceber como uma resposta automática desse tipo afetaria significativamente nossa capacidade de sobrevivência.

A maioria dos répteis tende a ser mais combativa do que cooperativa e eles não possuem nenhuma capacidade inata para cuidar de seus filhotes. Depois de botar os ovos, a fêmea normalmente abandona o ninho. Quando os filhotes saem dos ovos, apesar de possuírem os instintos e as habilidades dos adultos, seus corpos ainda são vulneráveis e eles precisam sobreviver por conta própria. Muitos não sobrevivem às primeiras horas de vida. Enquanto se arrastam na direção da segurança oferecida por qualquer habitat que seja mais natural a eles — como o mar, no caso das tartarugas marinhas —, eles são mortos e devorados por outros animais e, com muita frequência, por membros de sua própria espécie. Na verdade, não é incomum para répteis que acabaram de sair dos ovos serem mortos por seus pais, que não reconhecem suas presas como os próprios filhos.

Com a evolução de novas classes de vertebrados, como aves e mamíferos, houve um incrível desenvolvimento na estrutura cerebral. Diferentemente de seus primos répteis, membros recém-nascidos dessas classes não são suficientemente desenvolvidos para cuidar de si mesmos; eles precisam de certo nível de cuidados parentais. Para dar conta dessa necessidade — e para garantir a sobrevivência da espécie —, uma segunda camada do cérebro gradualmente evoluiu. Essa camada, chamada de *região límbica*, circunda o tronco cerebral como um tipo de capacete e inclui uma série de conexões neurais programadas que estimulam o impulso para cuidar dos filhos — isto é, proporcionar comida e proteção e ensinar as habilidades essenciais de sobrevivência por meio de brincadeiras e outros exercícios.

Os caminhos neurais mais sofisticados também possibilitaram novas classes de animais com a capacidade de distinguir uma variedade maior de emoções além do simples comportamento de lutar ou fugir. Por exemplo, pais mamíferos conseguem distinguir não apenas sons específicos produzidos por seus filhotes, mas também diferenciar entre os tipos de sons que eles produzem — como desconforto, prazer, fome e assim por diante. Além disso, a região límbica fornece uma capacidade mais ampla e sutil de "ler" as intenções de outros animais por meio da postura corporal, estilo de movimento, expressão facial, olhar e mesmo odores sutis ou feromônios. E, por serem capazes de processar esses vários tipos de sinais, os mamíferos e as aves podem se adaptar com mais flexibilidade às diferentes circunstâncias, formando as fundações do aprendizado e da memória.

O sistema límbico possui algumas estruturas e capacidades notáveis que analisaremos com mais atenção mais adiante, quando falarmos sobre o papel das emoções. Duas de suas estruturas, entretanto, merecem atenção especial. A primeira é o *hipocampo*, localizado no lóbulo temporal — isto é, bem atrás das têmporas. (Na verdade, temos dois hipocampos, um de cada lado do cérebro.) O hipocampo é crucial para a criação de novas memórias a partir de eventos diretamente vivenciados, fornecendo um contexto espacial, intelectual e — pelo menos no caso de seres humanos — verbal que dá significado às nossas reações emocionais. Pessoas que sofreram danos físicos nessa região do cérebro têm dificuldade de criar novas memórias; elas conseguem lembrar-se de tudo até o momento em que o hipocampo foi prejudicado, mas, depois disso, elas se esquecem, em instantes, de todas as pessoas que conhecerem e de tudo o que acontecer. O hipocampo também é uma das primeiras regiões do cérebro a serem afetadas pela doença de Alzheimer, bem como por doenças mentais como a esquizofrenia, depressão grave e transtorno bipolar.

Outra parte importante do sistema límbico é a *amígdala*, uma pequena estrutura neuronal em forma de amêndoa situada na parte inferior da região límbica, logo acima do tronco cerebral. Como o hipocampo, há dois desses pequenos órgãos no cérebro humano: um no hemisfério direito e outro no esquerdo. A amígdala desempenha papel fundamental tanto na habilidade de sentir emoções quanto na criação de memórias emocionais. Pesquisas demonstram que danos na amígdala ou sua remoção resultam em uma perda de capacidade em quase todos os tipos de reação emocional, incluindo os impulsos mais básicos de medo e empatia, bem como a incapacidade de formar e reconhecer relacionamentos sociais.[4]

A atividade da amígdala e do hipocampo requer uma análise mais detalhada ao tentarmos definir a ciência prática da felicidade. Como a amígdala está ligada ao sistema *nervoso autônomo*, a área do tronco cerebral que automaticamente controla as reações musculares, cardíacas e glandulares, e ao *hipotálamo*, uma estrutura neuronal na base da região límbica que libera adrenalina e outros hormônios na corrente sanguínea, as memórias emocionais que ela cria são extremamente poderosas, vinculadas a reações biológicas e bioquímicas significativas.

Quando ocorre um evento que gera uma forte reação biológica — como a liberação de uma grande quantidade de adrenalina ou outros hormônios —, o hipocampo envia um sinal para o tronco cerebral, onde é armazenado como um padrão. Como resultado, muitas pessoas são capazes de lembrar exatamente onde estavam e o que estavam fazendo quando, por exemplo, ficaram sabendo sobre, ou viram imagens de

---

[4] Daniel Goleman, *Emotional Intelligence* (Nova York: Bantam Books, 1995), 15

desastres de ônibus espaciais ou o assassinato do presidente Kennedy. Os mesmos tipos de padrões podem ser armazenados para experiências mais pessoais acompanhadas de uma grande carga positiva ou negativa.

Como essas memórias e seus padrões associados são tão poderosos, eles podem ser acionados de forma relativamente fácil por eventos posteriores que tenham alguma semelhança — algumas vezes, muito pequena — com a memória original. Esse tipo de forte reação à memória obviamente oferece importantes benefícios de sobrevivência diante de circunstâncias que ameaçam a vida. Isso nos permite reconhecer e evitar alimentos que nos fizeram mal no passado ou evitar confrontar animais especialmente agressivos ou membros de nossa própria espécie. Mas isso também pode tornar nebulosas ou distorcer as percepções de experiências mais comuns. Por exemplo, crianças que foram regularmente humilhadas e criticadas pelos pais ou outros adultos podem vivenciar sentimentos inadequadamente fortes de medo, ressentimento ou outras emoções desagradáveis ao lidar com figuras de autoridade na vida adulta. Esses tipos de reações distorcidas muitas vezes resultam em um método de livre associação com o qual a amígdala conta para acionar uma resposta de memória. Um elemento significativo em uma situação atual que seja similar a um elemento de uma experiência passada pode estimular toda uma variedade de pensamentos, emoções e reações hormonais e musculares armazenadas na ocorrência da experiência original.

As atividades do sistema límbico — ou do "cérebro emocional", como é algumas vezes chamado — são, em grande parte, balanceadas pela terceira e mais recente camada do cérebro: o *neocórtex*. Essa camada do cérebro, específica para os mamíferos, possibilita a capacidade de lógica, formação de conceitos, planejamento e reações emocionais com ajuste fino. Apesar de ser uma camada relativamente fina na maioria dos mamíferos, qualquer pessoa que já tenha visto um gato descobrir como abrir a porta do armário para bisbilhotar, ou observado um cachorro aprendendo a usar a maçaneta, já testemunhou o neocórtex de um animal em funcionamento.

Nos seres humanos e outros mamíferos altamente evoluídos, o neocórtex se desenvolveu em uma estrutura muito maior e mais complexa. Quando a maioria de nós pensa no cérebro, é normalmente a imagem dessa estrutura — com suas várias fendas e saliências — que nos surge à mente. Na verdade, se não fosse por essas saliências e fendas, nem seríamos capazes de imaginar o cérebro, já que nosso grande neocórtex nos proporciona a capacidade para a imaginação, bem como a habilidade de criar, entender e manipular símbolos. É o neocórtex que nos possibilita a capacidade para a linguagem, a escrita, a matemática, a música e a arte. Nosso neocórtex é a base de nossas atividades racionais, inclusive resolução de problemas, análise, julgamento, controle dos impulsos e habilidades de organizar informações, aprender com experiências passadas e erros e ter empatia pelos outros.

O simples reconhecimento de que o cérebro humano é composto dessas três diferentes camadas é, por si só, incrível. Ainda mais fascinante, entretanto, é que, não importa o quanto achemos que somos sofisticados ou modernos, a produção de um único pensamento requer uma série de interações complexas entre as três camadas do cérebro — o tronco cerebral, a região límbica e o neocórtex. Além disso, aparentemente *cada* pensamento, sensação ou experiência implica um conjunto *diferente* de interações, muitas vezes envolvendo regiões do cérebro que não são ativadas por outros tipos de pensamentos.

O MAESTRO INEXISTENTE

A mente não está na cabeça.

FRANCISCO J. VARELA, "Steps to a Science of Inter-Being", de *The Psychology of Awakening*, editado por S. Bachelor, G. Claxton e G. Watson.

Uma questão ainda me incomodava. Se o cérebro é uma sinfonia, como o Dr. Livingston sugeriu, não deveria haver um maestro? Não deveria haver alguma célula ou órgão objetivamente identificável que dirigisse tudo?

Com certeza nos sentimos como se tal coisa existisse — pelo menos nos referimos a isso quando dizemos coisas como "Onde eu estava com a cabeça?" ou "Eu perdi a cabeça".

Pelo que aprendi em minhas conversas com neurocientistas, biólogos e psicólogos, a ciência moderna tem procurado esse "maestro" há um bom tempo, investindo grandes esforços na esperança de descobrir alguma célula ou grupo de células que oriente a sensação, a percepção, o pensamento e outros tipos de atividade mental. Mesmo assim, até agora, mesmo utilizando a mais sofisticada tecnologia disponível, não foi encontrada nenhuma evidência de um maestro. Não se pode afirmar que exista uma única área — nenhum minúsculo "eu" — no cérebro responsável pela coordenação da comunicação entre os diferentes membros da orquestra.

Assim, os neurocientistas contemporâneos abandonaram a busca por um "maestro" para explorar os princípios e mecanismos nos quais bilhões de neurônios distribuídos pelo cérebro são capazes de coordenar sua atividade de forma harmoniosa, sem a necessidade de um dirigente central. Esse comportamento "global" ou "distribuído" pode ser comparado com a coordenação espontânea de um grupo de músicos de jazz. Quando os músicos de jazz estão improvisando, cada um pode tocar uma frase musical levemente diferente, mas, de algum modo, eles ainda conseguem tocar juntos em harmonia.

A ideia de localizar um "eu" no cérebro foi baseada, em muitos aspectos, na influência da física clássica, que, tradicionalmente, tem se concentrado no estudo das leis que regem a localização de objetos. Com base nesse ponto de vista tradicional, se a mente tiver um efeito — por exemplo, sobre as emoções —, ela deve estar localizada em algum lugar. Porém, a ideia de entidades sólidas é questionável no contexto da física contemporânea. A cada vez que alguém identifica a menor unidade de matéria imaginável, outra pessoa descobre que essa unidade é, na verdade, composta de partículas ainda menores. A cada novo avanço, está ficando cada vez mais difícil identificar, de forma conclusiva, qualquer elemento material fundamental.

Logicamente falando, então mesmo se fosse possível dissecar o cérebro em pedaços cada vez menores, até o menor nível subatômico, como alguém poderia ter certeza de ter identificado com precisão um desses pedaços como a mente? Considerando que cada célula é composta de muitas partículas menores, e cada uma delas é composta de partículas ainda menores, como seria possível reconhecer qual delas constitui a mente?

É nesse aspecto que o budismo pode oferecer um ponto de vista novo, que talvez possa consolidar as bases para novos caminhos da pesquisa científica. O termo do budismo tibetano para a mente é *sem*, uma palavra que pode ser traduzida como "aquilo que conhece". Este simples termo pode nos ajudar a entender a visão budista da mente, menos como um objeto específico e mais em termos da *capacidade* de reconhecer e refletir sobre nossas experiências. Apesar de o Buda ter ensinado que o cérebro é, na realidade, o suporte físico para a mente, ele também tomou o cuidado de salientar que a *mente em si* não é algo que possa ser visto, tocado ou mesmo definido em palavras. Da mesma forma que o órgão físico do olho não é a visão e o órgão físico do ouvido não é a audição, o cérebro não é a mente.

Uma das primeiras lições que aprendi com meu pai foi que os budistas não veem a mente como uma entidade distinta, mas como uma experiência em perpétuo desabrochar. Posso me lembrar do meu estranhamento inicial diante dessa ideia, sentado na sala de aula do monastério no Nepal, cercado de alunos do mundo inteiro. Havia tantos de nós apinhados naquela pequena sala que mal havia espaço para nos movermos. Mas pela janela eu podia enxergar a enorme superfície de montanhas e florestas. E meu pai estava sentado lá, com muita serenidade, ignorando totalmente o calor gerado por tantas pessoas, dizendo que o que consideramos ser nossa identidade — "minha mente", "meu corpo", "meu ser" — é, na verdade, uma ilusão gerada pelo contínuo fluxo de pensamentos, emoções, sensações e percepções.

Eu não sei se foi pela absoluta força da experiência do meu pai enquanto ele falava, ou pelo contraste físico entre sentir-me apertado em um banco entre outros alunos e a visão dos espaços abertos que eu tinha pela janela, ou ambos, mas naquele momento algo fez sentido. Tive uma experiência da liberdade de distinguir entre pensar em termos de "minha" mente ou de "meu" ser e a possibilidade de *ser* de forma tão ampla e aberta quanto a extensão das montanhas e do céu para além da janela.

Mais tarde, quando fui ao Ocidente, ouvi vários psicólogos comparando a experiência da "mente" ou do "eu" a assistir a um filme. Quando assistimos a um filme, eles explicavam, parecemos vivenciar um fluxo contínuo de sons e movimentos à medida que quadros individuais passam por um projetor. A experiência seria drasticamente diferente, contudo, se pudéssemos ver o filme quadro a quadro.

E é exatamente como meu pai começou a me ensinar a olhar para a minha mente. Se eu observasse cada pensamento, sentimento e sensação passando pela minha mente, a ilusão de um "eu" limitado se dissolveria, para ser substituída por uma consciência muito mais calma, ampla e serena. E o que aprendi com outros cientistas foi que, como a experiência altera a estrutura neuronal do cérebro, quando observamos a mente dessa forma, podemos alterar a conversa entre as células que perpetua a experiência de nosso próprio "eu".

ATENÇÃO PLENA

Ao contemplar várias e várias vezes a mente que não pode ser contemplada, o significado pode ser visto vividamente, da forma como ele é.

3º GYALWANG KARMAPA, *Song of Karmapa: The Aspiration of the Mahāmudrā of True Meaning*, traduzido para o inglês por Erik Pema Kunsang.

A chave — o *como* da prática budista — reside em aprender a repousar na consciência pura dos pensamentos, sentimentos e percepções à medida que ocorrem (antes de qualquer outra associação ou reação mental). Na tradição budista, essa consciência é conhecida como *atenção plena*, que, por sua vez, está simplesmente repousando na clareza natural da mente.

No exemplo do cachorro, se me conscientizasse de meus pensamentos, percepções e sensações habituais, em vez de ser levado por eles, seu poder sobre mim começaria a enfraquecer. Eu vivenciaria suas idas e vindas como nada mais do que a função natural da mente, do mesmo modo como as ondas naturalmente se formam na superfície de um lago ou oceano. E, agora, percebo que isso é exatamente o que acontecia quando me sentava sozinho em meu quarto no retiro tentando superar a ansiedade que me causava tanto desconforto na infância. O simples *ato de olhar* o que estava acontecendo na minha mente já alterava o que ocorria lá.

Você pode começar a experimentar a mesma liberdade da clareza natural neste exato momento, por meio de um exercício básico. Sente-se com a coluna ereta, respire normalmente e permita a si mesmo conscientizar-se de suas inspirações e expirações. Enquanto relaxa e se conscientiza do ar entrando e saindo, você provavelmente começará a notar centenas de pensamentos passando pela sua mente. Alguns deles são fáceis de largar, enquanto outros podem levá-lo a um longo caminho de pensamentos relacionados. Quando você se vir correndo atrás de um pensamento, apenas volte a se concentrar em sua respiração. Faça isso por cerca de um minuto.

No começo, você pode se surpreender com a enorme quantidade e variedade de pensamentos que passam pela sua consciência, como uma cachoeira caindo de um penhasco. Uma experiência desse tipo não é sinal de fracasso. É sinal de sucesso. Você começou a reconhecer quantos pensamentos normalmente passam pela sua mente sem que sequer se dê conta disso.

Você também pode se ver preso a uma linha específica de pensamento, seguindo-a, em vez de ignorá-la. Então, subitamente lembra de que o propósito do exercício é observar seus pensamentos. Em vez de se punir ou se condenar, volte a se concentrar em sua respiração.

Se continuar essa prática, você descobrirá que, apesar de os pensamentos e as emoções irem e virem, a clareza natural da mente nunca é perturbada ou interrompida. Para dar um exemplo, durante uma viagem que fiz ao Canadá, visitei um local de retiro que ficava muito perto do mar. No dia em que cheguei, o clima estava perfeito: não havia nuvens no céu e o mar era de um azul claro e profundo — uma vista muito agradável. Quando acordei na manhã seguinte, no entanto, o mar parecia uma sopa lamacenta e espessa. E me perguntei: "O que houve com o mar? Ontem ele estava tão límpido e azul e hoje ele está todo sujo!" Dei um passeio pela praia e não consegui encontrar nenhuma razão óbvia para a mudança. Não havia nenhuma lama na água ou ao longo da praia. Então, olhei para o céu e vi que ele estava cheio de nuvens escuras e esverdeadas; então percebi que era a cor das nuvens que havia alterado a cor do mar. A água em si, quando olhei de perto, ainda estava clara e limpa.

A mente, de várias formas, é como o mar. A "cor" muda de um dia para o outro ou de um momento ao outro, refletindo os pensamentos, as emoções e outras coisas que passam "sobre as nossas cabeças", por assim dizer. Mas a mente em si, como o mar, nunca muda: ela está sempre clara e limpa, independentemente do que possa estar refletindo.

Praticar a atenção plena pode ser difícil no início, mas o importante não é o seu sucesso imediato. O que pode parecer impossível no momento fica mais fácil com a prática. Você é capaz de se acostumar com tudo. Pense em todas as coisas desagradáveis que aceitou como comuns, como ficar preso no trânsito ou lidar com um parente ou colega mal-humorado. Desenvolver a atenção plena é um processo gradual para estabelecer novas conexões neuronais e inibir a conversa entre as antigas. Isso requer dar um pequeno passo atrás do outro, pacientemente, praticando em intervalos muito curtos.

Há um antigo ditado tibetano que diz: "Se você andar com pressa, não chegará a Lhasa. Caminhe calmamente e atingirá o seu objetivo." Esse provérbio vem da época em que as pessoas do leste do Tibete peregrinavam para Lhasa, a capital, na região central do país. Os peregrinos que queriam chegar logo andavam o mais rápido possível, mas, em virtude do ritmo que se impunham, eles se cansavam ou adoeciam e precisavam voltar para casa. Contudo, aqueles que viajavam em um ritmo mais calmo, acampavam à noite, desfrutavam a companhia uns dos outros e continuavam no dia seguinte, esses conseguiam chegar a Lhasa mais rapidamente.

A experiência segue a intenção. Onde quer que estejamos, o que quer que façamos, tudo o que precisamos fazer é reconhecer nossos pensamentos, sentimentos e percepções como algo natural. Sem rejeitar ou aceitar, reconhecemos a experiência e a deixamos passar. Se mantivermos essa prática, mais cedo ou mais tarde nos veremos capazes de administrar situações que no passado consideramos dolorosas, assustadoras ou tristes. Descobriremos uma confiança que não está fundamentada na arrogância ou no orgulho. Perceberemos que estamos sempre protegidos, sempre seguros e sempre em casa.

Você se lembra daquele pequeno teste em que pedi para perguntar a si mesmo na próxima vez em que se sentasse para almoçar ou jantar "O que me faz pensar que esta comida está boa ou não tão boa? O que é que reconhece o ato de comer?" Essas já foram perguntas bem fáceis de responder. Mas a resposta não vem mais tão facilmente, não é mesmo?

Mesmo assim, gostaria que você tentasse de novo na próxima vez em que se sentar para almoçar ou jantar. Se as respostas que surgirem agora forem confusas e conflitantes, isso é um bom sinal. A confusão, como me ensinaram, é o início da compreensão, a primeira fase de se livrar da fofoca neuronal que costumava mantê-lo preso a ideias muito específicas sobre quem você é e o que é capaz de fazer.

A confusão, em outras palavras, é o primeiro passo no caminho do verdadeiro bem-estar.

3. ALÉM DA MENTE, ALÉM DO CÉREBRO

Quando entendemos a mente com clareza, isso é o buda.

The Wisdom of the Passing Moment Sutra, traduzido para o inglês por Elizabeth M. Callahan.

Você não é a pessoa limitada e ansiosa que pensa ser. Qualquer professor budista treinado pode dizer com toda a convicção da experiência pessoal que, na verdade, você é o centro da compaixão, completamente consciente e plenamente capaz de atingir o bem maior, não apenas para si mesmo, mas para todos e tudo que possa imaginar.

O único problema é que você não reconhece essa capacidade em si mesmo. Em termos estritamente científicos, que passei a compreender pelas conversas com especialistas da Europa e da América do Norte, a maioria das pessoas acredita que a imagem de si mesmas formada pelo hábito e neuronialmente construída representa quem e o que elas são. E essa imagem é quase sempre expressa em termos dualistas: eu e outro, dor e prazer, ter e não ter, atração e repulsa. Como me foi explicado, esses são os termos mais básicos da sobrevivência.

Infelizmente, quando a mente é submetida ao filtro dessa perspectiva dualista, cada experiência — mesmo em momentos de alegria e felicidade — é restrita por algum senso de limitação. Há sempre um *mas* espreitando ao fundo. Um tipo de *mas* é o *mas* da diferença: "Ah, minha festa de aniversário estava maravilhosa, *mas* eu preferiria um bolo de chocolate a um bolo de coco." Há, também, o *mas* do "melhor": "Adoro minha nova casa, *mas* a casa do meu amigo é maior e bem mais iluminada." E, finalmente, há o *mas* do medo: "Não suporto mais meu trabalho, *mas* na situação atual do mercado, como eu encontraria outro emprego?" A experiência pessoal me ensinou que é possível superar qualquer senso de limitação pessoal. Caso contrário, eu provavelmente ainda estaria sentado em meu quarto no retiro, sentindo-me amedrontado e inadequado demais para participar das atividades em grupo. Sendo um menino de 13 anos, eu só sabia *como* superar meu medo e insegurança. Por meio da orientação paciente de especialistas nas áreas da psicologia e da neurociência, como Francisco Varela, Richard Davidson, Dan Goleman e Tara Bennett-Goleman, comecei a reconhecer *porque*, de um ponto de vista objetivamente científico, as práticas de fato funcionam: que os sentimentos de limitação, ansiedade, medo e assim por diante são somente parte de uma fofoca neuronal. Eles são, em essência, hábitos. E hábitos podem ser mudados.

A MENTE NATURAL

Falamos em "verdadeira natureza" porque ninguém a criou.

CHANDRAKIRTI, *Entering the Middle Way*,
traduzido para o inglês por Ari Goldfield.

Uma das primeiras coisas que aprendi como um budista foi que a natureza fundamental da mente é tão ampla que transcende completamente a compreensão intelectual. Ela não pode ser descrita em palavras ou reduzida a conceitos. Para alguém como eu, que gosta de palavras e sente-se muito confortável com explicações conceituais, isso era um problema.

Em sânscrito, a língua na qual os ensinamentos de Buda foram originalmente registrados, a natureza fundamental da mente é chamada de *tathagatagarbha*, uma descrição muito sutil e aberta a diferentes interpretações. Literalmente, significa "a natureza daqueles que foram naquela direção". "Aqueles que foram naquela direção" são as pessoas que atingiram a completa iluminação — em outras palavras, as pessoas cujas mentes suplantaram completamente as limitações comuns que podem ser descritas em palavras.

Acho que você concordaria comigo que essa definição não ajuda muito.

Outras traduções menos literais utilizam termos como "natureza búdica", "verdadeira natureza", "essência iluminada", "mente comum" e até "mente natural" para descrever *tathagatagarbha*, mas nenhum deles lança muita luz sobre o verdadeiro significado da palavra. Para efetivamente entender *tathagatagarbha*, você precisa vivenciá-lo diretamente, o que, para a maioria de nós, ocorre, em primeiro lugar, na forma de vislumbres rápidos e espontâneos. Quando, finalmente, vivenciei meu primeiro vislumbre, percebi que tudo o que os textos budistas falavam a respeito era verdade.

Para a maioria de nós, nossa mente ou natureza búdica é obscurecida pela autoimagem limitada criada por padrões neuronais habituais — que, por si, são um reflexo da capacidade ilimitada da mente de criar qualquer condição que ela escolher. A mente natural é capaz de produzir qualquer coisa, *até mesmo a ignorância de sua própria natureza*. Em outras palavras, não reconhecer a mente natural é um exemplo da capacidade ilimitada da mente de criar o que ela quiser. Sempre que sentimos medo, tristeza, inveja, desejo ou qualquer outra emoção que contribua para o nosso senso de vulnerabilidade ou fraqueza, deveríamos dar um bom tapinha em nossas costas. Acabamos de vivenciar a natureza ilimitada da mente.

Apesar de a verdadeira natureza da mente não poder ser descrita diretamente, isso não significa que não deveríamos ao menos tentar desenvolver algum conhecimento teórico sobre ela. Mesmo um entendimento limitado é pelo menos uma sinalização, apontando o caminho para a experiência direta. O Buda entendia que as experiências impossíveis de serem descritas em palavras poderiam ser mais bem explicadas por meio de histórias e metáforas. Em um texto, ele comparou *tathagatagarbha* a uma pepita de ouro coberta de lama e sujeira.

Imagine que você é um caçador de tesouros. Um dia, você vê um pedaço de metal no chão. Você cava um grande buraco, retira o metal, leva-o para casa e começa a limpá-lo. No começo, uma parte da pepita se revela brilhante e cintilante. Aos poucos, à medida que você limpa a sujeira e a lama acumulada, a pepita inteira se revela como ouro. Agora, pergunto: O que é mais valioso — a pepita de ouro enterrada na lama ou a que você limpou? Na verdade, o valor é o mesmo. Qualquer diferença entre a pepita suja e a limpa é superficial.

O mesmo pode ser dito da mente natural. Na verdade, a fofoca neuronal que o impede de ver sua mente na totalidade não altera a natureza fundamental da sua mente. Pensamentos como "Eu sou feio", "Eu sou um idiota" ou "Eu sou um chato" não são nada mais que uma espécie de lama biológica, temporariamente obscurecendo as brilhantes qualidades da natureza búdica ou mente natural.

Algumas vezes, o Buda comparava a mente natural ao espaço, não necessariamente como o espaço é entendido pela ciência moderna, mas sim no sentido poético da experiência profunda de abertura que se sente ao olhar para um céu sem nuvens ou entrar em uma ampla sala. Como o espaço, a mente natural não depende de causas ou condições prévias. Ela simplesmente é incomensurável e além da caracterização, o pano de fundo essencial por meio do qual nos movimentamos e em relação ao qual reconhecemos distinções entre os objetos que percebemos.

A PAZ NATURAL

Na mente natural, não há rejeição ou aceitação,
não há perda ou ganho.

3º GYALWANG KARMAPA, *Song of Karmapa:*
The Aspiration of the Mahāmudrā of True Meaning,
traduzido para o inglês por Erik Pema Kunsang.

Eu gostaria de esclarecer que a comparação entre a mente natural e o espaço conforme descrito pela ciência moderna é mais uma metáfora útil do que uma descrição exata. Quando a maioria de nós pensa no espaço, imaginamos uma tela vazia contra a qual todos os tipos de coisas aparecem e desaparecem: estrelas, planetas, cometas, meteoros, buracos negros e asteroides — mesmo coisas que ainda não foram descobertas. Mesmo assim, apesar de toda essa atividade, nossa ideia da natureza essencial do espaço permanece imperturbada. Até onde sabemos, pelo menos, o espaço nunca reclamou sobre o que acontece nele. Nós enviamos milhares — milhões — de mensagens através do universo e nunca recebemos uma resposta do tipo "Estou furioso porque um asteroide acabou de destruir meu planeta favorito" ou "Uau, que emoção! Uma nova estrela acabou de nascer!"

Da mesma forma, a essência da mente é intocada pelos pensamentos ou pelas condições desagradáveis que podem normalmente ser consideradas dolorosas. Ela é naturalmente tranquila, como a mente de uma criança acompanhando os pais em uma visita ao museu. Enquanto os pais estão completamente envolvidos em julgar e avaliar as várias obras de arte, a criança se limita a ver. Ela não se pergunta quanto uma determinada obra de arte pode custar, a idade de uma estátua específica ou se o trabalho de um pintor é melhor do que o de outro. Seu ponto de vista é completamente inocente, aceitando tudo da forma como é contemplado. Essa perspectiva inocente é conhecida em termos budistas como "paz natural", uma condição similar à sensação de total relaxamento que uma pessoa vivencia depois de, digamos, exercitar-se ou concluir uma tarefa complicada.

Essa experiência é ilustrada muito bem por uma antiga história sobre um rei que ordenou a construção de um novo palácio. Quando a construção terminou, ele se deparou com o problema de transferir em segredo todo o seu tesouro — ouro, joias, estátuas e outros objetos — do antigo palácio para o novo. Ele não conseguiria fazer isso sozinho, porque seu tempo estava tomado por todas as suas obrigações reais, mas não confiava em muitas pessoas de sua corte para desempenhar a função sem lhe roubar parte do tesouro. Entretanto, ele conhecia um general fiel, em quem podia confiar e que cumpriria a missão em total confidencialidade e eficiência.

Então, o rei mandou chamar o general e explicou que, como era a única pessoa na corte em quem confiava, ele gostaria que o general assumisse a tarefa de mover todos os tesouros do palácio antigo para o novo. A parte mais importante do serviço, além da confidencialidade, era transferir tudo em um único dia. Se o general conseguisse fazer isso, o rei prometeu dar-lhe em troca uma grande extensão de terra fértil, mansões suntuosas, ouro e joias — riquezas suficientes, na verdade, para permitir que ele se aposentasse e passasse o resto da vida em conforto. O general aceitou a missão com prazer, fascinado diante da perspectiva de poder acumular fortuna suficiente em um único dia de trabalho para assegurar que seus filhos, netos e bisnetos passassem suas vidas em conforto e esplendor.

Na manhã seguinte, o general acordou cedo e colocou mãos à obra, transportando os tesouros do rei do palácio antigo para o novo, correndo de um lado para outro ao longo de passagens secretas com caixas e baús de ouro e joias, e permitindo a si mesmo apenas um breve descanso para o almoço, a fim de manter suas forças. Finalmente, ele conseguiu transferir o último item do tesouro do rei no depósito do novo palácio e, assim que o sol se pôs, foi relatar ao rei que a missão estava cumprida. O rei o cumprimentou e entregou-lhe todos os documentos para as ricas propriedades que havia prometido e todo o ouro e as joias que também faziam parte do acordo.

Quando chegou em casa, o general tomou um banho quente, vestiu-se com túnicas confortáveis e, com um profundo suspiro, acomodou-se em uma pilha de almofadas macias em seu quarto, exausto porém satisfeito por ter conseguido concluir com sucesso a incrivelmente difícil tarefa que havia recebido. Pleno de confiança e realização, ele foi capaz de relaxar e vivenciar a liberdade de ser exatamente o que era naquele momento.

A paz natural é esse perfeito estado de relaxamento sem esforço.

Como ocorre com tantos aspectos da mente natural, a experiência da paz natural vai tão além do que normalmente consideramos relaxamento que desafia qualquer descrição. Em textos do budismo clássico, ela é comparada a dar um doce para um mudo. O mudo, sem dúvida, sente a doçura, mas é incapaz de descrevê-la. Da mesma forma, quando saboreamos a paz natural da nossa própria mente, a experiência é inquestionavelmente real, porém está além da nossa capacidade de expressá-la em palavras.

Assim, na próxima vez que você se sentar para comer, se você perguntar a si mesmo: "O que me faz pensar que esta comida está boa ou não tão boa? O que reconhece o ato de comer?", não se surpreenda se não conseguir responder. Em vez disso, cumprimente-se. Se você não consegue mais descrever uma experiência poderosa, isso é um sinal de progresso. Isso significa que você pelo menos molhou os dedos dos pés no domínio da amplitude inefável da sua verdadeira natureza, um passo muito corajoso que muitas pessoas, confortáveis demais na familiaridade de seu descontentamento, não ousam tomar.

A palavra tibetana para a meditação, *gom*, significa literalmente "familiarizar-se com" e a prática da meditação budista está relacionada a se familiarizar com a natureza da nossa própria mente — um pouco como conhecer um amigo em níveis cada vez mais profundos. Da mesma forma como conhecemos um amigo, descobrir a natureza da nossa mente também é um processo gradual. Isso raramente ocorre de uma vez. A única diferença entre a meditação e uma interação social comum é que o amigo que você está gradualmente conhecendo é a si mesmo.

CONHECENDO SUA MENTE NATURAL

*Se um tesouro inesgotável fosse enterrado no chão embaixo
da casa de um homem pobre, o homem não saberia disso
e o tesouro não lhe diria: "Eu estou aqui!"*

MAITREYA, *The Mahayana Uttaratantra Shastra*,
traduzido para o inglês por Rosemarie Fuchs.

Muitas vezes, o Buda comparava a mente natural à água, que, em sua essência, é sempre pura e transparente. Lama, sedimentos e outras impurezas podem temporariamente obscurecer ou poluir a água, mas podemos filtrar essas impurezas e restaurar sua clareza natural. Se a água não fosse naturalmente limpa, não importaria quantos filtros você utilizasse, ela nunca se limparia.

O primeiro passo para reconhecer as qualidades da mente natural é ilustrado por uma antiga história contada pelo Buda sobre um homem muito idoso que morava em um velho e frágil barraco. Apesar de não saber disso, centenas de pedras preciosas estavam incrustadas nas paredes e no chão de sua cabana. Todas aquelas joias pertenciam a ele, mas, como desconhecia seu valor, ele vivia como um mendigo — passando fome e sede, sofrendo com o frio cortante do inverno e o terrível calor do verão.

Certo dia, um amigo perguntou: "Por que você vive como um mendigo? Você não é pobre. Você é um homem muito rico."

"Você está louco?", o homem retrucou. "Como você pode dizer isso?"

"Olhe ao redor", o amigo disse. "Sua casa inteira está repleta de pedras preciosas: esmeraldas, diamantes, safiras, rubis."

No começo, o homem não acreditou no que o amigo estava dizendo. Mas, depois de algum tempo, ficou curioso, retirou uma pequena pedra preciosa da parede de seu barraco e levou-a à vila para tentar vendê-la. Inacreditavelmente, o mercador a quem ele levou a joia lhe pagou uma grande quantia e, com o dinheiro em mãos, o homem voltou à vila e comprou uma casa nova, levando consigo todas as joias que conseguiu encontrar. Ele comprou roupas novas, encheu sua cozinha de comida, contratou auxiliares e começou a levar uma vida muito confortável.

Agora pergunto: Quem é mais rico, o homem que mora em uma casa velha cercado de joias que não reconhece, ou alguém que compreende o valor do que tem e vive em pleno conforto?

Como a questão formulada antes sobre a pepita de ouro, a resposta neste caso é: ambos. Ambos possuem uma grande fortuna. A única diferença é que, por muitos anos, um deles não reconhecia o que possuía. Foi só depois que reconheceu o que tinha é que pôde libertar-se da pobreza e da dor.

O mesmo ocorre com todos nós. Enquanto não reconhecemos nossa verdadeira natureza, sofremos. Quando passamos a reconhecer nossa natureza, tornarmo-nos livres do sofrimento. Entretanto, não importa se você reconhece ou não sua natureza, suas qualidades permanecem as mesmas. Mas, quando passa a reconhecê-la em si mesmo, você muda, e a qualidade da sua vida também muda. Coisas que você nunca sonhou serem possíveis começam a acontecer.

MENTE, CORPO OU AMBOS?

O Buda reside em seu próprio corpo...

The Samputa Tantra, traduzido para
o inglês por Elizabeth M. Callahan.

Só porque algo não foi identificado não significa que não exista. Já vimos isso na tentativa de identificar concretamente a localização da mente: apesar de haver amplas evidências da atividade mental, nenhum cientista foi capaz de confirmar a existência da própria mente. Da mesma forma, ninguém pôde definir com precisão a natureza e as propriedades do espaço no nível mais fundamental. Mesmo assim, sabemos que temos uma mente e não podemos negar a existência do espaço. A mente e o espaço são conceitos profundamente enraizados em nossa cultura. Essas ideias nos são familiares. Elas nos parecem normais e, até certo ponto, comuns.

Entretanto, noções como "mente natural" e "paz natural" não são tão familiares. Em consequência, muitas pessoas as abordam com certa carga de ceticismo. E, mesmo assim, seria justo dizer que, usando os mesmos processos de inferência e experiência direta, podemos ter pelo menos alguma familiaridade com a mente natural.

O Buda ensinou que a realidade da mente natural poderia ser demonstrada por um aspecto óbvio a todos, na forma de uma pergunta e uma resposta. A pergunta seria: "Em geral, qual é a única preocupação que todas as pessoas compartilham?"

Quando faço a mesma pergunta em minhas palestras, as pessoas dão várias respostas diferentes. Algumas respondem que a principal preocupação é permanecer vivo, ser feliz, evitar o sofrimento ou ser amado. Outras respostas incluem paz, progresso, alimentação e respiração; a constância das coisas; e melhorar as circunstâncias da vida. E ainda outras respostas incluem estar em harmonia consigo mesmo e com os outros ou compreender o significado da vida ou o medo da morte. Uma resposta que achei especialmente divertida foi: "Eu!"

Todas as respostas estão absolutamente corretas. Elas somente representam diferentes aspectos da resposta fundamental. A preocupação básica compartilhada por todos os seres — tanto humanos, quanto animais e insetos — é o desejo de ser feliz e evitar o sofrimento.

Apesar de cada um de nós poder ter uma estratégia diferente, no final todos trabalhamos para obter o mesmo resultado. Até as formigas nunca ficam paradas, nem mesmo por um segundo. Elas estão correndo o tempo todo, coletando comida e construindo ou expandindo seus ninhos. Por que elas se dão tanto trabalho? Para encontrar algum tipo de felicidade e evitar o sofrimento.

O Buda dizia que o desejo de atingir a felicidade duradoura e evitar a infelicidade é um sinal claro da presença da mente natural. Na verdade, há muitos outros indicadores, mas listar todos provavelmente exigiria outro livro. Então, por que o Buda atribuiu tanta importância a esse aspecto em particular?

Porque a verdadeira natureza de todas as criaturas vivas *já* é completamente livre do sofrimento e inclui a felicidade perfeita: ao buscar a felicidade e evitar a infelicidade, independentemente de como fazemos isso, estamos só expressando a essência de quem somos.

O desejo que muitos de nós sentimos de uma felicidade duradoura é a "pequena e constante voz" da mente natural, lembrando-nos do que somos realmente capazes de vivenciar. O Buda ilustrou esse desejo por meio do exemplo de uma mãe pássaro que deixa o ninho. Apesar de conhecer lugares lindos e ver coisas novas e interessantes, alguma coisa a puxa de volta ao ninho. Da mesma forma, apesar de a vida diária poder ser extremamente envolvente — não importa o quão bom seja nos apaixonar temporariamente, receber elogios ou conseguir o emprego "perfeito" —, somos atraídos pelo desejo de um estado de felicidade completa e ininterrupta.

Em certo sentido, sentimos falta da nossa verdadeira natureza.

SER VOCÊ

Precisamos reconhecer nosso estado básico.

TSOKNYI RINPOCHE, *Carefree Dignity*, traduzido para o inglês por Erik Pema Kunsang e Marcia Binder Schmidt.

De acordo com o Buda, a natureza básica da mente pode ser diretamente vivenciada permitindo que ela repouse simplesmente como é. Como conseguimos isso? Vamos retomar a história do general encarregado da missão de transportar o tesouro do rei de um lugar para o outro em um único dia e nos lembrar de como ele se sentiu relaxado e satisfeito quando terminou o serviço. Quando se sentou em suas almofadas depois do banho, sua mente estava em pleno relaxamento. Os pensamentos ainda borbulhavam, mas ele se satisfazia em deixá-los surgir e desaparecer sem seguir ou prender-se a nenhum deles.

Você, provavelmente, já vivenciou algo similar ao concluir um trabalho longo e árduo, independentemente de a tarefa ter envolvido esforço físico ou o tipo de esforço mental necessário para escrever um relatório ou realizar algum tipo de análise financeira. Ao concluir a tarefa, sua mente e seu corpo naturalmente passam a repousar em um estado de exaustão feliz.

Assim, vamos tentar um breve exercício para repousar a mente. Não se trata de um exercício de meditação. Na verdade, é um exercício de "não-meditação" — uma prática budista muito antiga que, como meu pai explicou, retira a pressão de achar que você precisa atingir uma meta ou vivenciar algum tipo de estado especial. Na não-meditação, só observamos o que quer que aconteça, sem interferir. Nós somos meramente observadores interessados em um tipo de experiência introspectiva, sem nenhuma expectativa sobre o resultado dessa experiência.

É claro que, quando aprendi isso, ainda era uma criança bastante orientada para metas. Eu queria que algo maravilhoso acontecesse a cada vez que me sentasse para meditar. Então, levei algum tempo para conseguir só repousar, só observar e não me importar com os resultados.

Primeiro, mantenha-se em uma posição com sua coluna ereta e seu corpo, relaxado. Uma vez que seu corpo esteja posicionado confortavelmente, permita que sua mente repouse por cerca de três minutos. Limite-se a deixar sua mente livre, como se tivesse acabado de concluir uma longa e árdua tarefa.

Não importa o que acontecer, se pensamentos ou emoções surgirem, se você sentir algum desconforto físico, se estiver consciente dos sons e cheiros a seu redor ou se sua mente estiver em branco total, não se preocupe. O que quer que aconteça — ou não aconteça — é parte da experiência de permitir que sua mente repouse.

Agora, apenas repouse na consciência do que quer que esteja passando pela sua mente...

Apenas repouse...

Apenas repouse...

Depois de três minutos, pergunte a si mesmo: "Como foi essa experiência?" Não a julgue; não tente explicá-la. Pense no que aconteceu e em como você se sentiu. Você pode ter sentido um breve momento de paz ou abertura. Isso é bom. Ou pode ter se conscientizado de um milhão de diferentes pensamentos, sentimentos e sensações. Isso também é bom. Por quê? Porque, de qualquer forma, contanto que tenha mantido pelo menos uma consciência pura do que estava pensando ou sentindo, você teve um vislumbre direto de sua própria mente apenas realizando suas funções naturais.

Então, permita-me revelar um grande segredo. Qualquer coisa que você vivenciar enquanto meramente repousa sua atenção no que quer que esteja passando por sua mente em qualquer momento, isso *é* meditação. Simplesmente repousar dessa forma *é* a experiência da mente natural.

A única diferença entre a meditação e o processo comum e cotidiano de pensamentos, sentimentos e sensações é a aplicação da consciência pura e simples que ocorre quando você permite à mente ser como ela é — sem correr atrás de pensamentos ou distrair-se por sentimentos ou sensações.

Levei muito tempo para reconhecer como a meditação na verdade é fácil, principalmente porque ela parecia muito comum, tão próxima dos meus hábitos cotidianos de percepção que eu raramente parava para reconhecer isso. Como muitas pessoas que encontro em minhas turnês de ensinamentos, eu achava que a mente natural precisava ser alguma outra coisa, algo diferente ou melhor que aquilo que eu já estava vivenciando.

Como a maioria das pessoas, eu trazia muitos julgamentos para a minha experiência. Eu acreditava que os pensamentos de raiva, ansiedade, medo e assim por diante que iam e vinham ao longo do dia eram ruins ou contraprodutivos — ou pelo menos inconsistentes com a paz natural! Os ensinamentos do Buda — e a lição inerente nesse exercício de não meditação — afirmam que, se nos permitirmos relaxar e dar um passo mental para trás, podemos começar a reconhecer que todos esses diferentes pensamentos estão indo e vindo no contexto de uma mente ilimitada, que, como o espaço, permanece fundamentalmente imperturbada por qualquer coisa que possa ocorrer a ela.

Com efeito, vivenciar a paz natural é mais fácil do que beber água. Para beber, você precisa de certo esforço. Você precisa pegar um copo, levá-lo aos lábios, virar o copo para a água escorrer em sua boca, engolir a água e colocar o copo na mesa. Esse esforço não é necessário para vivenciar a paz natural. Tudo o que você precisa fazer é repousar a mente em seu estado natural. Não é necessário nenhum foco especial, nenhum esforço especial.

E, se por algum motivo não conseguir repousar sua mente, passe a observar os pensamentos, sentimentos ou sensações que surgem, mantêm-se por alguns segundos e desaparecem, e perceba: "Ah, então é isso o que está acontecendo em minha mente neste exato momento."

Não importa onde você estiver, o que você estiver fazendo, é essencial reconhecer sua experiência como algo comum, a expressão natural de sua verdadeira mente. Se você não tentar interromper o que está ocorrendo em sua mente, mas limitar-se a observar sua atividade, mais cedo ou mais tarde começará a ter uma enorme sensação de relaxamento, um amplo senso de abertura em sua mente — que é, na verdade, sua mente natural, o *pano de fundo* naturalmente imperturbável sobre o qual vários pensamentos vêm e vão. Ao mesmo tempo, você estará despertando novos caminhos neuronais que, à medida que se fortalecem e se conectam mais profundamente, aumentam a capacidade de tolerar o efeito dominó de pensamentos que passam por sua mente em um determinado momento. Quaisquer pensamentos perturbadores que surgirem atuarão como catalisadores que estimularão sua consciência da paz natural que cerca e permeia esses pensamentos, como o espaço cerca e permeia cada partícula do mundo fenomênico.

Mas agora é hora de abandonar a introdução geral à mente e começar a examinar suas características em mais detalhes. Você pode se perguntar por que é necessário saber qualquer coisa a mais sobre a mente natural. O conhecimento geral não é suficiente? Não podemos passar para a prática agora?

Pense da seguinte forma: se você estiver dirigindo no escuro, não se sentiria melhor se tivesse um mapa da região, em vez de apenas uma ideia aproximada de para onde você está indo? Sem um mapa e sem nenhuma placa para orientá-lo, você pode se perder. Você pode entrar em ruas erradas e percorrer vias secundárias, tornando a viagem mais longa e mais complicada do que o necessário. Você pode acabar andando em círculos. E, sem dúvida, pode até acabar onde não queria ir — mas a jornada seria muito mais fácil se você soubesse para onde estava indo. Então, pense nos próximos capítulos como um mapa, um conjunto de orientações e sinalizações que podem ajudá-lo a chegar mais rapidamente onde você queria ir.

4. VACUIDADE: A REALIDADE ALÉM DA REALIDADE

A vacuidade é descrita como a base que torna tudo possível.

12º TAI SITUPA RINPOCHE,
Awakening the Sleeping Buddha

O senso de abertura que as pessoas vivenciam quando repousam a mente é conhecido nos termos do budismo como vacuidade, que é provavelmente uma das palavras mais mal entendidas da filosofia budista. Já é difícil para os próprios budistas compreender o termo, mas os leitores ocidentais têm ainda mais dificuldade, já que muitos dos primeiros tradutores dos textos budistas em sânscrito e tibetano interpretavam a *vacuidade* como "o vazio" ou o nada — erroneamente relacionando a vacuidade com a ideia de que nada existe. Nada estaria mais longe da verdade que o Buda buscava descrever.

Apesar de o Buda de fato ter ensinado que a natureza da mente — na verdade, a natureza de todos os fenômenos — é *vacuidade*, ele não quis dizer que sua natureza fosse verdadeiramente *vazia*, como um vácuo. Ele disse que ela era vacui*dade*, termo que, em tibetano, é composto de duas palavras: *tongpa-nyi*. A palavra *tongpa* significa "vazio", mas somente no sentido de algo além de nossa habilidade de perceber com nossos sentidos e nossa capacidade de conceitualizar. Talvez uma tradução melhor fosse "inconcebível" ou "inominável". A palavra *nyi*, por sua vez, não tem nenhum significado específico no vocabulário tibetano cotidiano. Mas, ao ser agregada a outra palavra, ela transmite um sentido de "possibilidade" — um sentido de que tudo pode surgir, tudo pode acontecer. Então, quando os budistas falam em *vacuidade*, eles não querem dizer "o nada", mas sim um potencial ilimitado que algo tem de surgir, mudar ou desaparecer.

Talvez possamos usar aqui uma analogia com que os físicos contemporâneos aprenderam sobre os estranhos e maravilhosos fenômenos que observam quando examinam o funcionamento interno de um átomo. De acordo com os físicos com os quais conversei, a base de todos os fenômenos subatômicos é muitas vezes chamada de *estado de vácuo*, o estado de menor energia no universo subatômico. No estado de vácuo, as partículas continuamente aparecem e desaparecem. Assim, apesar de aparentemente vazio, esse estado é, na verdade, muito ativo, repleto do potencial de produzir alguma coisa, qualquer coisa. Nesse sentido, o vácuo compartilha certas características com a "qualidade vazia da mente". Assim como o vácuo é considerado "vazio", mas, ao mesmo tempo, é a fonte da qual toda espécie de partículas surge, a mente é essencialmente "vazia" no sentido de que desafia a descrição absoluta. Entretanto, todos os pensamentos, emoções e sensações perpetuamente surgem a partir dessa base indefinível e incompletamente conhecível.

Como a natureza da sua mente é vacuidade, você possui a capacidade potencialmente ilimitada de vivenciar uma variedade de pensamentos, emoções e sensações. Mesmo os mal entendidos sobre a vacuidade não passam de fenômenos que surgem da vacuidade!

Um simples exemplo pode ajudá-lo a obter algum entendimento da vacuidade em um nível experimental.

Alguns anos atrás, um estudante me procurou pedindo ensinamentos sobre a vacuidade. Dei-lhe as explicações básicas e ele pareceu bem satisfeito — empolgado, até.

"Isso é tão legal!", ele exclamou ao final de nossa conversa.

Minha própria experiência me ensinou que a vacuidade não é tão fácil de entender depois de uma lição, então sugeri que ele passasse os próximos dias meditando sobre o que aprendera.

Alguns dias depois, o aluno chegou inesperadamente no lado de fora do meu quarto com uma expressão de horror no rosto. Pálido, arqueado e tremendo, ele entrou no quarto vacilante, como alguém que estivesse testando o chão à sua frente para ver se não se tratava de areia movediça.

Quando finalmente parou na minha frente, ele disse: "Rinpoche, você me disse para meditar sobre a vacuidade. Mas, na noite anterior, me ocorreu que, se tudo é vacuidade, então o prédio inteiro é vacuidade, o piso é vacuidade e o chão embaixo do piso é vacuidade. Se esse é o caso, por que todos nós não caímos e afundamos nas profundezas da terra?"

Eu esperei até que ele terminasse de falar. Então, perguntei: "Quem cairia?"

Ele pensou a respeito por um momento e sua expressão mudou completamente. "Ah", ele exclamou, "entendi! Se o prédio é vacuidade e as pessoas são vacuidade, não há ninguém para cair e nada em que afundar.".

Ele soltou um longo suspiro, seu corpo relaxou e a cor voltou a seu rosto. Então, sugeri que ele voltasse a meditar sobre a vacuidade com essa nova compreensão.

Dois ou três dias depois, ele retornou a meu quarto sem avisar. Novamente pálido e trêmulo, ele entrou no quarto e parecia bem evidente que estava fazendo o máximo de esforço para prender a respiração, com medo de expirar o ar.

Sentando-se na minha frente, ele disse: "Rinpoche, meditei sobre a vacuidade como você instruiu e entendi que, da mesma forma como o prédio e o chão são vacuidade, também sou vacuidade. Mas, à medida que me mantive seguindo essa linha de meditação, continuei me aprofundando cada vez mais, até que não fui mais capaz de ver ou sentir nada. Se eu não for nada além de vacuidade, tenho medo de morrer. Por isso corri para vê-lo hoje. Se eu for só vacuidade, então basicamente não sou nada, e não há nada para impedir que eu me dissolva no vazio."

Quando vi que ele havia terminado, perguntei: "Quem se dissolveria?"

Esperei alguns momentos para que ele absorvesse a questão e pressionei mais um pouco: "Você está confundindo vacuidade com vazio. Quase todo mundo comete o mesmo erro no começo, tentando compreender a vacuidade como uma ideia ou um conceito. Eu mesmo cometi esse erro. Não há como entender a vacuidade conceitualmente. Você só pode reconhecê-la de fato por meio da experiência direta. Não estou pedindo que você acredite em mim. Tudo o que estou dizendo é que, nas próximas vezes em que você se sentar para meditar, deve perguntar a si mesmo: 'Se a natureza de tudo é a vacuidade, quem ou o que pode dissolver-se? Quem ou o que nasce e quem ou o que pode morrer?' Tente isso e você pode se surpreender com a resposta."

Com um suspiro, ele concordou em tentar de novo.

Vários dias mais tarde, ele voltou a meu quarto, sorrindo tranquilamente ao anunciar: "Acho que estou começando a entender a vacuidade."

Eu pedi que me explicasse.

"Segui suas instruções e, depois de meditar sobre o assunto por um longo tempo, percebi que a vacuidade não é o nada, porque deve haver *algo* antes de haver *nada*. A vacuidade é tudo — todas as possibilidades da existência e da não-existência imagináveis ocorrendo simultaneamente. Assim, se a nossa verdadeira natureza for vacuidade, então não se pode dizer que alguém realmente morre e não se pode dizer que alguém realmente nasce, porque a possibilidade de ser de certa forma e não ser de certa forma está presente dentro de nós em todos os momentos."

"Muito bem", eu disse. "Agora esqueça tudo o que você acabou de dizer, porque, se tentar lembrar-se exatamente disso, transformará tudo o que aprendeu em um conceito e precisaremos começar tudo de novo."

DUAS REALIDADES: A ABSOLUTA E A RELATIVA

A verdade absoluta não pode ser
ensinada sem base na verdade relativa...

NĀGĀRJUNA, *Mādhyamakakārikā*, traduzido
para o inglês por Maria Montenegro.

A maioria de nós precisa de tempo para contemplar e meditar a fim de compreender a vacuidade. Quando ensino esse assunto, uma das primeiras perguntas que normalmente me fazem é: "Bem, se a base da realidade é a vacuidade, de onde vêm todas as coisas?" Trata-se de uma boa pergunta e, na verdade, uma questão muito profunda. Mas a relação entre a vacuidade e a experiência não é tão simples — ou, melhor, é tão simples que é fácil passar despercebido. Na verdade, é a partir do potencial ilimitado da vacuidade que os fenômenos — um termo genérico que inclui pensamentos, emoções, sensações e até objetos materiais — podem surgir, se movimentar, mudar e, por fim, desaparecer.

Em vez de entrar em uma discussão sobre a mecânica quântica — o ramo contemporâneo da física que analisa a matéria nos níveis atômico e subatômico —, que admito não ser minha área de especialidade, descobri que a melhor maneira de descrever esse aspecto da vacuidade é voltar à analogia do espaço conforme entendido na época do Buda — um amplo espaço aberto que não é nada em si mesmo, mas sim um pano de fundo infinito e indefinido, sobre o qual e por meio do qual galáxias, estrelas, planetas, animais, seres humanos, rios, árvores e assim por diante surgem e se movimentam. Na ausência do espaço, nenhuma dessas coisas poderia aparecer como algo distinguível ou separado de outras. Não haveria espaço para elas, nenhum pano de fundo sobre o qual pudessem ser vistas. Estrelas e planetas só podem surgir, vagar e dissolver-se sobre o pano de fundo do espaço. Nós mesmos podemos ficar de pé, nos sentar e entrar e sair de uma sala somente por causa do espaço que nos cerca. Nossos próprios corpos são repletos de espaço: as aberturas externas que nos permitem respirar, engolir, falar e assim por diante, bem como o espaço dentro de nossos órgãos internos, como os pulmões, que se abrem e fecham à medida que inalamos e exalamos.

Existe uma relação similar entre a vacuidade e os fenômenos. Sem vacuidade, nada poderia surgir; na ausência dos fenômenos, não poderíamos vivenciar os fundamentos da vacuidade a partir dos quais tudo surge. Então, em certo sentido, é necessário dizer que há uma correlação entre vacuidade e fenômenos. Mas há também uma diferença importante. A vacuidade, ou possibilidade infinita, é a natureza *absoluta* da realidade. Tudo o que surge da vacuidade — estrelas, galáxias, pessoas, mesas, lâmpadas, relógios e até mesmo nossa percepção de tempo e espaço — é uma expressão *relativa* da possibilidade infinita, uma aparição momentânea no contexto de tempo e espaço infinitos.

Eu gostaria de aproveitar este momento para salientar outra distinção, extremamente importante, entre a realidade absoluta e a relativa. De acordo com o entendimento budista e também, aparentemente, com certas escolas ocidentais do pensamento científico, somente algo que não muda, que não pode ser afetado pelo tempo e pelas circunstâncias ou reduzido em partes menores e conectadas, pode ser considerado absolutamente real. Com base nessa definição, aprendi que a vacuidade — o potencial imensurável e indefinível que é o pano de fundo de todos os fenômenos, não criado e não afetado pelas mudanças nas causas ou condições — é a *realidade absoluta*. E, como a mente natural é vacuidade, completamente aberta e não limitada por nenhum tipo de característica nomeável ou definível, nada que qualquer pessoa possa pensar ou dizer sobre os fenômenos — e nada que eu possa pensar ou dizer sobre os fenômenos — pode ser expresso de modo preciso para definir sua verdadeira natureza.

Em outras palavras, a realidade absoluta não pode ser expressa em palavras, imagens ou mesmo simbolismo de fórmulas matemáticas. Ouvi dizer que várias religiões também entendem que a natureza do absoluto não pode ser expressa dessas maneiras e se recusam a descrever o absoluto em nomes ou imagens. Nesse ponto, pelo menos, o budismo concorda: o absoluto só pode ser compreendido por meio da experiência.

Ao mesmo tempo, seria absurdo negar que vivemos em um mundo no qual as coisas aparecem, mudam e desaparecem no espaço e no tempo. As pessoas vêm e vão; as mesas se quebram e se lascam; alguém bebe um copo de água e a água se vai. Em termos budistas, esse nível de experiência em eterna mudança é conhecido como a *realidade relativa* – isto é, relativa se comparada com a condição imutável e indefinível da realidade absoluta.

Então, apesar de ser algo tolo fingir que não vivenciamos coisas como mesas, água, pensamentos e planetas, ao mesmo tempo não podemos dizer que qualquer uma dessas coisas exista inerentemente de forma independente, autossuficiente e completa. Por definição, qualquer coisa que inerentemente exista deve ser permanente e imutável. Ela não pode ser desmembrada em partes menores ou afetada por mudanças nas causas e condições.

Essa é uma boa descrição intelectual da correlação entre a realidade absoluta e a relativa. Mas não fornece de fato a base intuitiva necessária para que se compreenda essa relação. Quando era estimulado por seus alunos a explicar a correlação entre a realidade absoluta e a relativa, o Buda muitas vezes recorria ao exemplo dos sonhos, apontando que nossas experiências na vida desperta são similares às experiências que temos nos sonhos. Os exemplos de sonhos que ele usava naturalmente envolviam coisas relevantes aos alunos da sua época: vacas, grãos, telhados de palha e paredes de barro.

Não tenho certeza se esses exemplos teriam o mesmo impacto sobre as pessoas que vivem no século XXI. Então, quando ensino, tendo a usar exemplos relevantes às pessoas com as quais estou falando. Por exemplo, suponha que você seja o tipo de pessoa que adora carros. Você provavelmente ficaria empolgado em sonhar que alguém lhe deu um carro zero quilômetro sem você ter de gastar um centavo por ele. O "você do sonho" ficaria feliz em receber o "carro do sonho", feliz em dirigi-lo e feliz em exibi-lo às pessoas que você conhece.

Mas suponha que, no sonho, você esteja dirigindo quando, subitamente, outro carro bate no seu. A frente de seu carro fica completamente arruinada e você quebrou uma das pernas. No sonho, é provável que seu humor mudasse, de modo repentino, de felicidade para desespero. Seu carro foi arruinado, você não tem nenhum "seguro contra sonho" e sua perna quebrada está doendo horrivelmente. Você pode até começar a chorar no sonho e, quando acordar, seu travesseiro pode estar encharcado de lágrimas.

Agora vou fazer uma pergunta fácil: o carro no sonho é real ou não?

Com certeza, a resposta é não. Nenhum engenheiro desenvolveu o carro, nenhuma fábrica o construiu. Ele não é feito das várias partes que constituem um carro real, ou de moléculas e átomos que compõem cada uma das diferentes partes de um carro. Mesmo assim, enquanto sonha, você vivência o carro como algo bem real. Na verdade, você se relaciona com tudo em seus sonhos como se fosse real e reage às experiências com pensamentos e emoções muito reais. Mas, apesar de suas experiências no sonho parecerem reais, não se pode dizer que elas existam de fato, não é mesmo? Quando você acorda, o sonho é interrompido e tudo o que você percebeu se dissolve na vacuidade: a possibilidade infinita de qualquer coisa acontecer.

O Buda ensinava que, da mesma forma, qualquer experiência é uma aparição que surge da infinita possibilidade da vacuidade. Como afirmado no *Sutra do Coração*, um dos ensinamentos mais famosos do Buda:

> Forma é vacuidade.
> Vacuidade é forma.
> Vacuidade nada mais é que forma.
> Forma nada mais é que vacuidade.

Em termos atuais, você poderia dizer:

> Um carro em um sonho não é um carro inerentemente real.
> Um carro não inerentemente real é um carro em um sonho.
> Um carro em um sonho nada mais é que um carro não inerentemente real.

> Um carro não inerentemente real nada mais é que um carro em um sonho.

É claro que se pode argumentar que as coisas que você vivencia na vida desperta e os eventos que vivencia em um sonho não podem ser logicamente comparáveis. Afinal de contas, quando você acorda de um sonho, não tem *de fato* uma perna quebrada ou um carro batido na garagem. Se você sofreu um acidente na vida desperta, contudo, pode acordar no hospital e precisar gastar uma pequena fortuna no conserto do carro.

Mesmo assim, a base da sua experiência é a mesma nos sonhos e na vida desperta: pensamentos, sentimentos e sensações que variam de acordo com as condições que mudam. Se você mantiver essa comparação em mente, qualquer coisa que possa vir a vivenciar na vida desperta começa a perder o poder de afetá-lo. Os pensamentos são só pensamentos. Os sentimentos são só sentimentos. As sensações são só sensações. Tudo isso vem e vai na vida desperta tão rápida e facilmente quanto nos sonhos.

Tudo o que você vivencia está sujeito a mudanças de acordo com as condições que se alteram. Mesmo se uma única condição se alterar, a forma da sua experiência mudará. Sem um sonhador, não haveria sonho. Sem a mente do sonhador, não haveria sonho. Se o sonhador não estivesse dormindo, não haveria sonho. Todas essas circunstâncias devem vir juntas para que um sonho ocorra.

UM EXERCÍCIO DE VACUIDADE

> *A mente é vazia em essência.*
> *Apesar de vazia, tudo constantemente surge dela.*
>
> 3º GYALWANG KARMAPA, *Song of Karmapa: The Aspiration of the Mahāmudrā of True Meaning*, traduzido para o inglês por Erik Pema Kunsang.

A compreensão intelectual da vacuidade é uma coisa; a experiência direta é outra. Assim, vamos tentar outro exercício, um pouco diferente dos descritos nos capítulos anteriores. Dessa vez, você vai observar seus pensamentos, emoções e sensações com muita atenção, à medida que surgem da vacuidade, momentaneamente permanecem como vacuidade e se dissolvem de volta à vacuidade. Se pensamentos, sentimentos ou sensações não surgirem para você, invente-os, o mais que puder, muito rapidamente, um após o outro. O principal propósito do exercício é observar a maior quantidade de formas de experiência possível. Se você não as observar, elas passarão despercebidas. Não perca nenhum dos pensamentos, sentimentos ou sensações sem os observar.

Comece sentando-se com a coluna ereta, em uma posição relaxada e respirando normalmente. Quando estiver acomodado, comece a observar seus pensamentos, emoções e sensações com muita clareza. Se nada surgir, lembre-se de começar a provocá-los mentalmente. Observe com muita clareza tudo o que perceber — dor, pressão, sons e assim por diante. Mesmo ideias como "Este é um bom pensamento", "Este é um mau pensamento", "Eu gosto deste exercício", "Eu odeio este exercício" são pensamentos que você pode observar. Você pode até observar algo tão simples quanto uma coceira. Para obter o efeito total, sugiro que continue esse processo por pelo menos um minuto.

Pronto? Então comece!

Observe os movimentos da sua mente...

Observe os movimentos da sua mente...

Observe os movimentos da sua mente...

Agora pare.

O propósito do exercício é observar tudo o que passa pela sua consciência à medida que surge da vacuidade, aparece momentaneamente e se dissolve de volta à vacuidade — um movimento como a elevação e a queda de uma onda em um oceano gigante. Você não quer bloquear seus pensamentos, emoções e assim por diante; e você não quer persegui-los. Se persegui-los, se deixar que eles o conduzam, eles começarão a defini-lo e você perderá a habilidade de reagir aberta e espontaneamente no presente momento. Por outro lado, se tentar bloquear seus pensamentos, sua mente pode se tornar um tanto quanto estreita e limitada.

Essa é uma das razões pelas quais muitas pessoas erroneamente acreditam que a meditação envolve deliberadamente interromper o movimento natural dos pensamentos e das emoções. É possível bloquear esse movimento por algum tempo e até atingir uma sensação efêmera de paz — mas trata-se da paz de um zumbi. Um estado completamente sem pensamentos nem emoções é um estado desprovido de discernimento ou clareza.

Se você praticar permitindo que sua mente seja tal como é, mais cedo ou mais tarde ela se acomodará por si só. Você desenvolverá uma sensação de amplitude, e gradualmente aumentará sua habilidade de vivenciar as coisas claramente, sem preconceitos. Uma vez que começa a conscientemente observar a esses pensamentos e emoções indo e vindo, você começará a reconhecer que todos eles são fenômenos relativos. Eles só podem ser definidos por meio de sua relação com outras experiências. Um pensamento feliz se distingue por sua diferença de um pensamento infeliz, da mesma forma que uma pessoa alta pode ser reconhecida como "alta" somente em relação a alguém que seja mais baixo. Por si só, essa pessoa não é alta nem baixa. Da mesma forma, um pensamento ou um sentimento não pode, por si só, ser descrito como positivo ou negativo, exceto se for comparado com outros pensamentos ou sentimentos. Sem esse tipo de comparação, um pensamento, um sentimento ou uma percepção não é nada além do que é. Ele não possui qualidades ou características inerentes e não pode ser definido por si só, mas apenas por meio da comparação.

A FÍSICA DA EXPERIÊNCIA

Os objetos físicos não existem no espaço, mas são espacialmente estendidos. Dessa forma, o conceito de "espaço vazio" perde o significado.

ALBERT EINSTEIN, *Relativity*, 15ª edição.

Em minhas conversas com cientistas modernos, me surpreendi com a quantidade de semelhanças entre os princípios da mecânica quântica e o entendimento budista da correlação entre vacuidade e aparecimento. Como as palavras que utilizamos eram diferentes, levou um bom tempo para eu reconhecer que estávamos falando da mesma coisa — fenômenos se desvelando momento a momento, causados e condicionados por um número e uma variedade de eventos quase infinitos.

Para apreciar essas semelhanças, achei importante compreender algo sobre os princípios da física clássica, os fundamentos sobre os quais a mecânica quântica se desenvolveu. A "física clássica" é um termo geral que descreve um conjunto de teorias acerca do funcionamento do mundo natural com base nas descobertas de um gênio do século XVII, Sir Isaac Newton, e dos cientistas que seguiram seus passos e contribuíram para essa compreensão. Nos termos da física clássica, o universo era compreendido como uma máquina gigante e ordenada. De acordo com esse "modelo mecanicista", se alguém soubesse a velocidade e a direção do movimento de cada partícula no universo e as forças entre eles em um instante específico do tempo, então seria possível prever a posição e a velocidade de cada partícula no universo em qualquer momento no futuro. De forma similar, seria possível inferir toda a história passada do universo a partir de uma descrição completa de seu estado presente. A história do universo poderia ser entendida como uma teia gigante de histórias de partículas individuais conectadas pelas leis absolutas e conhecidas de causa e efeito.

As leis e teorias da física clássica, entretanto, foram baseadas, em grande parte, nas observações de fenômenos de larga escala, como os movimentos de estrelas e planetas e as interações entre objetos materiais na Terra. Mas os avanços tecnológicos nos séculos XIX e XX permitiram que os cientistas estudassem o comportamento de fenômenos em escalas cada vez menores e seus experimentos — que formaram a base da mecânica quântica (a estrutura fundamental da física moderna) — começaram a mostrar que, em escalas extremamente pequenas, os fenômenos materiais não se comportavam da forma ordenada e previsível descrita pelos físicos clássicos.

Um dos aspectos mais impressionantes desses experimentos envolveu a revelação de que o que normalmente consideramos como "matéria" pode não ser tão sólido e definível quanto se acreditava antes. Quando observada no nível subatômico, a "matéria" se comporta de modo um tanto estranho, algumas vezes exibindo propriedades comumente associadas a partículas materiais e outras aparecendo como "ondas" imateriais de energia. Da forma como entendo, essas partículas/ondas não podem ser definidas simultaneamente em termos de localização e velocidade. Assim, a noção clássica de descrever o estado do universo em termos das localizações e velocidades das partículas não se sustenta.

Do mesmo modo como a mecânica quântica se desenvolveu ao longo do tempo a partir das leis da física clássica, a descrição que Buda fez da natureza da experiência evoluiu aos poucos, com cada revelação se acumulando à anterior de acordo com o nível de compreensão dos que o ouviam. Esses ensinamentos são historicamente divididos em três conjuntos, aos quais se refere como os "Três Giros da Roda do Dharma". Nesse sentido, a palavra em sânscrito *dharma* significa "a verdade" ou, mais simplesmente, "a forma como as coisas são". O Buda conduziu sua primeira sessão de ensinamentos em um espaço aberto conhecido como Parque dos Cervos, perto de Varanasi, uma cidade da Índia conhecida como Benares. O primeiro conjunto de ensinamentos descrevia a natureza relativa da realidade com base na experiência física observável. Os ensinamentos do primeiro giro são frequentemente compilados em uma série de afirmações comumente conhecidas como "As Quatro Nobres Verdades", mas que podem ser mais adequadamente descritas como as

"Quatro Revelações Puras sobre como as Coisas São". Essas quatro revelações podem ser resumidas como se segue:

1. A vida comum é condicionada pelo sofrimento.
2. O sofrimento resulta de causas.
3. As causas do sofrimento podem ser extintas.
4. Há um caminho simples por meio do qual as causas do sofrimento podem ser extintas.

No segundo e no terceiro giro, o Buda começou a descrever as características da realidade absoluta. O segundo giro — que foi oferecido no Pico dos Abutres, uma montanha localizada no estado de Bihar, no Nordeste da Índia — se concentrou na natureza da vacuidade, bondade amorosa, compaixão e *bodhicitta*. (*Bodhicitta* é uma palavra em sânscrito frequentemente traduzida como a "mente" ou o "coração" do despertar.) O terceiro giro da roda, em que Buda descreveu as características fundamentais da natureza búdica, foi dado em vários locais ao redor da Índia.

Por si só, os três giros da roda são fascinantes em função do que nos dizem sobre a natureza da mente, do universo e sobre as formas como a mente percebe a experiência. Mas eles também servem para esclarecer ideias que surgiram entre os primeiros seguidores do Buda. Depois que o Buda faleceu, seus seguidores nem sempre concordaram com a interpretação exata do que ele disse; alguns deles podem não ter presenciado os três giros da roda. As desavenças entre eles eram naturais, já que, como o Buda repetidamente salientava, a essência do que ensinava não poderia ser entendida meramente por meio da compreensão intelectual, mas poderia ser percebida somente pela experiência direta.

As pessoas que aprenderam só os ensinamentos do primeiro giro da roda desenvolveram duas escolas de pensamento, as visões das escolas Vaibhasika e Sautrantika, de acordo com as quais partículas infinitesimalmente pequenas — conhecidas em tibetano como *dul-tren* ou *dul-tren-cha-may*, termos que podem ser traduzidos, respectivamente, como "as menores partículas" e "partículas indivisíveis" — eram entendidas como absolutamente "reais", no sentido de que eram completas em si mesmas, sem possibilidade de divisão em partes menores. Essas partículas fundamentais eram consideradas os elementos constitutivos essenciais de todos os fenômenos. Elas nunca poderiam ser dissolvidas ou perdidas; apenas convertidas em formas diferentes. Por exemplo, o *dul-tren-cha-may* da madeira não era perdido quando a lenha era queimada, mas sim meramente convertido em fumaça ou fogo — um ponto de vista não muito diferente da lei da "conservação da energia", um princípio básico da física que sustenta que a energia não pode ser criada nem destruída, mas somente convertida em outras formas. Por exemplo, a energia química da gasolina pode ser convertida na energia mecânica que movimenta um carro.

Neste ponto, você pode estar se perguntando como o desenvolvimento da física moderna pode ter relação com o alcançar a felicidade pessoal. Mas, se você me acompanhar por mais um tempo, a relação ficará clara.

Os ensinamentos posteriores do Buda demonstraram que o simples fato de partículas infinitesimalmente pequenas *poderem* ser convertidas — como Albert Einstein provaria séculos mais tarde com sua famosa equação $E = mc^2$, que, em termos muito básicos, descreve partículas como pequenos pacotes de energia — indicava que um *dul-tren* ou *dul-tren-cha-may* era, na verdade, um fenômeno transitório e, por consequência, não poderia ser considerado fundamental ou absolutamente "real".

Para usar um exemplo cotidiano, pense na água. Em condições muito frias, a água se transforma em gelo. Em temperatura ambiente, a água é líquida. Ao ser aquecida, ela se transforma em vapor. Em experimentos de laboratório, as moléculas da água podem ser separadas em átomos de hidrogênio e oxigênio e, quando esses átomos são examinados mais de perto, consistem em partículas subatômicas cada vez menores.

Há um paralelo interessante entre as visões das escolas Vaibhasika e Sautrantika e a escola clássica da física. De acordo com a física clássica — e provavelmente estou simplificando demais a questão para facilitar a compreensão das ideias —, os elementos básicos da matéria, bem como entidades maiores como estrelas, planetas e corpos humanos, podem ser descritos em termos de propriedades mensuráveis com precisão, como a localização e a velocidade, e se movimentam de formas previsíveis pelo espaço e pelo tempo, em coordenação perfeita com certas forças como a gravidade e a eletricidade. A interpretação clássica ainda funciona muito bem em termos de prever o comportamento dos fenômenos em larga escala, como os movimentos dos planetas.

Como me foi explicado, entretanto, os avanços tecnológicos no século XIX começaram a fornecer aos físicos os recursos para observar fenômenos materiais com detalhamento microscópico. No começo do século XX, o físico britânico J. J. Thomson conduziu uma série de experimentos que o levaram a descobrir que o átomo não era uma entidade sólida, mas sim composta de partículas menores — mais notadamente partículas eletronicamente carregadas, chamadas de *elétrons*. Com base nos experimentos de Thomson, o físico Edward Rutherford desenvolveu um modelo do átomo conhecido pela maioria dos ocidentais que tiveram aulas de química ou física na escola, como um tipo de sistema solar em miniatura composto de elétrons que giravam ao redor do centro do átomo chamado de *núcleo*.

O problema com o modelo do "sistema solar" de Rutherford para o átomo era não levar em conta o fato observado de que os átomos sempre irradiam a luz de certas energias características quando aquecidos. O conjunto dos níveis de energia, que são diferentes para cada tipo de átomo, é comumente chamado de o *espectro* do átomo. Em 1914, Niels Bohr percebeu que, se os elétrons em um átomo eram tratados como ondas, o espectro de energia de um átomo poderia ser explicado com precisão. Esse foi um dos maiores sucessos recentes da mecânica quântica e forçou o mundo científico a começar a levar essa estranha teoria a sério.

Mais ou menos na mesma época, entretanto, Albert Einstein demonstrou que era possível descrever a luz não como ondas, mas como partículas, que ele chamou de *fótons*. Quando os fótons eram direcionados a uma chapa de metal, aceleravam a atividade dos elétrons, produzindo eletricidade. Depois da descoberta de Einstein, vários físicos começaram a conduzir experimentos que demonstravam que todas as formas de energia podem ser descritas de modo concebível em termos de partículas — uma perspectiva muito similar ao ponto de vista da escola Vaibhasika.

À medida que os físicos modernos continuam a estudar o mundo dos fenômenos subatômicos, eles ainda se confrontam com o problema de que esses fenômenos — que podemos chamar de os elementos fundamentais da "realidade" ou da "experiência" — algumas vezes se comportam como partículas e outras vezes como ondas. Assim, eles só podem determinar a *probabilidade* de uma entidade subatômica exibir determinadas propriedades ou comportar-se de determinada maneira. Apesar de aparentemente não haver dúvidas de que a teoria quântica seja precisa em termos de aplicação prática — conforme demonstrado no desenvolvimento de lasers, transistores, leitores ópticos de supermercados e chips de computador —, a explicação quântica do universo ainda é uma descrição matemática dos fenômenos um tanto quanto abstrata. Mas é importante lembrar que a matemática é uma linguagem simbólica — um tipo de poesia que utiliza números e símbolos, em vez de palavras, para transmitir uma noção de realidade que fundamenta nossa experiência convencional.

A LIBERDADE DA PROBABILIDADE

Uma nova consciência de tudo aquilo que surgir... é suficiente.

9º GYALWANG KARMAPA, *Mahāmudrā: The Ocean of Definitive Meaning*, traduzido para o inglês por Elizabeth M. Callahan.

Em seus primeiros ensinamentos, o Buda abordou o problema do sofrimento em termos de fixação em um nível de experiência inerentemente existente ou absolutamente "real" (incluindo uma crença em uma entidade inerentemente real e a existência inerentemente real de fenômenos materiais). Mais tarde, conforme sua audiência se tornava mais sofisticada, ele começou a falar de forma mais direta sobre a vacuidade e a natureza búdica. De forma similar, as ideias de físicos clássicos em relação à natureza e ao comportamento dos objetos materiais foram gradualmente redefinidas e atualizadas pelos esforços dos cientistas do final do século XIX.

Como mencionado anteriormente, as observações dos cientistas modernos no que se refere à matéria no nível subatômico os levaram a reconhecer que os elementos do mundo subatômico algumas vezes se comportavam muito bem, agindo como partículas "semelhantes a coisas" quando observados sob certas condições experimentais, mas, quando observados em outras condições, eles agiam mais como ondas. Essas observações sobre a "dualidade onda-partícula" marcaram, de muitas maneiras, o nascimento da "nova" física da mecânica quântica.

Imagino que esse comportamento peculiar provavelmente tenha causado algum desconforto nos primeiros cientistas que o observaram. Para usar uma analogia simplificada, imagine alguém que você achava que conhecia muito bem e que o tratou como seu melhor amigo em um momento e, meia hora mais tarde, o olhou como se nunca o tivesse visto antes. Você pode chamar esse tipo de comportamento de desleal, ou falso.

Por outro lado, isso também pode ter sido muito empolgante, já que uma observação direta do comportamento da matéria abriu todo um novo mundo de investigações — muito parecido com o mundo que se abre para nós quando começamos a nos dedicar ativamente à observação da atividade da nossa própria mente. Há muito a ser visto e muito a ser aprendido!

Com sua diligência habitual, os físicos do começo do século XX "voltaram ao quadro negro" para explicar o comportamento da natureza ondulatória das partículas. Com base no modelo de Niels Bohr, sobre a natureza ondulatória dos elétrons nos átomos, eles acabaram chegando a uma nova descrição do mundo subatômico, que, em termos matemáticos muito detalhados, descreve como cada partícula no universo conhecido pode ser entendida como uma onda e, cada onda, como uma partícula. Em outras palavras, as partículas que compõem o universo material mais amplo podem ser vistas de um ponto de vista como "coisas" e, de outro, como ocorrências que se estendem ao longo do tempo e do espaço.

Então, o que a física tem a ver com ser feliz? Gostamos de achar que somos indivíduos sólidos e distintos, com metas e personalidades bem definidas. Mas, se analisarmos honestamente as descobertas da ciência moderna, temos de admitir que essa visão de nós mesmos é, na melhor das hipóteses, incompleta.

Os ensinamentos do Buda são muitas vezes agrupados em duas categorias: os ensinamentos sobre a sabedoria, ou teoria, e os ensinamentos sobre o método, ou prática. O próprio Buda, muitas vezes, comparou essas categorias às asas de um pássaro. Para voar, o pássaro precisa de duas asas. A "asa" da sabedoria é necessária porque, sem pelo menos alguma ideia de seus objetivos, as "asas" da prática são um tanto quanto inúteis. Os frequentadores de academias de ginástica, por exemplo, têm pelo menos uma ideia aproximada do que querem ganhar suando na esteira ou levantando peso. O mesmo princípio se aplica ao esforço de reconhecer diretamente nossa capacidade inata para a felicidade. Precisamos saber aonde estamos indo para podermos chegar lá.

A ciência moderna — mais especificamente a física quântica e a neurociência — oferece uma abordagem à sabedoria em termos que são, ao mesmo tempo, mais aceitáveis e mais especificamente demonstráveis às pessoas que vivem no século XXI do que os vislumbres budistas da natureza da realidade obtidos por meio de análise subjetiva. Isso não somente ajuda a explicar as práticas budistas em termos de análise científica, mas também proporciona vislumbres fascinantes no entendimento budista do *dul-tren-cha-may*, os fenômenos momentâneos que aparecem e desaparecem em um instante, de acordo com as mudanças nas causas e condições. Mas precisamos olhar com mais profundidade para o domínio da ciência, a fim de descobrir alguns desses paralelos.

5. A RELATIVIDADE DA PERCEPÇÃO

A pureza primordial da base transcende completamente as palavras, os conceitos e as formulações.

JAMGÖN KONGTRUL, *Myriad Worlds*, traduzido e editado em inglês pelo International Committee of Kunkhyab Chöling

A definição da vacuidade como uma "infinita possibilidade" é uma descrição básica de um termo muito complicado. Um significado mais sutil, que pode ter sido perdido nas primeiras traduções, implica que o que surge desse infinito potencial — independentemente de ser um pensamento, uma palavra, um planeta ou uma mesa — não existe de fato como uma "coisa" em si, mas é o resultado de numerosas causas e condições. Se alguma dessas causas ou condições mudar ou for removida, um fenômeno diferente surgirá. Como os princípios esboçados no segundo giro da roda do Dharma, a mecânica quântica tende a descrever a experiência não apenas em função de uma única cadeia possível de eventos que conduzem a um único resultado, mas em termos de probabilidades de eventos e ocorrências que, de um modo estranho, se aproximam do entendimento budista da realidade absoluta, em que uma variedade de resultados é teoricamente possível.

INTERDEPENDÊNCIA

Qualquer coisa que depender de condições é explicada como vazia...
Sutra Requested by Madröpa, traduzido para o inglês por Ari Goldfield.

Para usar um exemplo simples, imagine duas cadeiras diferentes: uma delas tem quatro pernas robustas e a outra tem duas pernas boas e duas quebradas. Se você se sentar na cadeira que tem quatro pernas boas, ficará muito confortável. Sente-se na outra e você acabará no chão. Em um nível superficial, pode-se dizer que as duas são "cadeiras". Mas a sua experiência de cada "cadeira" será, sem dúvida, diferente, porque as condições que as fundamentam não são as mesmas.

Essa junção de diferentes causas é conhecida, em termos budistas, como *interdependência*. Podemos ver o princípio da interdependência agindo o tempo todo no mundo que nos cerca. Uma semente, por exemplo, carrega em si o potencial para o crescimento, mas só pode realizar seu potencial — isto é, tornar-se uma árvore, um arbusto ou uma videira — sob certas condições. Ela precisa ser plantada, aguada e deve receber uma quantidade adequada de luz. Mesmo sob as condições adequadas, a planta que crescer dependerá do tipo de semente plantada. Uma semente de macieira não produz uma laranjeira, nem uma semente de laranjeira se transformará em uma árvore que produzirá maçãs. Assim, o princípio da interdependência se aplica até mesmo a uma semente.

De modo similar, as escolhas que fazemos na nossa vida cotidiana têm um efeito relativo, acionando causas e condições que geram consequências inevitáveis no domínio da realidade relativa. As escolhas relativas são como pedras jogadas em um lago. Mesmo se a pedra não for muito longe, ondas concêntricas se espalharão a partir da área atingida pela pedra. Não há como isso *não* acontecer (a não ser, é claro, que sua pontaria seja tão ruim que você erre o lago e lance a pedra na janela de seu vizinho, caso em que um conjunto totalmente diferente de consequências ocorrerá).

Da mesma forma, suas ideias sobre si mesmo — "Não sou bom o suficiente", "Estou gordo demais" ou "Cometi um erro terrível ontem" — são baseadas em causas e condições prévias. Talvez você não tenha dormido bem na noite anterior. Talvez alguém tenha dito algo de que você não tenha gostado. Ou talvez você esteja só com fome e seu corpo esteja pedindo as vitaminas e os minerais de que precisa para funcionar adequadamente. Algo tão simples quanto falta de água pode provocar fadiga, dores de cabeça e dificuldade de concentração. Qualquer coisa pode determinar a natureza da experiência relativa sem alterar a realidade absoluta de quem você é.

Quando estava sendo analisado pelos neurocientistas no laboratório em Wisconsin, fiz várias perguntas sobre como os cientistas modernos entendiam a percepção. Os budistas têm suas próprias teorias, mas eu estava curioso para conhecer o ponto de vista científico ocidental. O que aprendi foi que, de um ponto de vista estritamente neurocientífico, qualquer ato de percepção requer três elementos essenciais: um estímulo — como uma forma visual, um som, um aroma, um sabor ou algo que podemos tocar ou que nos toca; um órgão sensorial; e um conjunto de circuitos neurais no cérebro que organizam e interpretam os sinais recebidos do órgão sensorial.

Usando a percepção visual de uma banana como exemplo, os cientistas com os quais conversei explicaram que os nervos ópticos — os neurônios sensoriais no olho — primeiramente detectam uma coisa longa, amarela e curvada, que pode ter uma mancha marrom em uma das extremidades. Ativados por esse estímulo, os neurônios começam a enviar mensagens para o *tálamo*, uma estrutura neurológica localizada no centro do cérebro. O tálamo é algo como o painel de controle central, como aqueles retratados em filmes antigos, no qual as mensagens sensoriais são classificadas antes de serem transmitidas para outras áreas do cérebro.

Uma vez que as mensagens dos nervos ópticos são classificadas pelo tálamo, elas são enviadas ao sistema límbico, a principal região do cérebro responsável por processar as reações emocionais e as sensações de dor e prazer. Nesse ponto, nossos cérebros realizam um tipo de julgamento imediato para determinar se o estímulo visual — nesse caso, uma coisa longa, amarela e curvada, com manchas marrons em um dos lados — é algo bom, ruim ou neutro. Como o sentimento que algumas vezes temos na presença de outras pessoas, tendemos a nos referir a essa reação imediata como "instintiva" ou "visceral", apesar de não serem termos muito concretos. Entretanto, é muito mais fácil utilizar essa descrição do que entrar em detalhes como "um estímulo de neurônios na região límbica".

Enquanto essas informações são processadas na região límbica, elas são simultaneamente passadas às "superiores", para as regiões do neocórtex, a principal região analítica do cérebro, onde é organizada em padrões — ou, mais especificamente, conceitos — que proporcionam o guia ou o mapa que usamos para navegar no mundo cotidiano. O neocórtex avalia o padrão e chega à conclusão de que o objeto que estimulou nossas células do nervo óptico é, na verdade, uma banana. E, se o neocórtex já tiver criado o padrão ou o conceito "banana", ele oferece todo tipo de detalhes associados com base em experiências passadas — por exemplo, qual é o sabor de uma banana, se gostamos ou não desse sabor e toda espécie de detalhes relacionados ao nosso conceito de banana — que nos permitem decidir como reagir com mais precisão ao objeto que vemos como uma banana.

O que descrevi não passa de um mero esboço do processo de percepção. Mas até um vislumbre do processo proporciona uma pista de como um objeto comum pode se tornar uma causa de felicidade ou infelicidade. Uma vez que chegamos ao estágio no qual reconhecemos uma banana, na verdade não estamos mais vendo o objeto original. Em vez disso, estamos vendo uma *imagem* do objeto construída pelo neocórtex. E essa imagem é condicionada a uma enorme variedade de fatores, incluindo o ambiente, nossas expectativas e experiências anteriores, bem como a própria estrutura dos nossos circuitos neurais. No próprio cérebro, pode-se dizer que os processos sensoriais e todos esses fatores são interdependentes, no sentido de que eles continuamente influenciam uns aos outros. Como o neocórtex basicamente proporciona o padrão pelo qual somos capazes de reconhecer, nomear e prever um comportamento, ou as "regras", associado a um objeto que percebemos, em um sentido muito profundo, o que ele faz é moldar o mundo para nós. Em outras palavras, não estamos vendo a realidade *absoluta* da banana, mas sim sua aparência relativa, uma imagem mentalmente construída.

Para ilustrar esse ponto, durante a primeira conferência do *Mind and Life Institute*, em 1987, o Dr. Livingston descreveu um simples experimento que envolvia apresentar a um grupo de pessoas que participavam da pesquisa uma imagem gráfica da letra T, cuidadosamente elaborada para que os segmentos horizontal e vertical fossem exatamente iguais em comprimento."[5] Quando perguntados se um dos dois segmentos era mais longo do que o outro, os participantes forneceram três respostas diferentes, cada uma fundamentada em seus históricos. Por exemplo, a maioria das pessoas que moravam ou haviam sido criadas em ambientes primordialmente planos, como os Países Baixos, tendia a ver o segmento horizontal (ou plano) como o mais comprido. Por outro lado, as pessoas que viviam ou haviam sido criadas em ambientes montanhosos e, em consequência, mais propensas a perceber as coisas em termos de subidas e descidas, estavam convencidas de que o segmento vertical era mais comprido. Só um pequeno grupo de participantes foi capaz de reconhecer que os dois segmentos tinham o mesmo comprimento.

Assim, em termos estritamente biológicos, o cérebro é um participante ativo ao moldar e condicionar a percepção. Apesar de os cientistas não negarem que há um "mundo real" de objetos além dos limites do corpo, é consenso geral que, apesar de as experiências sensoriais parecerem ser

---

5 Jeremy W. Hayward e Francisco J. Varela, Gentle Bridges: *Conversations with the Dalai Lama on the Science of Mind* (Boston: Shambhala, 1992), 183-84

muito diretas e imediatas, os processos envolvidos são muito mais sutis e complexos do que aparentam. Conforme Francisco Varela comentou mais tarde na conferência: "É como se o cérebro realmente fizesse o mundo se tornar aparente pela percepção."[6]

A função ativa do cérebro no processo de percepção exerce um papel crítico em determinar nosso estado de espírito normal. E esse papel ativo abre a possibilidade, aos que estão dispostos a se dedicar a certas práticas de treinamento mental, de gradualmente alterar as antigas percepções moldadas por anos de condicionamento anterior. Por meio da reeducação, o cérebro pode desenvolver novas conexões neurais, através das quais se torna possível, não somente transformar as percepções existentes, mas também ir além das condições mentais comuns de ansiedade, impotência e dor, e na direção de uma experiência mais duradoura de felicidade e paz.

Isso representa uma boa notícia para qualquer pessoa que se sinta presa a ideias sobre como a vida é. Nada em sua experiência seus pensamentos, sentimentos ou sensações — é tão fixo e imutável quanto parece. Suas percepções são só aproximações grosseiras da natureza real das coisas. Na verdade, o universo no qual você vive e o universo em sua mente formam um todo integrado. Conforme os neurocientistas, físicos e psicólogos me explicaram, a ciência moderna, em um esforço corajoso para descrever a realidade em termos objetivos e racionais, começou a restaurar em nós uma sensação de magia e grandiosidade da existência.

SUJEITOS E OBJETOS: UMA VISÃO NEUROCIENTÍFICA

O pensamento dualista é a energia dinâmica da mente.

JAMGÖN KONGTRUL, *Creation and Completion*,
traduzido para o inglês por Sarah Harding.

---

6 Ibid., 199.

Munidos de um pouco mais de informações sobre a física e a biologia, podemos fazer algumas perguntas mais profundas sobre a realidade absoluta da vacuidade e a realidade relativa da experiência cotidiana. Por exemplo, se o que percebemos é só uma imagem de um objeto e o próprio objeto, do ponto de vista de um físico, é uma massa rodopiante de minúsculas partículas, então por que vivenciamos uma mesa como algo sólido? Como podemos ver e sentir um copo de água sobre a mesa? Se bebermos a água, ela nos parecerá real e tangível o suficiente. Como isso pode acontecer? Se não bebermos água, ficaremos com sede. Por quê?

Para começar, a mente se envolve de várias formas em um processo conhecido como *dzinpa*, uma palavra tibetana que significa "agarrar". *Dzinpa* é a tendência da mente de se fixar em objetos como se fossem inerentemente reais. O treinamento budista oferece uma abordagem alternativa para vivenciar a vida, não de uma perspectiva de sobrevivência essencialmente baseada em medo, mas sim como uma sequência de eventos singulares e maravilhosos. A diferença pode ser demonstrada por meio de um simples exemplo. Imagine que eu esteja segurando meu *mala* (colar de contas para preces, semelhante a um rosário) com a palma da mão voltada para baixo. Para esse exemplo, o mala representa todas as posses que as pessoas normalmente sentem que precisam: um bom carro, roupas finas, boa comida, um emprego com boa remuneração, uma casa confortável e assim por diante. Se eu segurar o mala bem firme na minha mão, parte dele sempre vai escapar e ficar pendurada para fora da mão. Se eu tentar segurar a parte solta, um pedaço maior sairá por entre meus dedos; e, se tentar segurar esse pedaço, um ainda maior cairá pelos lados. Se eu der continuidade a esse processo, mais cedo ou mais tarde, perco o controle do mala. Se, entretanto, eu virar a palma da mão para cima e permitir que o mala repouse na minha mão, nada cairá por entre meus dedos. As contas se assentam na minha mão.

Para usar outro exemplo, imagine que você esteja sentado em uma sala cheia de gente olhando para uma mesa colocada à sua frente. Sua tendência é relacionar-se com a mesa como uma coisa em si mesma, um objeto inteiramente completo e contido em si próprio, independentemente de uma observação subjetiva. Mas uma mesa tem a parte superior, as pernas, as laterais, uma parte traseira e uma parte da frente. Se você lembrar que ela é feita dessas partes diferentes, será que pode, de fato, defini-la como um objeto único?

Em sua investigação do cérebro que "não tem maestro", os neurocientistas descobriram que os cérebros dos seres sencientes evoluíram especificamente para reconhecer e reagir a padrões. Dentre os bilhões de neurônios que compõem o cérebro humano, alguns são especificamente adaptados para detectar formas, enquanto outros se dedicam a detectar cores, cheiros, sons, movimentos e assim por diante. Ao mesmo tempo, nossos cérebros são equipados com mecanismos que nos permitem extrair o que os neurocientistas chamam de relações "globais" ou em padrões.

Pense no exemplo de um pequeno grupo de símbolos visuais, chamados de "emoticons", utilizados com frequência em mensagens de e-mail: :-) . Esse grupo é facilmente reconhecido como um "rosto sorridente", com dois olhos ":", um nariz "-" e uma boca ")". Entretanto, se esses três objetos forem reorganizados como -):, o cérebro não reconheceria um padrão e meramente interpretaria as formas como pontos, linhas e curvas aleatórias.

Os neurocientistas com os quais conversei explicaram que esses mecanismos de reconhecimento de padrões funcionam quase simultaneamente com o reconhecimento neuronal de formas, cores e assim por diante, por meio da *sincronia neuronal* — que, em termos muito simples, pode ser descrita como um processo no qual os neurônios situados em áreas bem separadas do cérebro espontânea e instantaneamente se comunicam entre si. Por exemplo, quando as formas :-) são percebidas nessa ordem exata, os neurônios correspondentes sinalizam uns aos outros de uma forma espontânea e ao mesmo tempo coordenada com precisão, representando o reconhecimento de um padrão específico. Quando nenhum padrão é percebido, os neurônios correspondentes sinalizam uns aos outros aleatoriamente.

Essa tendência de identificar padrões ou objetos é a mais clara ilustração biológica de *dzinpa* que já encontrei. Suspeito que isso evoluiu como algum tipo de função de sobrevivência, já que a habilidade de distinguir entre objetos ou eventos perigosos, benéficos e neutros é bastante útil! Como explicarei mais adiante, estudos clínicos indicam que a prática da meditação estende o mecanismo da sincronia neuronal a um ponto no qual a pessoa pode começar a reconhecer conscientemente que sua mente e as experiências ou objetos que sua mente percebe são a mesma coisa. Em outras palavras, a prática da meditação em um longo período dissolve as distinções artificiais entre sujeito e objeto — o que, por sua vez, oferece ao praticante da meditação a liberdade de determinar a qualidade de sua própria experiência e a liberdade de distinguir entre o que é real e o que não passa de uma aparência.

Dissolver a distinção entre sujeito e objeto, entretanto, não significa que a percepção se transforma em um grande borrão. Você ainda continuará a perceber a experiência em termos de sujeito e objeto e, ao mesmo tempo, reconhecerá que a distinção é essencialmente conceitual. Em outras palavras, a percepção de um objeto não é diferente da mente que o percebe.

Como essa mudança é difícil de entender intelectualmente, para desenvolver alguma compreensão é necessário recorrer, mais uma vez, à analogia de um sonho. Em um sonho, se você reconhece que o que está vivenciando não passa de um sonho, também reconhece que tudo o que você vivenciar no sonho está meramente ocorrendo na sua própria mente. Reconhecer isso, por sua vez, o liberta das limitações dos "problemas do sonho", do "sofrimento do sonho" ou das "restrições do sonho". O sonho continua a se desenrolar, mas o reconhecimento o libera de qualquer dor ou experiência desagradável que seu sonho apresentar. Medo, dor e sofrimento são substituídos por um senso de maravilhamento quase infantil: "Uau! Veja o que minha mente é capaz de produzir!"

Da mesma forma, na vida desperta, transcender a distinção entre sujeito e objeto equivale a reconhecer que qualquer coisa que você vivenciar não está separada da mente que a vivencia. A vida desperta não para, mas a sua experiência ou percepção dela muda de uma sensação de limitação para uma de encantamento e perplexidade.

O DOM DA INCERTEZA

Quando a mente não tem um ponto de referência, isso é mahāmudrā.

TILOPA, *Ganges Mahāmudrā*, traduzido para
o inglês por Elizabeth M. Callahan.

Se voltarmos ao exemplo de olhar para uma mesa, podemos dizer que, mesmo em um nível normalmente observável, uma mesa está em um estado constante de mudança. Entre ontem e hoje, parte da madeira pode ter se lascado ou parte da pintura pode ter se desgastado. Se olharmos para a mesa do ponto de vista de um físico, no nível microscópico, veremos que a madeira, a tinta, os pregos e a cola que formam a mesa são compostos de moléculas e átomos feitos de partículas que se movimentam rapidamente e que flutuam através da vastidão do espaço subatômico.

Nesse nível subatômico, os físicos se deparam com um problema interessante: quando tentam calcular a localização precisa de uma partícula no espaço subatômico, eles não conseguem medir sua velocidade com 100% de precisão e, quando tentam mensurar a velocidade de uma partícula, eles não conseguem identificar sua localização com precisão. O problema de mensurar ao mesmo tempo a posição e a velocidade exatas de uma partícula é conhecido como o Princípio da Incerteza de Heisenberg, nomeado em homenagem a Werner Heisenberg, um dos fundadores da mecânica quântica.

Parte do problema, conforme me explicaram, é que, para "ver" a posição de uma partícula subatômica, os físicos precisam emitir um breve pulso de luz sobre ela, o que lhe fornece um impulso extra de energia e altera o padrão de movimento da partícula. Por outro lado, quando os físicos tentam mensurar a velocidade de uma partícula, eles o fazem medindo as alterações na frequência de ondas luminosas emitidas sobre a partícula à medida que ela se move — similar à forma como um policial de trânsito utiliza a frequência de ondas do radar para medir a velocidade de um carro. Assim, dependendo do experimento que estão conduzindo, os cientistas conseguem informações sobre uma ou outra propriedade da partícula. Colocado de forma muito simples, os resultados de um experimento são condicionados pela natureza do experimento isto é, pelas perguntas feitas pelos cientistas que elaboram e conduzem o experimento.

Se você considerar esse paradoxo como um meio de descrever a experiência humana, pode notar que, da mesma forma como as qualidades atribuídas a uma partícula são determinadas pelo experimento específico que os cientistas conduzem, tudo o que pensamos, sentimos e percebemos é condicionado pelos hábitos mentais que carregamos.

A física moderna tem indicado que nossa compreensão acerca dos fenômenos materiais é limitada, em certa medida, pelas perguntas que fazemos. Ao mesmo tempo, a incerteza de prever exatamente como e onde uma partícula pode aparecer no universo subatômico representa certa liberdade na determinação da natureza da nossa experiência.

CONTEXTO: UMA PERSPECTIVA COGNITIVA

Nossa vida é moldada pela nossa mente...

The Dhammapada, traduzido para o inglês por Eknath Easwaran.

A prática budista nos orienta muito gradualmente a renunciar às pressuposições habituais e fazer experimentos com diferentes questões e diferentes pontos de vista. Tal mudança de perspectiva não é tão difícil quanto pode parecer. Durante uma conversa no Nepal com um aluno meu que trabalha no campo da psicologia cognitiva, aprendi que a habilidade de mudar nossa forma de ver as coisas é uma função básica da mente humana. Nos termos da psicologia cognitiva, o significado de qualquer informação que recebemos é determinado em grande parte pelo *contexto* no qual a vemos. Os diferentes níveis de contexto parecem ter uma semelhança impressionante com as diferentes formas de observar a realidade nos termos da mecânica quântica.

Por exemplo, se olharmos para as palavras

MINGYUR RINPOCHE

é possível interpretar seu significado de várias formas diferentes, incluindo as que se seguem:

- um arranjo de traços e espaços;
- um grupo de letras;
- só um nome;
- uma referência a uma pessoa específica que conhecemos;
- uma referência a uma pessoa específica que não conhecemos.

Provavelmente há mais níveis de interpretação, mas nos limitaremos a esses cinco níveis para o nosso exemplo.

O interessante é que nenhuma das possíveis interpretações invalida qualquer uma das outras. Elas representam níveis diferentes de significado com base no contexto, que, por sua vez, se fundamenta amplamente na experiência.

Se você me conhecer pessoalmente, por exemplo, pode ver as palavras "Mingyur Rinpoche" e pensar: "Ah, sim, é aquele tibetano baixinho com óculos que anda com mantos vermelhos, dizendo a todo mundo que as mesas absolutamente não existem."

Se você não me conhecer ou não souber nada sobre mim, mas só tenha visto as palavras em uma revista ou artigo de jornal sobre professores de budismo tibetano, "Mingyur Rinpoche" será só o nome de um dos vários tibetanos baixinhos com óculos que andam com mantos vermelhos, dizendo a todo mundo que as mesas absolutamente não existem. Se você não conhecer o alfabeto ocidental, pode reconhecer "Mingyur Rinpoche" como um grupo de letras, mas não saberá o que elas significam ou se elas se referem a um nome ou a um local. E, se você não conhecer nenhum alfabeto, as palavras serão somente um conjunto estranho e possivelmente interessante de linhas e círculos que podem ou não ter algum significado.

Então, quando falo sobre abandonar a lógica cotidiana e aplicar uma perspectiva diferente à nossa experiência, o que estou sugerindo é que, à medida que começa a olhar com mais atenção para as coisas, você pode perceber como é muito difícil identificar sua realidade *absoluta*. Você pode começar a perceber que tem caracterizado as coisas com uma permanência ou uma existência independentes como resultado do contexto no qual você as vê; e, se praticar ver a si mesmo e ao mundo que o cerca de um ponto de vista diferente, sua percepção de si mesmo e do mundo a seu redor mudará.

É claro que mudar suas percepções e expectativas sobre o mundo material requer não somente esforço, mas também tempo. Assim, para superar esse obstáculo e realmente começar a vivenciar a liberdade da vacuidade, você precisa aprender a olhar para o próprio tempo sob uma ótica diferente.

A TIRANIA DO TEMPO

O passado é imperceptível, o futuro é imperceptível e o presente é imperceptível...

Sutras of the Mother, traduzido para o inglês por Ari Goldfield.

Se olhar para a sua experiência do ponto de vista do tempo, você pode dizer que as mesas, os copos de água e assim por diante realmente existem no tempo — mas somente de uma perspectiva relativa. A maioria das pessoas tende a pensar no tempo em termos de passado, presente e futuro. "*Fui* a uma reunião entediante." "*Estou* em uma reunião entediante." "*Preciso ir* a uma reunião entediante." "*Alimentei* meus filhos hoje de manhã." "*Estou servindo* o almoço para meus filhos agora." "Ah, não! *Preciso fazer* o jantar para os meus filhos e a geladeira está vazia, então preciso ir ao mercado assim que sair desta reunião entediante!"

Na verdade, entretanto, quando pensa no passado, você está meramente recordando uma experiência que já ocorreu. Você já saiu da reunião. Você já deu de comer a seus filhos. Você já fez suas compras. O passado é como uma semente que foi queimada em uma fogueira. Uma vez que queimou até se transformar em cinzas, não há mais semente. Ela não passa de uma memória, um pensamento que passa pela mente. O passado, em outras palavras, não é nada além de uma ideia.

Da mesma forma, o que as pessoas tendem a chamar de "o futuro" é um aspecto do tempo que ainda não ocorreu. Você não falaria sobre uma árvore que não foi plantada como se fosse um objeto sólido e vivente, porque você não tem nenhum contexto para falar a respeito; ou você não falaria sobre crianças que ainda não foram concebidas da forma como falaria sobre pessoas com as quais convive aqui e agora. Então, o futuro, também, é só uma ideia, um pensamento que passa pela sua mente.

Então, o que lhe resta como experiência real?

O presente.

Mas como é possível chegar a definir "o presente"? Um ano é feito de 12 meses. Cada dia de cada mês é composto de 24 horas. Cada hora é feita de 60 minutos; cada minuto é composto de 60 segundos; e cada segundo é composto de microssegundos ou nanossegundos. Você pode decompor o presente em parcelas cada vez menores, mas, entre o instante da experiência presente e o instante que você identifica como "agora", o momento já passou. Não se trata mais de *agora*. Trata-se de *então*.

O Buda, intuitivamente, compreendeu as limitações do conceito que um ser humano comum faz do tempo. Em um de seus ensinamentos, ele explicou que, de um ponto de vista relativo, a divisão do tempo em períodos distintos de duração, como uma hora, um dia, uma semana e assim por diante, pode ter certo grau de relevância. Mas, de uma perspectiva absoluta, não há nenhuma diferença entre um único instante do tempo e um éon (a maior subdivisão de tempo na escala de tempo geológico, precede a era, o período e a época). Em um éon, pode haver um instante; em um instante, um éon. A relação entre os dois períodos não tornaria o instante mais longo ou o éon mais curto.

Ele ilustrou esse ponto com uma história sobre um jovem que foi até a um grande mestre em busca de ensinamento profundo. O mestre concordou, mas sugeriu que o jovem tomasse uma xícara de chá antes. "Depois disso", ele disse, "eu lhe darei o ensinamento profundo que você busca".

Então, o mestre serviu uma xícara de chá e, enquanto o estudante a levava à boca, a xícara de chá se transformou em um vasto lago cercado de montanhas. Enquanto ele estava na beira do lago, admirando a beleza do cenário, uma garota chegou por trás e aproximou-se do lago para pegar água num balde. Para o jovem, foi amor à primeira vista e, quando a garota olhou para o jovem parado na beira do lago, também se apaixonou por ele. O jovem a seguiu até a casa dela, onde morava com os pais idosos. Aos poucos, os pais da garota foram se afeiçoando ao jovem, que também se afeiçoou a eles e, mais tarde, eles concordaram que os dois jovens deveriam se casar.

Depois de três anos, o primeiro filho do casal nasceu — um menino. Alguns anos mais tarde, uma menina nasceu. As crianças cresceram felizes e fortes até que um dia, aos 14 anos, o filho adoeceu. Nenhum dos remédios prescritos curou sua doença. Em um ano, ele estava morto.

Pouco tempo depois, a filha do casal foi pegar lenha na floresta e, enquanto estava ocupada com seus afazeres, foi atacada e morta por um tigre. Incapaz de superar o desgosto de perder ambos os filhos, a esposa do jovem decidiu se afogar no lago. Enlouquecidos pela perda da filha e dos netos, os pais da garota pararam de comer e acabaram morrendo de fome. Tendo perdido esposa, filhos e sogros, o jovem começou a pensar que ele também deveria morrer. Ele andou até a beira do lago, determinado a se afogar.

Quando estava prestes a se jogar na água, contudo, ele subitamente se viu de volta à casa do mestre, segurando a xícara de chá em seus lábios. Apesar de ter vivido uma vida inteira, só um instante se passara; a xícara ainda estava aquecida em suas mãos e o chá ainda estava quente.

Ele olhou para o professor, que fez um gesto afirmativo com a cabeça, dizendo: "Agora você percebe. Todos os fenômenos provêm da mente, que é vacuidade. Eles não existem de verdade exceto na mente, mas eles não são nada. Este é o seu ensinamento profundo."

Do ponto de vista de um budista, a essência do tempo, como a essência do espaço e os objetos que se movimentam no espaço, é vacuidade. Em determinado ponto, qualquer tentativa de analisar o tempo ou o espaço em termos de intervalos cada vez menores finalmente se desfaz. Você pode fazer uma experiência com sua percepção do tempo por meio da meditação, tentando olhar para ele em parcelas cada vez menores. Você pode tentar analisar o tempo dessa forma até atingir um ponto no qual não conseguirá nomear ou definir mais nada. Quando atingir esse ponto, você entra em uma experiência que está além das palavras, das ideias e dos conceitos.

"Além das ideias e dos conceitos" não significa que sua mente fica tão vazia quanto uma casca de ovo ou tão insensível quanto uma pedra. Na verdade, o que ocorre é o oposto. Sua mente se torna mais ampla e aberta. Você ainda pode perceber os sujeitos e objetos, mas de uma forma mais ilusória: você os reconhece como conceitos, não como entidades inerente ou objetivamente reais.

Conversei com vários cientistas e indaguei se ideias paralelas à visão budista do tempo e do espaço poderiam ser encontradas entre as teorias e descobertas modernas. Apesar de muitas ideias serem sugeridas, nada parecia se encaixar exatamente até que fui apresentado à teoria da *gravidade quântica*, uma análise da natureza fundamental do espaço e do tempo que explora questões básicas como "Do que são feitos o espaço e o tempo? Eles existem de modo absoluto ou emergem de algo mais fundamental? Como espaço e tempo se apresentam em escalas muito pequenas? Existiria uma menor duração ou menor unidade de tempo possível?"

Como me foi explicado, na maioria dos ramos da física, espaço e tempo são tratados como se fossem infinitos, uniforme e perfeitamente regulares: um pano de fundo estático por meio do qual os objetos se movimentam e os eventos ocorrem. Trata-se de uma suposição muito prática para examinar a natureza e as propriedades, tanto de grandes corpos de matéria quanto de partículas subatômicas. Mas, quando se trata de analisar o próprio tempo e espaço, a situação é muito diferente.

No nível da percepção humana comum, o mundo parece bem definido, claro e sólido. Uma prancha de madeira sustentada por quatro pernas parece, no nível da percepção comum, ser obviamente uma mesa. Um objeto de forma cilíndrica com um fundo achatado e a parte de cima aberta parece obviamente ser um copo. Ou, se tiver uma asa, podemos chamá-lo de xícara.

Agora, imagine olhar para um objeto material por um microscópio. É razoável que você espere que, ao aumentar gradualmente o nível de ampliação do microscópio, tenha uma imagem mais clara e nítida da estrutura fundamental do objeto. Na verdade, é o oposto que ocorre. À medida que nos aproximamos de uma ampliação em que somos capazes de enxergar os átomos individuais, o mundo começa a parecer cada vez mais "indistinto" e deixamos para trás a maioria das regras da física clássica. Esse é o domínio da mecânica quântica, no qual, como descrito anteriormente, as partículas subatômicas tremulam de todas as formas possíveis e aparecem e desaparecem com frequência cada vez maior.

Se continuarmos a aumentar a ampliação para enxergar objetos cada vez menores, acabamos descobrindo que o próprio espaço e tempo começam a tremular — o espaço em si desenvolve minúsculas curvas e dobras que aparecem e desaparecem com rapidez inimaginável. Isso acontece em escalas extremamente pequenas — tão pequenas em comparação com um átomo quanto esse átomo se comparado com o sistema solar. Esse estado foi chamado pelos físicos de "espuma do espaço-tempo". Pense na espuma de um creme de barbear, que parece uniforme a distância, mas ao olhar de perto vemos que é composta de milhões de minúsculas bolhas.

Talvez uma analogia ainda melhor para esse estado seja a água fervente. Em distâncias e em escalas de tempo ainda menores, a água ferve até sumir, e o espaço e o tempo em si perdem o significado. Nesse ponto, a própria física começa a se desnortear, porque o estudo da matéria, da energia e do movimento e a forma como eles se relacionam uns com os outros não podem ser ao menos formulados sem uma referência ao tempo. Aqui, os físicos admitem que não têm ideia de como descrever o que resta. Trata-se de um estado que literalmente inclui todas as possibilidades, além de espaço e tempo.

Da perspectiva budista, a descrição da realidade proporcionada pela mecânica quântica oferece um grau de liberdade com o qual a maioria das pessoas não está acostumada e que pode a princípio parecer estranha e até um pouco assustadora. Apesar de os ocidentais em particular valorizarem muito a capacidade para a liberdade, a noção de que a simples observação de um evento pode influenciar o resultado de formas aleatórias e imprevisíveis pode parecer responsabilidade demais. É muito mais fácil assumir o papel de vítima e atribuir a responsabilidade ou a culpa pela nossa experiência a alguma pessoa ou força fora de nós mesmos. Entretanto, se levarmos a sério as descobertas da ciência moderna, teremos de assumir a responsabilidade pela nossa experiência momento a momento.

Apesar de isso abrir possibilidades que nunca poderíamos ter imaginado, continua sendo difícil renunciar ao hábito familiar de ser uma vítima. Por outro lado, se começarmos a assumir a responsabilidade pela nossa experiência, nossa vida se tornará uma espécie de parque de diversões, oferecendo inúmeras possibilidades de aprendizado e inventividade. Nosso senso de limitação e vulnerabilidade pessoal gradualmente seria substituído por um senso de abertura e possibilidade. Veríamos as pessoas ao nosso redor sob uma ótica completamente diferente, não como ameaça à nossa segurança ou felicidade pessoais, mas como pessoas que meramente ignoram as infinitas possibilidades de sua própria natureza. Como nossa própria natureza é livre de distinções arbitrárias no sentido de ser "assim" ou "assado" ou de ter algumas capacidades e não ter outras, seríamos capazes de responder às demandas de qualquer situação em que nos encontrássemos.

IMPERMANÊNCIA

Nada dura para sempre...

PATRUL RINPOCHE, *As Palavras do Meu Professor Perfeito*,
publicado em português pela Editora Makara.

A maioria das pessoas é condicionada pelas sociedades às quais pertencem a aplicar rótulos conceituais à cadeia em constante mutação dos fenômenos mentais e materiais. Por exemplo, quando olhamos atentamente para uma mesa, ainda a rotulamos, de modo instintivo, como uma mesa — apesar de termos visto que ela não é uma coisa única, mas algo composto de várias partes diferentes: uma parte superior, as pernas, as laterais, uma parte de trás e uma parte da frente. Na verdade, nenhuma dessas partes poderia ser identificada como a própria "mesa". Na verdade, "mesa" foi só um nome que aplicamos a um fenômeno que surge e se dissolve rapidamente e que meramente produz a ilusão de algo definitivo ou absolutamente real.

Da mesma forma, a maioria de nós foi treinada para relacionar a palavra "eu" a uma cadeia de experiências que confirmam nosso senso pessoal de nós mesmos ou o que se convencionou chamar de "ego". Sentimos que somos essa entidade singular e única que continua imutável ao longo do tempo. Em geral, tendemos a sentir que somos hoje a mesma pessoa que éramos ontem. Lembramo-nos de ser adolescentes e de ir à escola e tendemos a sentir que o "eu" que somos agora é o mesmo "eu" que ia à escola, cresceu, saiu de casa, conseguiu um emprego e assim por diante.

Mas, se nos olharmos em um espelho, podemos ver que este "eu" mudou ao longo do tempo. Talvez possamos ver rugas agora que não existiam um ano atrás. Talvez agora estejamos usando óculos. Talvez tenhamos cabelos de cor diferente — ou, quem sabe, não nos tenha restado nenhum fio cabelo. Em um nível molecular básico, as células em nossos corpos estão sempre mudando, à medida que as células velhas morrem e novas células são geradas. Também podemos analisar esse senso de individualidade da mesma forma como olhamos para a mesa e ver que essa coisa que chamamos de "eu" na verdade é composta de várias partes diferentes. Ela tem pernas, braços, uma cabeça, mãos, pés e órgãos internos. Será que podemos identificar qualquer uma dessas partes separadas como definitivamente o "eu"?

Podemos dizer: "Bem, minha mão não sou eu, mas é minha mão." Mas a mão é composta de cinco dedos, a palma e as costas da mão. Cada uma dessas partes pode ser desmembrada em partes ainda menores, como unhas, pele, ossos e assim por diante. Qual desses componentes pode ser definido como nossa "mão"? Podemos seguir essa linha de investigação até os níveis atômico e subatômico e ainda nos deparar com o mesmo problema de sermos incapazes de encontrar alguma coisa que possamos definitivamente identificar como "eu".

Assim, independentemente de estarmos analisando objetos materiais, o tempo, nosso "eu" ou nossa mente, mais cedo ou mais tarde, atingiremos um ponto no qual perceberemos que a nossa análise não mais se sustenta. Nesse ponto, nossa busca por algo irredutível finalmente entra em colapso. Nesse momento, quando desistimos de procurar algo absoluto, experimentamos pela primeira vez a vacuidade, o infinito, a essência indefinível da realidade como ela é.

À medida que contemplamos a enorme variedade de fatores que devem se unir para produzir um senso específico de individualidade, nosso apego a esse "eu" que achamos que somos começa a se desfazer. Ficamos mais dispostos a abrir mão do desejo de controlar ou bloquear nossos pensamentos, emoções, sensações e assim por diante, e começamos a vivenciá-los sem dor ou culpa, absorvendo sua passagem como manifestações de um universo de possibilidades infinitas. Ao fazer isso, retomamos a perspectiva inocente que a maioria de nós conhecia quando criança. Nosso coração se abre para os outros, como flores na primavera. Tornamo-nos ouvintes melhores, ficamos mais conscientes de tudo o que se passa a nosso redor e somos capazes de reagir com mais espontaneidade e adequação a situações que costumavam nos preocupar ou nos confundir.

Aos poucos, talvez em um nível tão sutil que podemos nem reparar que está acontecendo, vemo-nos despertando para um estado de espírito mais livre, límpido e afetuoso, com o qual jamais sonharíamos.

Mas é necessário ter muita paciência para aprender a ver essas possibilidades.

Na verdade, é necessário ter muita paciência para ver.

6. A DÁDIVA DA CLAREZA

Todos os fenômenos são expressões da mente.

3º GYALWANG KARMAPA, *Song of Karmapa:*
The Aspiration of the Mahāmudrā of True Meaning,
traduzido para o inglês por Erik Pema Kunsang.

Apesar de compararmos a vacuidade e o espaço como uma forma de compreender a natureza infinita da mente, a analogia não é perfeita. O espaço — pelo menos até onde sabemos — não é consciente. Do ponto de vista budista, entretanto, vacuidade e consciência são indivisíveis. Não é possível separar a vacuidade da consciência mais do que é possível separar a umidade da água ou o calor do fogo. Sua natureza real, em outras palavras, não somente é ilimitada em seu potencial, mas também completamente consciente.

Essa consciência espontânea é conhecida em termos budistas como *clareza* ou algumas vezes como a *luz clara da mente*. É o aspecto conhecedor da mente que nos permite reconhecer e distinguir a infinita variedade de pensamentos, sentimentos, sensações e aparências que perpetuamente emergem da vacuidade. A clareza está em funcionamento mesmo quando não estamos conscientemente atentos; por exemplo, quando subitamente pensamos: "Preciso comer. Preciso ir. Preciso ficar." Sem essa luz clara da mente, não seríamos capazes de pensar, sentir ou perceber nada. Não seríamos capazes de reconhecer nossos próprios corpos ou o universo ou qualquer coisa que surgir nele.

A CONSCIÊNCIA NATURAL

As aparências e a mente existem como o fogo e o calor.

— ORGYENPA, citado em *Māhāmudrā: The Ocean of Definitive Meaning*, traduzido para o inglês por Elizabeth M. Callahan

Meus professores descreveram essa luz clara da mente como sendo *autoiluminada* – como a chama de uma vela, que é tanto uma fonte de iluminação quanto a própria iluminação. A clareza é parte da mente desde o começo, uma consciência natural. Você não pode *desenvolvê-la* do mesmo modo como, por exemplo, desenvolve seus músculos fazendo exercícios físicos. A única coisa que você precisa fazer é reconhecê-la, simplesmente *perceber* o fato de que é consciente. O desafio é que a clareza, ou a consciência natural, é uma parte tão integral da experiência cotidiana que é difícil reconhecê-la. É como tentar enxergar os seus cílios sem usar um espelho.

Então como você conseguirá reconhecê-la?

De acordo com o Buda, você medita – apesar de não necessariamente da forma que a maioria das pessoas entende.

O tipo de meditação da qual falamos aqui é, mais uma vez, uma espécie de "não meditação". Não há necessidade de se concentrar ou visualizar nada. Alguns de meus alunos chamam isso de "meditação orgânica: meditação sem aditivos".

Em outros exercícios que meu pai me ensinou, a forma de começar é sentar-se com a coluna ereta, respirar normalmente e, aos poucos, permitir que a mente relaxe. "Com sua mente em repouso", ele instruía os alunos na pequena sala de aulas no Nepal, "permita-se tomar consciência de todos os pensamentos, sentimentos e sensações que passam por ela. E, à medida que você os observa passar, apenas pergunte a si mesmo: 'Há alguma diferença entre a mente e os pensamentos que passam por ela? Há alguma diferença entre o pensador e os pensamentos que ele percebe?' Continue observando seus pensamentos com essas questões em mente por cerca de três minutos e então pare".

Desse modo, todos nós ficávamos lá sentados, alguns inquietos, outros tensos, mas todos concentrados em observar a mente e nos perguntando se havia alguma diferença entre os pensamentos e o pensador que pensa os pensamentos.

Como eu era apenas uma criança, e a maioria dos outros alunos eram adultos, eu naturalmente achava que eles estavam tendo muito mais êxito do que eu. Mas, à medida que observava esses pensamentos sobre minha própria incapacidade passando pela minha mente, me lembrava das instruções e algo curioso acontecia. Por apenas um momento, eu tinha uma vaga noção de que os pensamentos sobre não ser tão bom quanto os outros alunos eram apenas pensamentos, e os pensamentos na verdade não eram realidades fixas, mas movimentos da mente que os estava pensando. É claro que, assim que via isso, a compreensão desaparecia e eu voltava a me comparar com os outros alunos. Mas aquele breve momento de clareza era profundo.

Como meu pai explicava depois que terminávamos, o propósito do exercício era reconhecer que na verdade não havia diferença entre a mente que pensa e os pensamentos que provêm da mente. A própria mente e os pensamentos, emoções e sensações que surgem na mente, permanecem e desaparecem são expressões iguais da vacuidade — isto é, a possibilidade infinita de algo ocorrer. Se a mente não é uma "coisa", mas um evento, então todos os pensamentos, sentimentos e sensações que ocorrem no que consideramos ser a mente são igualmente eventos. Quando começamos a repousar na experiência da mente e dos pensamentos como inseparáveis, como duas faces da mesma moeda, começamos a captar o verdadeiro significado da clareza como um estado de consciência infinitamente expansível.

Muitas pessoas acham que a meditação significa atingir algum estado extraordinariamente vívido, bem diferente de qualquer coisa que já vivenciamos antes. Elas se espremem mentalmente, pensando: "Preciso atingir um nível mais elevado de consciência... Deveria estar vendo algo maravilhoso, como luzes nas cores do arco-íris ou imagens de reinos puros... Eu deveria estar brilhando no escuro."

Isso é chamado de *excesso de esforço* e, acredite no que digo, já fiz isso, da mesma forma como muitas outras pessoas que conheci ao longo dos anos.

Não faz muito tempo conheci uma pessoa que estava causando problemas a si mesma por esforçar-se demais. Eu estava no aeroporto de Delhi esperando para embarcar em um voo para a Europa, quando um homem me abordou e perguntou se eu era um monge budista. Respondi que sim. Então, ele me perguntou se eu sabia como meditar e, quando respondi afirmativamente, ele indagou: "E como é sua experiência?"

"Boa", respondi.

"Você não acha difícil?"

"Não", eu disse. "Não muito."

Ele suspirou. "A meditação é tão difícil para mim", ele explicou. "Depois de quinze ou vinte minutos, começo a sentir tonturas. E, se tentar ir além disso, algumas vezes chego a vomitar."

Eu disse que me parecia que ele ficava tenso demais e que talvez devesse tentar relaxar mais enquanto estivesse praticando.

"Não", o homem retrucou. "Quando tento relaxar, a tontura é ainda pior."

O problema parecia incomum e, como ele parecia estar genuinamente interessado em encontrar uma solução, sugeri que se sentasse na minha frente e meditasse enquanto eu o observava. Depois que ele se acomodou na cadeira, seus braços, pernas e peito ficaram muito tensos. Seus olhos se arregalaram, uma careta terrível se espalhou pelo seu rosto, suas sobrancelhas subiram e até suas orelhas pareciam querer sair da cabeça. Seu corpo estava tão tenso que ele começou a tremer.

Só de observá-lo, achei que eu também começaria a ficar tonto, então disse: "Tudo bem. Por favor, pode parar."

Ele relaxou os músculos, a careta sumiu de seu rosto e seus olhos, orelhas e sobrancelhas voltaram ao normal. Com ansiedade, ele me olhou em busca de aconselhamento.

"Tudo bem", eu disse. "Agora vou meditar enquanto você me observa como eu o observei."

Eu me sentei como normalmente faço, com minha coluna ereta, meus músculos relaxados, minhas mãos repousando gentilmente em meu colo e olhando para frente sem nenhuma pressão ou tensão específica enquanto repousava minha mente prestando pouca atenção ao momento presente. Observei o homem me olhando da cabeça aos pés, dos pés à cabeça e novamente da cabeça aos pés. Então, saí da meditação e disse a ele que era assim que eu meditava.

Depois de um momento, ele assentiu com a cabeça e disse: "Acho que entendi."

Então, ouvimos o anúncio de que nosso voo estava pronto para o embarque. Como ficaríamos em setores diferentes do avião, embarcamos separadamente e não o vi durante todo o voo.

Depois que aterrissamos, eu o vi novamente entre os passageiros que estavam desembarcando. Ele acenou para mim e, enquanto se aproximava, disse: "Sabe, tentei praticar como você me ensinou e consegui meditar durante o voo inteiro sem sentir tontura. Acho que finalmente entendi o que significa relaxar na meditação. Muito obrigado!"

Com certeza, é possível ter experiências vívidas quando você põe muito esforço, mas os resultados mais típicos podem ser agrupados em três tipos diferentes de experiências. O primeiro é que a tentativa de se conscientizar de todos os pensamentos, sentimentos e sensações que se precipitam pela mente é exaustiva e, como resultado, você pode ver sua mente ficando cansada ou embotada. O segundo é que a tentativa de observar todos os pensamentos, emoções e sensações gera um senso de agitação ou inquietação. O terceiro é que você pode descobrir que sua mente fica totalmente vazia: cada pensamento, emoção, sentimento ou percepção que você observa passa tão rapidamente que ilude sua consciência. Em cada um desses casos, você pode razoavelmente concluir que a meditação não é a experiência incrível que você imaginou que pudesse ser.

Na verdade, a essência da prática da meditação é abrir mão de todas as suas expectativas sobre ela. Todas as qualidades da sua mente natural — paz, abertura, relaxamento e clareza — estão presentes em sua mente de qualquer maneira. Você não precisa fazer nada diferente. Você não precisa mudar ou alterar sua consciência. Tudo o que você precisa fazer ao observar sua mente é reconhecer as qualidades que já possui.

ILUMINANDO A ESCURIDÃO

Não é possível separar uma área acesa de uma área escura; elas estão próximas demais.

TULKU URGYEN RINPOCHE, *As It Is*, Volume 1, traduzido para o inglês por Erik Pema Kunsang.

Aprender a apreciar a clareza da mente é um processo gradual, como desenvolver a consciência da vacuidade. Primeiro, você entende o ponto principal; aos poucos, acostuma-se com ele e, então, continua a treinar o reconhecimento. Alguns textos chegam a comparar essa lenta evolução de reconhecimento com uma vaca velha urinando — uma descrição divertida e prática que evita que pensemos no processo como algo terrivelmente difícil ou abstrato. Porém, a não ser que você seja um nômade tibetano ou tenha crescido em uma fazenda, talvez você precise de uma explicação. Uma vaca velha não se alivia rapidamente, mas em um fluxo lento e constante, que pode não começar grande demais e também não terminar rapidamente. Na verdade, a vaca pode andar vários metros urinando, enquanto continua a pastar. Mas, quando acaba, que alívio!

Como a vacuidade, é impossível definir completamente a verdadeira natureza da clareza sem que se transforme em algum tipo de conceito que você pode esconder num bolso mental, pensando: "Tudo bem, entendi, minha mente está clara, e agora?" A clareza em sua forma pura precisa ser vivenciada. E, quando você vivenciá-la, não existe "E agora?". Você simplesmente entende.

Se pensar na dificuldade de tentar descrever algo essencialmente indescritível, provavelmente conseguirá entender um pouco do desafio que o Buda pode ter encontrado ao tentar explicar a natureza da mente a seus alunos — sem dúvida, pessoas como nós, em busca de definições claras que pudessem arquivar em seus intelectos, fazendo com que se sentissem momentaneamente orgulhosos de serem mais espertos e mais sensíveis do que o resto do mundo.

Para evitar essa armadilha, o Buda, como já vimos, escolheu descrever o indescritível por meio de metáforas e histórias. Para nos oferecer um meio de compreender a clareza em termos da experiência cotidiana, ele usou a mesma analogia que usava para descrever a vacuidade, a analogia de um sonho.

Ele nos pedia para imaginar a escuridão completa do sono, com nossos olhos fechados, as cortinas fechadas e a nossa mente entrando em um estado de vazio total. Mesmo dentro dessa escuridão, ele explicava, as formas e as experiências começam a surgir. Encontramos pessoas, algumas conhecidas e outras desconhecidas. Podemos nos encontrar em lugares que conhecemos ou lugares totalmente imaginários. Os eventos que vivenciamos podem ser ecos de situações que vivemos na vida desperta ou podem ser totalmente novos, nunca antes imaginados. Nos sonhos, qualquer experiência é possível e a luz que ilumina e distingue as várias pessoas, locais e eventos na escuridão do sono é um aspecto da pura clareza da mente.

A principal diferença entre o exemplo do sonho e a verdadeira clareza é que, mesmo ao sonhar, a maioria de nós ainda faz uma distinção entre nós mesmos e os outros, bem como os lugares e eventos que vivenciamos. Quando reconhecemos verdadeiramente a clareza, não percebemos tal distinção. A mente natural é indivisível. Não é como se eu estivesse vivenciando a clareza aqui e você estivesse vivenciando a clareza aí. A clareza, como a vacuidade, é infinita: ela não tem limites, não tem começo nem fim. Quanto mais profundamente examinamos a nossa mente, menos possível se torna encontrar uma distinção clara entre onde a nossa mente termina e onde a dos outros começa.

Quando isso começa a acontecer, o senso de diferenciação entre o "eu" e o "outro" é substituído por um senso mais sutil e fluido de identificação com outros seres e com o mundo que nos cerca. E é por meio desse senso de identificação que começamos a reconhecer que o mundo afinal pode não ser um lugar tão amedrontador: os inimigos não são inimigos, mas pessoas como nós, que desejam a felicidade e a buscam da melhor forma que conhecem, e que todos possuem o insight, a sabedoria e a compreensão para enxergar além das diferenças e descobrir soluções que beneficiem não só a nós mesmos, mas também a todos ao nosso redor.

APARÊNCIA E ILUSÃO

Ver o significativo como significativo,
E o insignificante como insignificante,
Qualquer pessoa é capaz de genuína compreensão.

The Dhammapada, traduzido para o inglês por Eknath Easwaran.

Contudo, a mente é como um mágico. Ela pode nos fazer enxergar coisas que não estão lá. A maioria de nós se prende e se fascina pelas ilusões que a nossa mente cria e, na verdade, nos encorajamos a produzir mais e mais dessas fantasias. Todo esse *drama* se torna viciante, produzindo o que alguns de meus alunos chamam de "injeção de adrenalina" ou uma "viagem" que faz de nós, ou de nossos problemas, maiores do que a vida — mesmo quando a situação que a produz é amedrontadora.

Da mesma forma como aplaudimos o truque de um mágico que tira um coelho da cartola, assistimos a filmes de terror, lemos livros de suspense, envolvemo-nos em relacionamentos difíceis e brigamos com nossos chefes e colegas. De uma forma estranha — talvez relacionada à camada mais antiga, reptiliana do cérebro —, de fato apreciamos a tensão que essas experiências proporcionam. Ao reforçar nosso senso de "eu" em oposição a "eles", elas confirmam nosso senso de individualidade — que, como vimos no capítulo anterior, na verdade não passa de uma aparência, sem realidade inerente.

Alguns psicólogos cognitivos com os quais falei compararam a mente humana a um projetor de cinema. Da mesma forma que um projetor lança imagens em uma tela, a mente projeta os fenômenos sensoriais em uma espécie de tela cognitiva — um contexto no qual pensamos como o "mundo externo" —, enquanto projeta pensamentos, sentimentos e sensações em outro tipo de tela ou contexto ao qual nos referimos como nosso mundo interior, ou "eu".

Isso se aproxima da perspectiva budista no que se refere à realidade absoluta e relativa. A *realidade absoluta* é vacuidade, uma condição na qual as percepções são intuitivamente reconhecidas como um fluxo infinito e transitório de experiências possíveis. Quando você começa a reconhecer as percepções como nada mais do que eventos fugazes e circunstanciais, elas não pesam tanto sobre você e toda a estrutura dualista do "eu" e do "outro" começa a se atenuar. A *realidade relativa* é a soma das experiências que surgem da ideia errônea de que o que você percebe é, por si só, real.

Entretanto, é difícil livrar-se do hábito de pensar que as coisas existem no mundo "lá fora" ou "aqui dentro". Isso significa renunciar a todas as ilusões que você cultiva e reconhecer que tudo o que você projeta, tudo o que você considera como "outro" é, na verdade, a expressão espontânea da sua própria mente. Isso significa abandonar *ideias sobre a realidade* e, em vez disso, vivenciar o fluxo da realidade *como ela é*. Ao mesmo tempo, você não precisa desvincular-se completamente de suas percepções. Você não precisa se isolar em uma caverna ou em um retiro no alto de uma montanha. Você pode *apreciar* suas percepções sem se envolver ativamente nelas, olhar para elas da mesma forma como olha para os objetos que vivencia em um sonho. Você pode, com efeito, começar a se maravilhar com a variedade das experiências que se apresentam a você.

Ao reconhecer a distinção entre aparência e ilusão, você se permite reconhecer que algumas de suas percepções podem ser erradas ou tendenciosas, que suas ideias de como as coisas deveriam ser podem estar cristalizadas a tal ponto que você não consegue mais enxergar nenhum outro ponto de vista além do seu. Quando comecei a reconhecer a vacuidade e a clareza da minha própria mente, minha vida ficou mais rica e mais vívida de maneiras que nunca havia imaginado. Quando abandonei minhas ideias sobre como as coisas deveriam ser, tornei-me livre para reagir à minha experiência exatamente como ela era e exatamente como eu era, ali mesmo, bem naquele momento.

A UNIÃO DE CLAREZA E VACUIDADE

Nossa verdadeira natureza possui propriedades inexauríveis.

MAITREYA, *The Mahayana Uttaratantra Shastra*,
traduzido para o inglês por Rosemarie Fuchs.

Dizem que o Buda ensinou 84 mil métodos para ajudar as pessoas em vários níveis de entendimento a reconhecer o poder da mente. Não estudei todos eles, de modo que não posso jurar que esse número seja exato. Ele pode ter ensinado 83.999 ou 84.001. Entretanto, a essência de seus ensinamentos pode ser reduzida a um único ponto: *a mente é a fonte de toda experiência e, ao mudar a direção da mente, podemos mudar a quali-*

dade de todas as nossas experiências. Quando transforma sua mente, tudo o que você vivencia é transformado. É como colocar um par de óculos com lentes amarelas: de repente, tudo o que você vê é amarelo. Se colocar óculos com lentes verdes, tudo o que vê é verde.

A clareza, nesse sentido, pode ser entendida como o aspecto criativo da mente. Tudo o que você percebe é captado pelo poder da sua consciência. Na verdade, não há limites para a capacidade criativa da sua mente. Esse aspecto criativo é a consequência natural da união entre vacuidade e clareza. Ele é conhecido em tibetano como *magakpa*, ou "desimpedimento". Algumas vezes, magakpa é traduzido como "poder" ou "habilidade", mas o significado é o mesmo: a liberdade da mente para vivenciar qualquer coisa e tudo o que for.

À medida que você consegue reconhecer o verdadeiro poder de sua mente, pode começar a exercitar mais controle sobre sua experiência. Dor, tristeza, medo, ansiedade e todas as outras formas de sofrimento não causam mais tanto transtorno em sua vida quanto costumavam fazer. As experiências que no passado pareciam ser obstáculos se tornam oportunidades para aprofundar sua compreensão da natureza desimpedida da mente.

Todo mundo vivencia sensações de dor e prazer ao longo da vida. A maior parte dessas sensações parece ter algum tipo de base física. Receber uma massagem, comer uma boa comida ou tomar um banho morno normalmente seriam consideradas experiências fisicamente agradáveis. Queimar um dedo, receber uma injeção ou ficar preso no trânsito em um dia quente dentro de um carro sem ar-condicionado seriam consideradas experiências fisicamente desagradáveis. Entretanto, na verdade, o fato de você vivenciar essas coisas como dolorosas ou agradáveis não depende das sensações físicas em si, mas da percepção que você tem delas.

Por exemplo, algumas pessoas não suportam sentir calor ou frio. Elas dizem que morreriam se tivessem de sair de casa em um dia quente. Algumas gotas de suor são o suficiente para fazê-las sentir-se extremamente desconfortáveis. No inverno, elas não suportam nem mesmo alguns flocos de neve sobre a cabeça. Mas, se um médico em quem elas confiam lhes disser que passar dez minutos por dia em uma sauna melhorará sua condição física, elas seguirão o conselho, procurando e até pagando por uma experiência que antes não suportariam. Elas ficarão na sauna pensando: "Que delícia, estou suando! Isto é mesmo muito bom!" Fazem isso porque se permitiram mudar a percepção mental sobre sentir calor e suor. Calor e suor são somente fenômenos aos quais elas atribuíram significados diferentes. E, se o médico lhes disser que um banho gelado depois da sauna melhorará a circulação, elas aprenderão a se resignar ao frio e até passar a considerá-lo refrescante.

Muitas vezes, os psicólogos se referem a esse tipo de transformação como "reestruturação cognitiva". Ao aplicar *intenção* bem como *atenção* a uma experiência, uma pessoa é capaz de mudar o significado de uma experiência de um contexto doloroso e intolerável a um que seja tolerável e agradável. Com o tempo, a reestruturação cognitiva estabelece novos caminhos neuronais no cérebro, em particular na região límbica, na qual a maioria das sensações de dor e prazer é reconhecida e processada.

Se nossas percepções de fato são padrões mentais condicionados por experiências passadas e expectativas presentes, o que focamos e como focamos se tornam fatores importantes na determinação das nossas experiências. E, quanto mais profundamente acreditamos que algo é verdade, mais chances temos de isso se tornar verdade nos termos da nossa experiência. Assim, se acreditamos que somos fracos, burros ou incompetentes, não importa quais sejam nossas qualidades reais e não importa se nossos amigos e colegas nos veem de outra forma, ainda vivenciaremos a nós mesmos como fracos, burros ou incompetentes.

O que acontece quando você começa a reconhecer suas experiências como suas próprias projeções? O que acontece quando você começa a perder o medo das pessoas a seu redor e das condições que costumava temer? Bem, de um ponto de vista, nada. De outro ponto de vista, tudo.

7. COMPAIXÃO: A SOBREVIVÊNCIA DO MAIS AMOROSO

> *A imensa compaixão surge espontaneamente em relação a todos os seres sencientes que sofrem como prisioneiros de suas ilusões.*
>
> KALU RINPOCHE, *Luminous Mind: The Way of the Buddha*, traduzido para o inglês por Maria Montenegro.

Imagine passar sua vida inteira em um pequeno quarto com apenas uma janela fechada e tão suja que mal deixe passar a luz. Você provavelmente acharia que o mundo é um lugar bem escuro e sombrio, repleto de criaturas de formas estranhas que lançam sombras aterrorizantes no vidro sujo quando passam pelo seu quarto. Mas imagine que um dia você derrame um pouco de água na janela, ou um pouco de chuva escorra pelo vidro depois de uma tempestade, e então você usa um trapo ou a manga de sua camisa para enxugar a água. Ao fazer isso, parte da sujeira acumulada no vidro desaparece. Subitamente, um pequeno feixe de luz atravessa o vidro. Curioso, você pode esfregar um pouco mais e, à medida que mais sujeira é removida, mais luz entra no quarto. "Talvez", você pensa, "o mundo não seja tão escuro e assustador. Talvez seja o vidro".

Você vai até a pia e pega mais água (e talvez mais alguns trapos) e esfrega até que toda a superfície da janela fique livre da sujeira. A luz entra em todo o seu resplendor e você percebe, talvez pela primeira vez, que todas aquelas sombras de formas estranhas que costumavam assustá-lo a cada vez que passavam eram pessoas — exatamente como você! E, das profundezas da sua consciência, surge o desejo instintivo de formar um vínculo social — sair para a rua e estar com essas pessoas.

Na verdade, você não mudou absolutamente nada. O mundo, a luz e as pessoas sempre estiveram lá. Você só não conseguia vê-los porque sua visão estava obscurecida. Mas agora você vê tudo, e que enorme diferença isso faz!

É isso que, na tradição budista, chamamos de despertar da compaixão, o despertar de uma capacidade inata de identificar-se com e compreender a experiência dos outros.

A BIOLOGIA DA COMPAIXÃO

Aqueles com grande compaixão dominam
todos os ensinamentos do Buda.

The Sutra That Completely Encapsulates the Dharma,
traduzido para o inglês pelo Padmakara Translation Group.

O budismo entende a compaixão de uma forma, em alguns aspectos, um pouco diferente do sentido comum da palavra. Para os budistas, a compaixão não significa apenas sentir pena das outras pessoas. O termo tibetano *nying-jay* implica uma expansão absolutamente direta do coração. Provavelmente a tradução mais próxima de *nying-jay* seja "amor" — mas um tipo de amor sem apego e sem nenhuma expectativa de obter algum retorno. A compaixão, em termos tibetanos, é um sentimento espontâneo de vínculo com todos os seres vivos. O que você sente eu sinto; o que eu sinto você sente. Não há nenhuma diferença entre nós.

Biologicamente, somos programados para reagir a nosso ambiente em termos relativamente simples de evitar ameaças à nossa sobrevivência e aproveitar oportunidades de melhorar nosso bem-estar. Basta folhear as páginas de um livro de história para ver que o desenvolvimento humano é, com muita frequência, um conto de violência escrito com o sangue de seres mais fracos.

E mesmo assim parece que a mesma programação biológica que nos impulsiona na direção da violência e da crueldade também nos proporciona emoções que não apenas inibem a agressão, mas também nos movem a agir de maneiras que sobrepujam o impulso de sobrevivência pessoal para atuar a serviço dos outros. Surpreendi-me com uma afirmação feita por Jerome Kagan, professor de Harvard, durante sua apresentação na conferência de 2003 do *Mind and Life Institute*, quando ele observou que, junto com a nossa tendência para a agressão, nosso instinto de sobrevivência nos equipou com "uma tendência biológica ainda maior para a bondade, a compaixão, o amor e o cuidado com o outro".[7]

Ouvi várias histórias sobre o número de pessoas que arriscaram suas vidas durante a Segunda Guerra Mundial para oferecer refúgio aos judeus europeus perseguidos pelos nazistas e sobre os heróis anônimos de hoje que sacrificam seu próprio bem-estar para ajudar as vítimas da guerra, da fome e da tirania em vários países do mundo. Além disso, muitos dos meus alunos ocidentais são pais que sacrificam uma enorme quantidade de tempo e energia transportando os filhos entre competições esportivas, atividades musicais e outros eventos, enquanto pacientemente reservam dinheiro para a educação das crianças.

Sacrifícios como esses parecem, em um nível individual, indicar um conjunto de fatores biológicos que transcendem medos e desejos pessoais. O simples fato de termos sido capazes de criar sociedades e civilizações que pelo menos reconhecem a necessidade de proteger e cuidar dos

---

[7] Mind & Life XI, DVD-ROM 4 (Boulder: Mind and Life Institute, 2003)

pobres, dos fracos e dos indefesos sustenta a conclusão do professor Kagan de que "o senso ético é uma característica biológica da nossa espécie"[8].

Essas observações são quase completamente consonantes com a essência dos ensinamentos do Buda: quanto mais claramente vemos as coisas como são, mais dispostos e capazes nos tornamos de abrir o nosso coração aos outros seres. Quando reconhecemos que os outros vivenciam dor e infelicidade porque não reconhecem sua verdadeira natureza, somos espontaneamente movidos por um desejo profundo de que eles vivenciem o mesmo sentido de paz e clareza que começamos a conhecer.

O ACORDO PARA DISCORDAR

Sementes quentes produzirão frutas quentes.
Sementes doces produzirão frutas doces.

The Questions of Surata Sutra, traduzido para o inglês por Elizabeth M. Callahan.

Pelo que aprendi, a maioria dos conflitos entre as pessoas provêm de um mal entendido em relação aos motivos recíprocos. Todos nós temos nossas razões para fazer o que fazemos e dizer o que dizemos. Quanto mais nos permitimos ser guiados pela compaixão — parar por um momento e tentar ver de onde a outra pessoa está vindo —, menos chances temos de nos envolver em um conflito. E, mesmo quando os problemas surgirem, se respirarmos fundo e ouvirmos com o coração aberto, nos sentiremos capazes de lidar com o conflito de modo mais efetivo — acalmar os ânimos, por assim dizer, e resolver nossas diferenças de modo que todos fiquem satisfeitos e ninguém acabe como o "vencedor" ou o "perdedor".

Por exemplo, tenho um amigo tibetano na Índia que era vizinho de um homem que tinha um cachorro mal-humorado. Na Índia, os muros que cercam o jardim da frente de uma casa são muito altos e têm portas

---

8 Ibid.

em vez de portões. As entradas para o jardim do meu amigo e do vizinho eram muito próximas e, quase toda vez que meu amigo saía pela porta, o cão arranhava a porta do vizinho, latindo, rosnando e arreganhando os dentes — uma experiência absolutamente assustadora para meu amigo. E, como se isso não bastasse, o cão ainda desenvolveu o hábito de passar pela porta e entrar no jardim do meu amigo, novamente latindo, rosnando e causando um terrível transtorno.

Meu amigo passou um longo tempo pensando em como punir o cão por seu mau comportamento. Enfim, ele teve a ideia de deixar a porta do seu jardim um pouco aberta e empilhar vários objetos pequenos e pesados em cima da porta. Assim, quando o cachorro empurrasse a porta para abri-la, os objetos cairiam, ensinando ao cão uma lição dolorosa que ele jamais esqueceria.

Depois de armar essa armadilha numa manhã de domingo, meu amigo ficou olhando pela janela esperando que o cachorro entrasse no jardim. O tempo passou e o cão não vinha. Depois de algum tempo, meu amigo iniciou seus cânticos diários, dando uma espiada pela janela de tempos em tempos. Mesmo assim, o cachorro deixou de aparecer. Em um determinado ponto de seus cânticos, meu amigo se deparou com uma prece de aspiração muito antiga conhecida como "Os Quatro Imensuráveis", que começa com os seguintes versos:

> *Que todos os seres sencientes tenham a felicidade e as causas da felicidade.*
> *Que todos os seres sencientes sejam livres do sofrimento e das causas do sofrimento.*

Enquanto entoava essa prece, subitamente lhe ocorreu que o cachorro era um ser senciente e que, ao deliberadamente montar uma armadilha, causaria dor e sofrimento ao cão. "Se eu entoar isso", ele pensou, "estarei mentindo. Talvez eu devesse parar de rezar".

Mas aquilo não lhe pareceu correto, já que a prece dos Quatro Imensuráveis era parte de sua prática diária. Ele recomeçou a prece, fazendo os mais sinceros esforços para desenvolver compaixão em relação aos cães, mas, no meio do caminho, ele se interrompeu, pensando: "Não! Aquele cão é muito mau. Ele me prejudica muito. Não quero que ele seja livre do sofrimento ou alcance a felicidade."

Ele pensou sobre a questão por algum tempo, até que finalmente lhe ocorreu uma solução. Ele poderia mudar uma pequena palavra da prece. Assim, começou a entoar:

> Que ALGUNS seres sencientes tenham a felicidade e as causas da felicidade.
> Que ALGUNS seres sencientes sejam livres do sofrimento e das causas do sofrimento.

Ele ficou bastante satisfeito com a solução. Concluídas as suas preces, foi almoçar e esqueceu o cachorro. Então, decidiu sair para um passeio antes do fim do dia. Na pressa, ele se esqueceu da própria armadilha e, quando abriu a porta do jardim, todos os objetos pesados que empilhara na borda da porta caíram em sua cabeça.

Foi, para dizer o mínimo, um rude despertar.

Contudo, como resultado de sua dor, meu amigo percebeu algo muito importante. Ao excluir alguns seres da possibilidade de atingir a felicidade e a liberdade do sofrimento, ele também excluiu a si mesmo. Reconhecendo que ele mesmo fora vítima de sua própria falta de compaixão, decidiu mudar sua tática.

No dia seguinte, quando saiu para a sua caminhada matinal, meu amigo levou consigo um pedaço de *tsampa* — um tipo de massa feita de cevada, sal, chá e pedaços de manteiga —, que os tibetanos costumam comer no café da manhã. Assim que deu o primeiro passo para fora da porta, o cachorro do vizinho veio correndo, latindo e rosnando como de hábito; mas, em vez de praguejar contra o cão, meu amigo jogou para ele o pedaço de tsampa que estava levando. Completamente surpreso, o cão pegou o tsampa com a boca e começou a mastigar — ainda com os pelos eriçados e rosnando, mas distraído do ataque pela oferta da comida.

Esse joguinho continuou pelos próximos dias. Meu amigo saía do quintal, o cão aparecia correndo e latindo e era surpreendido com o pedaço de tsampa que meu amigo lhe dava. Depois de alguns dias, meu amigo reparou que, apesar de continuar rosnando enquanto mastigava o tsampa, o cão começou a abanar o rabo. Ao final da semana, o cachorro não chegava mais pronto para o ataque, mas vinha correndo para cumprimentar meu amigo, esperando, feliz, um agrado. Mais tarde, o relacionamento entre os dois se desenvolveu a um ponto no qual o cão chegava trotando tranquilamente ao jardim do meu amigo para se sentar com ele ao sol, enquanto ele recitava suas preces diárias — nesse ponto, satisfeito por poder rezar pela felicidade e liberdade de *todos* os seres sencientes.

Assim que reconhecemos que os outros seres sencientes — pessoas, animais e até insetos — são exatamente como nós, que sua motivação básica é vivenciar a paz e evitar o sofrimento, quando alguém age de alguma maneira ou diz alguma coisa que se oponha a nossos desejos, somos capazes de ter alguma base para a compreensão: "Ah, tudo bem, essa pessoa (ou esse animal) está assumindo essa posição porque, assim como eu, ela quer ser feliz e evitar o sofrimento. E essa é a sua motivação básica. Não é nada pessoal; ela só está fazendo o que acha que precisa fazer."

Compaixão é a sabedoria espontânea do coração. Ela está sempre conosco. Ela sempre esteve e sempre estará. Quando surge em nós, é porque aprendemos a ver como somos realmente fortes e seguros.

8. POR QUE SOMOS INFELIZES?

*Todos os seres sencientes tendem a
agir de forma não benéfica.*

JAMGÖN KONGTRUL, *The Torch of Certainty*,
traduzido para o inglês por Judith Hanson.

Depois de quase dez anos ensinando em mais de vinte países ao redor do mundo, vi várias coisas estranhas e maravilhosas e ouvi várias histórias estranhas e maravilhosas de pessoas com as quais conversei em palestras ou que me procuraram para aconselhamento individual. O que mais me surpreendeu, entretanto, foi ver que as pessoas que viviam em lugares nos quais os confortos materiais eram amplamente disponíveis pareciam vivenciar um profundo sofrimento, similar ao que vi entre aqueles que viviam em lugares que não eram tão desenvolvidos em termos materiais. A expressão de sofrimento que testemunhei era diferente em alguns pontos do que estava acostumado a testemunhar na Índia e no Nepal, mas sua força era palpável.

Comecei a sentir esse nível de infelicidade durante minhas primeiras visitas ao Ocidente, quando meus anfitriões me levavam para ver os grandes pontos turísticos de suas cidades. Na primeira vez que vi lugares como o Empire State Building e a Torre Eiffel, fiquei muito impressionado com o gênio dos arquitetos e engenheiros e com o nível de cooperação e determinação necessário para construir aquelas estruturas. Mas, quando chegava no topo para observar a cidade, encontrava minha visão bloqueada por cercas de arame farpado e toda a área patrulhada por guardas. Quando perguntava a meus anfitriões sobre os guardas e as cercas, eles me explicavam que as precauções eram necessárias para impedir que as pessoas se suicidassem pulando das alturas. Pareceu-me incrivelmente triste que sociedades capazes de produzir tais maravilhas tenham de impor medidas estritas para impedir que as pessoas utilizem esses belíssimos monumentos como trampolins para o suicídio.

As medidas de segurança não prejudicaram em nada minha apreciação da beleza desses locais ou da tecnologia necessária para construí-los. Mas, depois de ter visitado alguns desses locais, as precauções de segurança começaram a "se encaixar" com mais uma coisa que comecei a reparar. Apesar de as pessoas que vivem em culturas materialmente confortáveis tenderem a sorrir com bastante facilidade, seus olhos quase sempre revelam um senso de insatisfação e até de desespero. E as perguntas que as pessoas faziam em conversas tanto públicas quanto privadas muitas vezes giravam em torno de como se tornar melhores ou mais fortes do que eram ou como superar o "ódio a si mesmo".

Quanto mais eu viajava, mais claro ficava que as pessoas que viviam em sociedades caracterizadas por conquistas tecnológicas e materiais tinham as mesmas chances de sentir dor, ansiedade, solidão, isolamento e desespero que as pessoas que viviam em áreas comparativamente menos desenvolvidas. Depois de alguns anos fazendo algumas perguntas bem pontuais em palestras e sessões de aconselhamento individual, comecei a ver que, quando o ritmo do progresso externo ou material excedia o desenvolvimento do conhecimento interior, as pessoas pareciam sofrer profundos conflitos emocionais sem um método interno para lidar com eles. Uma abundância de itens materiais proporciona tal variedade de distrações externas que as pessoas perdem o vínculo com suas vidas interiores.

Pare para pensar, por exemplo, no número de pessoas que desesperadamente procuram uma sensação de empolgação indo a um novo restaurante, começando um novo relacionamento ou mudando de emprego. Por algum tempo, a novidade de fato parece proporcionar alguma sensação de estímulo. Entretanto, mais cedo ou mais tarde, a empolgação se abranda; as novas sensações, os novos amigos ou as novas responsabilidades se tornam lugar-comum. Qualquer felicidade que as pessoas originalmente tenham sentido se dissolve. Então, elas tentam uma nova estratégia, como ir à praia. E, por um tempo, isso também parece satisfatório. O sol aquece a pele, a água está ótima e há toda uma nova multidão de pessoas para conhecer e talvez algumas novas e estimulantes atividades para tentar, como andar de *jet ski* ou esqui aquático. Contudo, depois de algum tempo, até a praia fica entediante. As mesmas velhas conversas são repetidas indefinidamente, a areia o incomoda, o sol está forte demais ou se esconde atrás de nuvens e o mar está gelado demais. Então, é hora de seguir em frente ou tentar uma praia diferente, talvez em um país diferente. A mente produz seu próprio tipo de mantra: "Quero ir para o Taiti... Taiti... Taiti..."

O problema com todas essas soluções é que elas são, por natureza, temporárias. Todos os fenômenos resultam da junção de causas e condições e, portanto, inevitavelmente passam por algum tipo de mudança. Quando as causas que produziram e perpetuaram uma experiência de felicidade mudam, a maioria das pessoas acaba responsabilizando as condições externas (outras pessoas, o lugar, o clima etc.) ou a si próprias ("Eu deveria ter dito algo mais gentil ou mais inteligente", "Eu deveria ter ido a outro lugar"). Entretanto, por refletir uma perda de confiança em si mesmo ou nas coisas que aprendemos a acreditar que *deveriam* nos trazer felicidade, a culpa só dificulta ainda mais a busca pela felicidade.

A questão mais problemática é que a maioria das pessoas não tem uma ideia muito clara do que seja a felicidade e, consequentemente, acabam criando condições que as arrastam de volta à insatisfação que tão desesperadamente tentam eliminar. Dessa forma, seria uma boa ideia analisar a felicidade, a infelicidade e as causas que as fundamentam com um pouco mais de atenção.

O CORPO EMOCIONAL

Não existe um único centro para a emoção, da mesma forma como não existe nenhum centro para jogar tênis.

RICHARD DAVIDSON, citado em Daniel Goleman,
Destructive Emotions: How Can We Overcome Them?

O nosso corpo exerce uma função muito mais significativa na geração das emoções do que a maioria de nós reconhece. O processo começa com a percepção — que, como já sabemos, envolve informações transmitidas dos órgãos sensoriais para o cérebro, no qual uma representação conceitual de um objeto é criada. A maioria de nós supõe que, uma vez que o objeto é percebido e reconhecido, uma resposta emocional é produzida, o que, por sua vez, gera algum tipo de reação física.

Na verdade, é o oposto que ocorre. Ao mesmo tempo em que o tálamo envia suas mensagens para as regiões analíticas superiores do cérebro, ele manda uma mensagem simultânea de "alerta vermelho" à amígdala, a pequena estrutura neuronal em forma de amêndoa situada na região límbica, que, conforme descrito anteriormente, governa as reações emocionais, em especial o medo e a raiva. Como o tálamo e a amígdala estão muito próximos um do outro, esse sinal de alerta vermelho é transmitido muito mais rapidamente do que as mensagens enviadas ao neocórtex. Ao recebê-la, a amígdala imediatamente aciona uma série de reações físicas que ativam o coração, os pulmões, os principais grupos de músculos nos braços, peito, abdômen, pernas e os órgãos responsáveis pela produção de hormônios como a adrenalina. Só *depois* que o corpo reage é que a parte analítica do cérebro interpreta as reações físicas em termos de uma emoção específica. Em outras palavras, não é que você veja algo assustador, sinta medo e depois corra. Você vê algo assustador, começa a correr (enquanto o coração dispara e a adrenalina inunda seu corpo) e *então* interpreta a reação do corpo como medo. Na maioria dos casos, entretanto, uma vez que o resto do seu cérebro modificou o corpo, o que leva apenas alguns milissegundos, você é capaz de analisar suas reações, determinar se elas são apropriadas e ajustar o comportamento para se adequar a uma situação específica.

Na prática, os resultados dessa análise podem ser mensurados por uma tecnologia que só recentemente se tornou disponível aos cientistas. Emoções como medo, repulsa e aversão aparecem em parte como uma ativação intensificada dos neurônios no lóbulo frontal direito, a região do neocórtex localizada na parte da frente e do lado direito do cérebro. Enquanto isso, emoções como alegria, amor, compaixão e confiança podem ser mensuradas em termos de uma atividade relativamente maior nos neurônios do lóbulo frontal esquerdo.

Em alguns casos, como me disseram, nossa capacidade de avaliar as reações é inibida e surpreendemo-nos reagindo a uma situação sem pensar. Em casos como esse, a reação da amígdala é tão forte que provoca um curto-circuito na reação das estruturas superiores do cérebro. Sem dúvida, esse poderoso mecanismo de "reações de emergência" traz benefícios importantes para a sobrevivência, permitindo que reconheçamos imediatamente alimentos que nos fizeram mal no passado ou que evitemos animais agressivos. Porém, como os padrões neuronais armazenados na amígdala podem ser facilmente acionados por eventos que têm até mesmo uma leve semelhança com algum incidente anterior, eles podem distorcer nossa percepção dos eventos atuais.

ESTADOS E CARACTERÍSTICAS PESSOAIS

Tudo depende das circunstâncias.

PATRUL RINPOCHE, *As Palavras do Meu Professor Perfeito*, publicado em português pela Editora Makara.

Sob a perspectiva científica, as emoções são vistas em termos de eventos de curto prazo e condições mais duradouras. As emoções de curto prazo podem incluir a súbita explosão de raiva que sentimos quando estamos consertando alguma coisa em casa e, acidentalmente, martelamos o dedo ou o grande orgulho que sentimos quando recebemos um elogio sincero. Em termos científicos, esses eventos relativamente de curto prazo muitas vezes são chamados de *estados*.

As emoções que continuam ao longo do tempo e sobrevivem a uma variedade de situações, como o amor que alguém sente por uma criança ou um prolongado ressentimento por algo que ocorreu no passado, são chamadas de *características pessoais* ou *qualidades temperamentais*, que a maioria de nós considera como indicadores do caráter de uma pessoa. Por exemplo, tendemos a dizer que uma pessoa que costuma ser sorridente e cheia de energia, e sempre tem coisas gentis a dizer para as outras, é "alegre", enquanto tendemos a pensar em alguém que costuma ter um aspecto carrancudo, corre de um lado para o outro com frequência e perde a paciência diante de pequenos incidentes, é uma pessoa "tensa".

A diferença entre os estados e as características é bem óbvia, mesmo para alguém que não seja formado em ciências. Se você martelar seu dedo, há muitas chances de que a raiva que você sente na hora passe rapidamente e a experiência não faça com que você tenha medo de martelos para o resto da vida. Já as características emocionais são mais sutis. Na maioria dos casos, somos capazes de reconhecer se acordamos ansiosos ou animados a cada dia, enquanto as indicações do nosso temperamento gradativamente se tornam evidentes com o tempo para as pessoas com as quais temos mais proximidade.

Os estados emocionais são explosões bastante rápidas de fofoca neuronal. As características, por outro lado, estão mais para o equivalente neuronal de relacionamentos de longo prazo. As origens dessas conexões duradouras podem variar. Algumas podem ter uma base genética, outras podem ser causadas por um trauma grave e outras ainda podem ter se desenvolvido como o resultado de experiências prolongadas ou repetidas — o treinamento de vida que recebemos quando crianças ou jovens.

Qualquer que seja a origem, as características emocionais têm um efeito condicionante na forma como as pessoas caracterizam as experiências cotidianas e reagem a elas. Alguém predisposto ao medo ou à depressão, por exemplo, tem mais chances de encarar situações com um senso de temor, enquanto alguém predisposto à confiança encarará a mesma situação com muito mais equilíbrio e segurança.

FATORES CONDICIONANTES

O sofrimento segue um pensamento negativo como as rodas de uma carroça seguem o boi que a puxa.

The Dhammapada, traduzido para o inglês por Eknath Easwaran.

A biologia e a neurociência nos dizem o que está ocorrendo em nossos cérebros quando vivenciamos emoções agradáveis ou desagradáveis. O budismo nos ajuda não somente a descrever tais experiências mais explicitamente para nós mesmos, mas também nos proporciona os recursos para alterar nossos pensamentos, sentimentos e percepções, a fim de que, em um nível básico e celular, possamos ser mais felizes, mais tranquilos e seres humanos mais amáveis.

Quer seja analisada subjetivamente, por meio da observação atenta ensinada pelo Buda, ou objetivamente, por meio da tecnologia disponível em laboratórios modernos, o que chamamos de *mente* emerge como uma colisão em constante mudança de dois eventos básicos: o simples reconhecimento (a mera consciência de que algo está acontecendo) e os fatores condicionantes (os processos que não somente descrevem o que percebemos, mas também determinam nossas reações). *Toda* atividade mental, em outras palavras, evolui da atividade combinada da percepção direta e associações neuronais de longo prazo.

Uma das lições muito enfatizadas por meu professor Saljay Rinpoche foi que, se eu quisesse ser feliz, precisaria aprender a reconhecer e trabalhar com os fatores condicionantes que produzem reações compulsivas e ligadas às características pessoais. A essência de seu ensinamento era que qualquer fator pode ser entendido como compulsivo, já que obscurece nossa capacidade de ver as coisas como elas são, sem julgamentos. Se alguém estiver gritando conosco, por exemplo, raramente paramos para distinguir entre o puro reconhecimento "Ah, esta pessoa está levantando a voz e dizendo tais palavras" e a reação emocional "Esta pessoa é imbecil". Em vez disso, tendemos a combinar a percepção direta e nossa reação emocional em um único pacote: "Esta pessoa está gritando comigo *porque* é imbecil."

Porém, se pudéssemos nos distanciar para analisar a situação sob uma perspectiva mais objetiva, poderíamos ver que a pessoa que está gritando conosco está nervosa com algo que pode não ter nada a ver conosco. Talvez ela tenha acabado de ser criticada pelo chefe e esteja com medo de ser despedida. Talvez ela tenha acabado de descobrir que alguém próximo a ela está muito doente. Ou talvez tenha discutido com um amigo ou um parceiro e não tenha conseguido dormir bem à noite. Infelizmente, a influência do condicionamento é tão forte que raramente nos lembramos de que *podemos* nos distanciar. E, como nossa compreensão é limitada, confundimos o pequeno recorte que conseguimos ver com toda a verdade.

Como podemos reagir adequadamente quando nossa visão é tão limitada, quando não conhecemos todos os fatos? Se aplicarmos o princípio dos tribunais norte americanos para falar "a verdade e nada mais que a verdade" sobre nossa experiência cotidiana, teremos de reconhecer que "a verdade" é que todo mundo só quer ser feliz. A coisa verdadeiramente triste é que a maioria das pessoas busca a felicidade de maneiras que acabam sabotando todas as suas tentativas. Se pudéssemos ver toda a verdade de qualquer situação, nossa única reação seria de compaixão.

AFLIÇÕES MENTAIS

Por quem e como as armas do inferno foram criadas?

Shāntideva, *O Caminho do Bodisatva*, publicado em português pela Editora Makara.

Os fatores condicionantes são muitas vezes descritos em termos budistas como "aflições mentais"; algumas vezes, como "venenos". Apesar de os textos da psicologia budista analisarem uma ampla variedade de fatores condicionantes, todos concordam com a identificação de três aflições primárias que formam a base de todos os outros fatores que inibem nossa capacidade de ver as coisas como elas realmente são: *ignorância*, *apego* e *aversão*.

Ignorância

A ignorância é a incapacidade fundamental de reconhecer o potencial, a clareza e o poder infinitos da nossa própria mente, como se estivéssemos olhando para o mundo através de lentes coloridas: tudo o que vemos é mascarado ou distorcido pelas cores das lentes. No nível mais essencial, a ignorância distorce a experiência basicamente aberta da consciência, formando as distinções dualistas entre as categorias inerentemente existentes de "eu" e "outro".

A ignorância é, assim, um problema de duas faces. Assim que formamos o hábito neuronal de nos identificar com um "eu" único e independentemente existente, é inevitável que comecemos a ver tudo o que não é "eu" como "outro". O "outro" pode ser qualquer coisa: uma mesa, uma banana, outra pessoa ou até algo que esse "eu" esteja pensando ou sentindo. Tudo o que vivenciamos se torna, em certo sentido, um estranho. E, à medida que nos acostumamos a distinguir entre "eu" e "outro", prendemo-nos a um modo dualista de percepção, traçando fronteiras conceituais entre nosso "eu" e o resto do mundo "lá fora", um mundo que parece tão vasto que quase não podemos evitar nos considerar muito pequenos, limitados e vulneráveis. Começamos a olhar para as outras pessoas, objetos materiais e assim por diante como fontes potenciais de felicidade e infelicidade, e a vida se transforma em uma luta para conseguir aquilo de que precisamos para sermos felizes antes que outra pessoa o agarre.

Essa luta é conhecida em sânscrito como *samsara*, que significa literalmente "roda" ou "círculo". O samsara se refere à roda ou ao círculo da infelicidade, um hábito de correr em círculos, perseguindo as mesmas experiências várias e várias vezes, a cada vez esperando um resultado diferente. Se você já viu um cão ou um gato perseguindo o próprio rabo, já testemunhou a essência do samsara. E, apesar de poder ser divertido ver um animal perseguir o rabo, não é tão divertido quando sua própria mente faz a mesma coisa.

O oposto do samsara é o *nirvana*, termo que é quase tão mal entendido quanto *vacuidade*. Nirvana é uma palavra em sânscrito traduzida a grosso modo como "extinguir" ou "apagar" (como ao apagar a chama de uma vela), muitas vezes interpretada como um estado de absoluta felicidade, surgindo da "extinção" do ego ou da ideia de "eu". Essa interpretação é precisa até certo ponto, com a exceção de que não leva em consideração que a maioria de nós vive como seres corporizados cuidando da nossa vida no mundo relativamente real das distinções morais, éticas, legais e físicas.

Tentar viver neste mundo sem considerar suas distinções relativas seria tão tolo e difícil quanto tentar evitar as consequências de ter nascido destro ou canhoto. O que isso quer dizer? Uma interpretação mais precisa do nirvana é a adoção de uma perspectiva ampla que admita todas as experiências, agradáveis ou dolorosas, como aspectos da consciência. Naturalmente, a maioria das pessoas preferiria vivenciar só as "notas agudas" da felicidade. Mas, como um aluno meu recentemente observou, eliminar as "notas graves" de uma sinfonia de Beethoven — ou de qualquer música moderna — resultaria em uma experiência de pouco valor e qualidade inferior.

Samsara e nirvana podem ser talvez mais bem entendidos como pontos de vista. O samsara é um ponto de vista baseado principalmente na definição e na identificação de experiências como dolorosas ou desagradáveis. O nirvana é um estado mental fundamentalmente objetivo: a aceitação sem julgamentos de uma experiência, que nos abre o potencial para enxergar soluções que podem não estar diretamente ligadas à nossa sobrevivência como indivíduos, mas sim à sobrevivência de todos os seres sencientes.

Isso nos leva à segunda das três aflições mentais primárias.

Apego

A percepção do "eu" como algo separado dos "outros" é, como já discutido, um mecanismo essencialmente biológico — um padrão estabelecido de tagarelice neuronal que sinaliza a outras partes do sistema nervoso que cada um de nós é uma criatura distinta e independentemente existente que precisa de certos fatores para perpetuar sua existência. Como vivemos em corpos físicos, algumas dessas coisas das quais precisamos, como oxigênio, comida e água, são realmente indispensáveis. Além disso, estudos sobre a sobrevivência de bebês, sobre os quais as pessoas me falaram, têm mostrado que a sobrevivência requer certo nível de cuidados físicos.[9] Precisamos ser tocados, precisamos que falem conosco, precisamos que o simples fato da nossa existência seja reconhecido.

---

9 Veja, por exemplo, Thomas Lewis, M.D., Fari Amini, M.D. E Richard Lannon, M.D., *A General Theory of Love* (Nova York: Random House, 2000), 68-99.

Os problemas começam, entretanto, quando generalizamos biologicamente os fatores essenciais para áreas que não têm nada a ver com a sobrevivência básica. Em termos budistas, essa generalização é conhecida como "apego" ou "desejo" — que, a exemplo da ignorância, pode ser vista em termos puramente neurológicos.

Quando vivenciamos algo como o chocolate, por exemplo, como agradável, estabelecemos uma conexão neuronal que vincula o chocolate à sensação física de prazer. Isso não significa que o chocolate em si seja algo bom ou ruim. Há diversas substâncias químicas no chocolate que geram uma sensação física de prazer. É o nosso apego neuronal ao chocolate que cria problemas.

De muitas formas, o apego é comparável a um vício, uma dependência compulsiva de objetos externos ou de experiências para criar uma ilusão de completude. Infelizmente, como outros vícios, o apego se intensifica com o tempo. Qualquer satisfação que possamos vivenciar quando conseguimos algo ou alguém que desejamos não é duradoura. Qualquer coisa ou pessoa que nos faça feliz hoje, neste mês ou neste ano está sujeita a mudança. A mudança é a única constante da realidade relativa.

O Buda comparava o apego a beber água salgada do mar. Quanto mais bebemos, mais sede temos. Da mesma forma, quando nossa mente está condicionada pelo apego, nunca vivenciamos o verdadeiro contentamento, independentemente do que tivermos ou possuirmos. Perdemos a capacidade de distinguir entre a experiência direta da felicidade e quaisquer objetos que temporariamente nos fazem felizes. Como resultado, não só nos tornamos dependentes do objeto, mas também reforçamos os padrões neuronais que nos condicionam a contar com uma fonte externa que nos proporcione a felicidade.

Você pode substituir o chocolate por qualquer outro objeto. Para algumas pessoas, os relacionamentos são a chave para a felicidade. Quando veem alguém que consideram atraente, elas tentam de todas as formas abordar essa pessoa. Mas, se finalmente conseguem se envolver com essa pessoa, o relacionamento acaba não sendo tão satisfatório quanto elas haviam imaginado. Por quê? Porque, na verdade, o objeto de seu apego não é uma coisa externa. É uma história elaborada no cérebro, pelos neurônios; e essa história se desenrola em vários níveis diferentes, variando do que as pessoas acham que podem ganhar ao alcançar o que desejam, ao que temem se não conseguirem obtê-lo.

Outras pessoas acham que seriam verdadeiramente felizes se vivenciassem algum golpe extremo de sorte, como ganhar na loteria. Contudo, um estudo interessante de Philip Brinkman[10], relatado por um dos meus alunos, demonstra que as pessoas que recentemente ganharam na loteria não eram muito mais felizes do que um grupo de controle que não vivenciou a emoção de enriquecer da noite para o dia. Na verdade, depois que a emoção inicial passou, as pessoas que ganharam na loteria relataram sentir *menos* satisfação nos prazeres cotidianos, como conversar com amigos, receber elogios ou simplesmente ler uma revista, em relação às pessoas que não vivenciaram uma mudança tão drástica.

O estudo me fez lembrar de uma história que ouvi há pouco tempo sobre um homem idoso que comprou um bilhete de loteria com um prêmio acima de cem milhões de dólares. Pouco tempo depois de comprar o bilhete, ele desenvolveu um problema cardíaco e foi enviado ao hospital sob os cuidados de um médico que recomendou completo repouso na cama e proibiu em absoluto tudo o que pudesse causar emoções desnecessárias. Enquanto o homem estava no hospital, seu bilhete foi premiado. É claro que, como estava internado, ele não ficou sabendo de sua sorte, mas seus filhos e sua esposa descobriram e foram ao hospital contar a novidade ao homem.

Lá, eles encontraram o médico e lhe contaram a boa sorte do homem. Assim que concluíram o relato, o médico implorou para que eles não dissessem nada naquele momento. "Ele pode ficar tão emocionado", o médico explicou, "que poderia morrer em função da sobrecarga no seu coração". A esposa e os filhos do homem argumentaram com o médico, acreditando

---

10 Philip Brinkman, "Lottery Winners and Accident Victims: Is Happiness Relative?" *Journal of Personality and Social Psychology*, 36 (1978): 917.

que as boas notícias ajudariam a melhorar sua condição. Mas, ao final, eles concordaram em deixar que o médico desse a notícia, com a devida cautela, para não provocar emoções fortes demais no homem.

Enquanto a esposa e os filhos do homem esperavam na recepção, o médico entrou no quarto do paciente. Ele começou fazendo todo tipo de perguntas ao homem sobre seus sintomas, como ele estava se sentindo e assim por diante e, depois de algum tempo, casualmente perguntou: "Você já comprou um bilhete de loteria?"

O homem respondeu que, de fato, havia comprado um bilhete pouco antes de ser internado.

"Se você ganhasse na loteria", o médico perguntou, "como você se sentiria?"

"Bem, seria bom se eu ganhasse. Mas, caso contrário, também seria bom. Estou velho e não vou viver muito mais. Não faz muita diferença se eu ganhar ou não."

"Não é possível que você se sentisse assim", o médico disse, como se estivesse falando só teoricamente. "Se ganhasse, você ficaria muito empolgado, não?"

Mas o velho respondeu: "Nem tanto. Na verdade, eu ficaria contente em lhe dar metade do prêmio se você encontrasse uma maneira de me fazer sentir melhor."

O médico riu. "Nem pense nisso", ele disse. "Eu só estava perguntando."

Mas o paciente insistiu: "Não, é verdade. Se eu ganhasse na loteria, de fato lhe daria metade do prêmio se você me fizesse sentir melhor."

O médico riu novamente. "Por que você não escreve uma carta", ele brincou, "dizendo que me daria a metade?"

"Claro, por que não?" O homem concordou, pegando um bloco de notas do criado-mudo. Lentamente, devido à fraqueza que sentia, ele escreveu uma carta concordando em dar ao médico metade do prêmio que ganhasse na loteria, assinou a carta e a entregou ao médico. Quando o médico olhou para a carta e para a assinatura, ficou tão empolgado com a ideia de ganhar tanto dinheiro que caiu morto na hora.

Assim que o médico caiu, o homem começou a gritar. Ouvindo o barulho, a esposa e os filhos do homem temeram que o médico estivesse certo e que as notícias de fato haviam sido tão empolgantes que o homem tivesse morrido, devido à sobrecarga no coração. Eles correram para o quarto, para encontrar o homem sentado na cama e o médico caído no chão. Enquanto as enfermeiras e outros médicos se apressavam para tentar reanimar o médico, a família do velho tranquilamente lhe contou que ele ganhara na loteria. Para a sua surpresa, ele não pareceu nem um pouco emocionado ao saber que tinha acabado de ganhar milhões de dólares e a notícia não lhe causou nenhum dano. Com efeito, depois de algumas semanas, sua condição melhorou e ele foi liberado do hospital. Ele, sem dúvida, ficou satisfeito em poder desfrutar de sua nova fortuna, mas não tinha nenhum apego a ela. O médico, por outro lado, ficou tão apegado à ideia de ter tanto dinheiro e sua emoção foi tão intensa que seu coração não conseguiu suportar o esforço e ele morreu.

Aversão
Cada forte apego gera um medo igualmente poderoso de não conseguirmos o que queremos ou de perdermos tudo o que já conseguimos. Esse medo, na linguagem do budismo, é conhecido como *aversão*: uma resistência às mudanças inevitáveis que ocorrem como uma consequência da natureza impermanente da realidade relativa.

A noção de um "eu" duradouro e independentemente existente nos motiva a despender enorme esforço para resistir à inevitabilidade da mudança, certificando-nos de que esse "eu" se manterá seguro e protegido. Quando atingimos uma condição que nos faz sentir completos e inteiros, queremos que tudo permaneça exatamente como está. Quanto mais profundo é nosso apego a qualquer coisa que nos fornece esse senso de completude, maior é nosso medo de perdê-lo e mais brutal é nossa dor se o perdermos.

De várias maneiras, a aversão é uma profecia que se auto realiza, compelindo-nos a agir de formas que praticamente garantem o fracasso de todos os nossos esforços de obter o que achamos que nos trará paz, estabilidade e contentamento duradouros. Pare por um momento e pense em como você age perto de alguém por quem sente grande atração. Você se comporta como a pessoa tranquila, sofisticada e confiante que gostaria que a outra pessoa visse, ou subitamente se transforma em um tolo que mal consegue articular as palavras? Se essa pessoa conversar e rir com alguém, você se sente magoado ou com ciúmes e revela esses sentimentos de forma discreta ou óbvia? Você se torna tão apegado à outra pessoa a ponto de ela sentir seu desespero e começar a evitá-lo?

A aversão reforça os padrões neuronais que geram uma imagem mental de si mesmo como alguém limitado, fraco e incompleto. Como tudo o que pode minar a independência desse "eu" mentalmente construído é percebido como uma ameaça, você, de forma inconsciente, gasta uma enorme quantidade de energia à procura de perigos potenciais. A adrenalina invade seu corpo, seu coração dispara, seus músculos se contraem e seus pulmões bombeiam ar loucamente. Todas essas sensações são sintomas de estresse, que, como ouvi de vários cientistas, pode causar uma ampla variedade de problemas, incluindo depressão, transtornos do sono, problemas digestivos, alergias, disfunções renais e da tireoide, pressão alta e até colesterol alto.

Em um nível puramente emocional, a aversão tende a se manifestar como raiva e até mesmo ódio. Em vez de reconhecer que qualquer infelicidade que você esteja sentindo se baseia em uma imagem mentalmente construída, você considera "natural" responsabilizar outras pessoas, objetos externos ou situações pela sua dor. Quando as pessoas agem de forma que aparentemente o impedem de obter o que deseja, você começa a pensar nelas como não confiáveis ou más, e fará de tudo para evitá-las ou revidar. Nas garras da raiva, você vê a todos e a tudo como inimigos. Como resultado, seus universos interno e externo ficam cada vez menores. Você perde a fé em si mesmo e reforça os padrões neuronais específicos que geram sentimentos de medo e vulnerabilidade

AFLIÇÃO OU OPORTUNIDADE?

Reflita sobre as vantagens desta rara existência humana.

JAMGÖN KONGTRUL, *The Torch of Certainty*,
traduzido para o inglês por Judith Hanson.

É fácil pensar em aflições mentais como falhas de caráter. Entretanto, isso seria uma desvalorização de nós mesmos. Nossa capacidade de sentir emoções, de distinguir entre a dor e o prazer e de vivenciar intuições tem exercido e continua a exercer uma função de sobrevivência fundamental, permitindo que nos adaptemos quase instantaneamente a mudanças sutis no mundo que nos cerca e que formulemos essas adaptações de forma consciente, para que possamos nos lembrar delas quando quisermos e transmiti-las para as gerações posteriores.

Essa sensibilidade extraordinária reforça uma das lições mais básicas ensinadas pelo Buda, que foi pensar no quanto esta vida humana é preciosa, com todas as suas liberdades e oportunidades, em como é difícil obter esta vida e em como é fácil perdê-la.

Não importa se você acredita que a vida humana é um acidente cósmico, uma lição cármica ou o fruto do trabalho de um Criador divino. Se você parar e pensar na ampla variedade e número de criaturas que compartilham o planeta conosco, em comparação com a relativamente pequena porcentagem de seres humanos, chegará à conclusão de que as chances de nascer como um ser humano são extremamente raras. E, ao demonstrar a extraordinária complexidade e sensibilidade do cérebro humano, a ciência moderna nos lembra da sorte que tivemos ao nascermos humanos, com toda a capacidade tão humana de sentir e pressentir os sentimentos dos que vivem a nosso redor.

Do ponto de vista budista, a natureza automática das tendências emocionais humanas representa um desafio interessante. Não é necessário ter um microscópio para observar os hábitos psicológicos; a maioria das pessoas não precisa examinar além de seu último relacionamento. Elas começam pensando: "Desta vez será diferente." Algumas semanas, meses ou anos mais tarde, elas batem a mão na cabeça, pensando: "Ah, não! Este é exatamente o mesmo tipo de relacionamento no qual eu estava envolvido antes."

Ou você pode olhar para a sua vida profissional. Você começa em um novo emprego pensando: "Dessa vez não vou ficar trabalhando até mais tarde só para ser criticado por não fazer o suficiente." Contudo, depois três ou quatro meses no emprego, você começa a cancelar compromissos pessoais, liga para os amigos e diz: "Não vou conseguir chegar a tempo para o jantar esta noite. Tenho muito trabalho a fazer."

Apesar de suas melhores intenções, você se pega repetindo os mesmos padrões e, ao mesmo tempo, esperando um resultado diferente. Muitas das pessoas com as quais trabalhei ao longo dos anos me contaram sobre como sonhavam em terminar logo a semana para poder desfrutar do fim de semana. Mas, quando o fim de semana terminava, elas voltavam para o trabalho por mais uma semana, sonhando com o fim de semana seguinte. Ou elas me falavam de como haviam investido tempo e esforço para concluir um projeto, mas nunca se permitiram vivenciar qualquer sensação de realização porque logo tinham de começar a trabalhar na próxima tarefa de suas listas. Mesmo quando estão relaxando, elas dizem que permanecem preocupadas com algo que aconteceu na semana anterior, no mês anterior ou até no ano anterior, relembrando as cenas várias e várias vezes em suas cabeças, tentando entender o que poderiam ter feito para que o resultado fosse mais satisfatório.

Felizmente, quanto mais nos familiarizamos com o exame da nossa mente, mais perto chegamos de encontrar uma solução para qualquer problema que possa estar nos afligindo e mais facilmente reconhecemos que o que vivenciamos — apego, aversão, estresse, ansiedade, medo ou desejo — é simplesmente uma invenção da nossa mente.

As pessoas que investiram um esforço honesto em explorar sua riqueza interior naturalmente tendem a desenvolver algum tipo de fama, respeito e credibilidade, independentemente de suas circunstâncias externas. A forma como elas se comportam em todo tipo de situação inspira nos outros um profundo sentido de respeito, admiração e confiança. Seu sucesso no mundo nada tem a ver com a ambição pessoal ou uma necessidade de chamar a atenção. Ele não é consequência de ter um bom carro ou uma bela casa ou de ter um cargo importante. Em vez disso, o sucesso provém de um amplo e relaxado estado de bem-estar, que lhes permite enxergar as pessoas e as situações de modo mais claro, e também manter um senso básico de felicidade, independentemente de suas circunstâncias pessoais.

Na verdade, muitas vezes ouvimos falar de pessoas ricas, famosas e influentes que um dia são forçadas a reconhecer que suas realizações não lhes proporcionaram a felicidade esperada. Apesar de toda sua fortuna e poder, elas flutuam em um oceano de dor, que, algumas vezes, é tão profundo que o suicídio parece ser a única escapatória. Essa dor intensa resulta da crença de que os objetos ou as situações têm o poder de criar uma felicidade duradoura.

Se realmente você quiser descobrir uma sensação duradoura de paz e contentamento, precisa aprender a repousar sua mente. Só pelo repouso da mente, suas qualidades inatas podem ser reveladas. A forma mais simples de limpar a água obscurecida pela lama e outros sedimentos é permitir que a água se acalme. Da mesma forma, se você permitir que a mente repouse, a ignorância, o apego, a aversão e outras aflições mentais gradativamente se estabilizarão e a compaixão, a clareza e a expansão infinita da natureza real de sua mente se revelarão.

PARTE II: O CAMINHO

Uma mente disciplinada é um convite à verdadeira alegria.

The Dhammapada, traduzido para o inglês por Eknath Easwaran.

9. ENCONTRANDO SEU EQUILÍBRIO

Repouse sem se fixar.
GÖTSANGPA, *Radiant Jewel Lamp*, traduzido
para o inglês por Elizabeth M. Callahan.

Neste ponto, deixaremos para trás o domínio da ciência e da teoria por um momento e começaremos a discutir a aplicação prática, que, em termos budistas, é chamada de o Caminho. E gostaria de começar com uma história que ouvi há muito tempo sobre um homem que foi nadador profissional na juventude e que, na idade avançada, partiu em busca de um desafio que fosse tão envolvente quanto a natação em sua juventude. Decidiu tornar-se monge, achando que, da mesma forma como dominara as ondas do oceano, dominaria as ondas de sua mente. Ele encontrou um professor que respeitava, fez os votos e começou a praticar as lições que o mestre lhe dava. Como ocorre com muita frequência, a meditação não era fácil para e ele foi buscar o aconselhamento de seu professor.

Para observar a prática do aluno, o professor pediu que ele se sentasse e meditasse. Depois de observar por algum tempo, o professor viu que o velho nadador estava se esforçando. Ele disse para o homem relaxar. Mas o nadador achava que até essa simples instrução era difícil de seguir. Quando tentava relaxar, sua mente perdia o foco e seu corpo arriava. Quando tentava se concentrar, sua mente e seu corpo ficavam tensos. Finalmente, o professor perguntou: "Você sabe nadar, certo?"

"É claro", o homem retrucou. "Melhor do que qualquer pessoa."

"A habilidade de nadar vem de manter seus músculos completamente tensos", o professor indagou, "ou completamente relaxados?".

"Nenhum dos dois", o velho nadador respondeu. "Você precisa encontrar equilíbrio entre a tensão e o relaxamento."

"Bom", o professor continuou. "Agora, deixe-me perguntar, quando você está nadando, se seus músculos estiverem tensos demais, é você que está criando a tensão em seus membros ou é alguma outra pessoa que o obriga a ficar tenso?"

O homem pensou um pouco antes de responder. Finalmente, ele disse: "Ninguém além de mim está me forçando a retesar meus músculos."

O professor esperou um momento para que o velho nadador absorvesse a própria resposta. Então, ele explicou: "Se você perceber que sua mente está ficando tensa demais na meditação, é você mesmo quem está criando a tensão. Mas, se você se livrar de toda a tensão, sua mente fica solta demais e você fica sonolento. Como nadador, você descobriu o equilíbrio muscular adequado entre a tensão e o relaxamento."

"Na meditação, você precisa encontrar o mesmo equilíbrio em sua mente. Se não encontrar esse equilíbrio, você nunca será capaz de perceber a harmonia perfeita em sua própria natureza. Uma vez que descobrir a harmonia perfeita em sua própria natureza, você será capaz de nadar em qualquer aspecto da sua vida, da mesma forma que nada na água."

Em termos muito simples, a abordagem mais efetiva à meditação é tentar o máximo sem se concentrar demais nos resultados.

SABEDORIA E MÉTODO

Quando a mente não está alterada, ela é clara.
Quando a água não está agitada, ela é transparente.

9º GYALWANG KARMAPA, *Mahāmudrā: The Ocean of Definitive Meaning*,
traduzido para o inglês por Elizabeth M. Callahan.

As instruções específicas que o professor deu ao velho nadador eram, na verdade, parte de uma lição mais ampla de encontrar o equilíbrio entre a sabedoria, ou o entendimento filosófico, e o método, a aplicação prática da filosofia. A sabedoria não faz sentido sem um meio prático de aplicá-la. E é aqui que o método entra: utilizar a mente para reconhecer a mente. De fato, esta é uma boa definição de meditação. A meditação não é uma questão de "entrar em êxtase", "ficar fora de órbita" ou "livrar-se de alguma coisa" — dentre as várias expressões que ouvi de pessoas em minhas viagens ao redor do mundo. A meditação, na verdade, é uma prática muito simples de repousar no estado natural da sua mente presente e permitir-se estar simples e claramente presente a quaisquer pensamentos, sensações ou emoções que ocorrerem.

Muitas pessoas resistem à ideia da meditação porque a primeira imagem que lhes vem à mente envolve horas e horas sentadas com as costas eretas, pernas cruzadas e uma mente absolutamente vazia. Nada disso é necessário.

Antes de mais nada, sentar-se com as pernas cruzadas e a coluna ereta requer certa prática — especialmente no Ocidente, onde é comum sentar-se de qualquer jeito na frente de um computador ou da televisão. Segundo, é impossível impedir que sua mente gere pensamentos, sentimentos e sensações. Pensar é a função natural da mente, da mesma maneira que a função natural do sol é produzir luz e calor ou a de uma tempestade é produzir raios e chuva. Quando comecei a aprender sobre a meditação, ensinaram-me que tentar conter o funcionamento natural da minha mente era, na melhor das hipóteses, uma solução temporária.

Na pior das hipóteses, se deliberadamente tentasse mudar minha mente, na verdade eu só estaria reforçando minha própria tendência de me fixar em pensamentos e sentimentos como se fossem inerentemente reais.

A mente está sempre ativa, sempre gerando pensamentos, da mesma forma que um oceano constantemente gera ondas. Não podemos parar nossos pensamentos, da mesma forma que não podemos parar as ondas do oceano. Repousar a mente em seu estado natural é muito diferente de tentar parar os pensamentos. A meditação budista não implica, de maneira alguma, fazer com que a mente fique vazia. Não há como atingir uma meditação sem pensamentos. Mesmo se você conseguisse parar seus pensamentos, não estaria meditando, somente estaria à deriva em um estado parecido com o de um zumbi.

Por outro lado, você pode perceber que, assim que olha para um pensamento, uma emoção ou uma sensação, ele desaparece como um peixe subitamente nadando para águas mais profundas. Isso também é bom. Na verdade, é ótimo. À medida que você mantém esse senso de atenção ou consciência pura, mesmo quando pensamentos, sentimentos e assim por diante o iludem, você está vivenciando a clareza e a vacuidade da verdadeira natureza de sua mente. A verdadeira questão da meditação é repousar na consciência pura, independentemente de algo ocorrer ou não. Não importa o que surgir para você, limite-se a ficar aberto e presente e deixe que se vá. E, se nada ocorrer, ou se os pensamentos sumirem antes de você notá-los, repouse nessa clareza natural.

Como o processo da meditação poderia ser mais simples do que isso?

Outro ponto a levar em consideração é que, apesar de nos apegarmos a ideias de que algumas experiências são melhores, mais adequadas ou mais produtivas do que outras, na verdade, não há pensamentos *bons* ou pensamentos *ruins*. Existem apenas pensamentos. Assim que um grupo de neurônios fofoqueiros começa a produzir sinais que traduzimos como pensamentos ou sentimentos, outro grupo começa a comentar: "Ah, *aquele* foi um pensamento vingativo. Que pessoa *ruim* você é" ou "Você está com tanto *medo*, você deve *mesmo* ser incompetente". A meditação é mais um processo de consciência sem julgamentos. Quando meditamos, adotamos a perspectiva objetiva de um cientista em relação à nossa própria experiência subjetiva. Isso pode não ser fácil no início. A maioria de nós é treinada na crença de que, se pensar que algo é bom, isso é bom e, se pensar que algo é ruim, isso *é* ruim. Mas, enquanto praticamos observar nossos pensamentos irem e virem, essas distinções rígidas começam a se desfazer. O senso comum nos diz que tantos eventos mentais surgindo e desaparecendo no espaço de um minuto não podem *todos* ser verdadeiros.

Se continuarmos a nos permitir conscientizar da atividade da nossa mente, gradualmente acabaremos por reconhecer a natureza transparente dos pensamentos, emoções, sensações e percepções que no passado consideramos sólidos e reais. É como se camadas de poeira e sujeira aos poucos fossem removidas da superfície de um espelho. À medida que nos acostumamos a olhar para a superfície límpida da nossa mente, podemos ver através de toda a fofoca sobre quem e o que pensamos que somos e reconhecemos a essência iluminada da nossa verdadeira natureza.

POSTURA FÍSICA

> *Grande sabedoria reside no corpo.*
>
> The Hevajra Tantra, traduzido para o inglês por Elizabeth M. Callahan.

O Buda ensinou que o corpo é o suporte físico da mente. A relação entre ambos é como a relação entre um copo e a água que ele contém. Se você colocar um copo na borda de uma mesa ou sobre uma superfície que não seja plana, a água vai mudar de posição ou possivelmente vai entornar para fora do copo. Mas, se você colocar o copo em uma superfície plana e estável, a água nele contida permanecerá perfeitamente estável.

Do mesmo modo, a melhor forma de permitir que a mente repouse é gerando uma postura física estável. Em sua sabedoria, o Buda forneceu instruções para alinhar o corpo de uma forma equilibrada que permite que a mente permaneça *relaxada e alerta* ao mesmo tempo. Ao longo dos anos, esse alinhamento físico tornou-se conhecido como a postura dos sete pontos de Vairochana, um aspecto do Buda que representa a forma iluminada.

O primeiro ponto da postura é criar uma base estável para o corpo, o que significa, se possível, cruzar as pernas de modo que cada pé repouse na coxa da outra perna. Se não conseguir fazer isso, você pode cruzar um pé sobre a coxa oposta, repousando o outro sob a coxa oposta. Se não se sentir confortável em nenhuma dessas posições, você pode também se sentar confortavelmente em uma cadeira, com seus pés repousando de forma equilibrada no chão. O objetivo é criar uma base física que seja ao mesmo tempo confortável e estável. Se sentir muita dor nas pernas, você não poderá repousar sua mente porque ficará preocupado demais com a dor. É por isso que existem tantas opções disponíveis em relação a esse primeiro ponto.

O segundo ponto é repousar suas mãos no colo logo abaixo do umbigo, com as costas de uma das mãos repousando na palma da outra. Não importa qual mão esteja colocada sobre a outra e você pode trocar de posição a qualquer momento durante a prática — se, por exemplo, a palma coberta ficar quente depois de um tempo. Também é possível repousar as mãos com as palmas para baixo sobre os joelhos.

O terceiro ponto é permitir um pouco de espaço entre os braços e o torso. Os textos budistas clássicos se referem a isso como "manter seus braços como um abutre", posição que pode facilmente ser confundida com alongar suas escápulas (omoplatas), como se você fosse algum tipo de ave predatória.

Um dia, quando ensinava em Paris, eu estava andando por um parque quando vi um homem sentado de pernas cruzadas no chão, batendo os ombros repetidamente como se fossem asas, para frente e para trás. Quando passei por ele, ele me reconheceu como um monge (as túnicas vermelhas são inconfundíveis) e me perguntou: "Você medita?"

"Sim", assenti.

"Você tem algum problema com a meditação?", ele perguntou.

"Não muito", eu disse.

Nós ficamos por um momento sorrindo um para o outro - afinal, era um belo dia de sol em Paris — e, então, ele disse: "Gosto muito da meditação, mas há uma instrução que me deixa louco."

Naturalmente, perguntei qual era o problema.

"A posição dos braços", ele respondeu, um pouco envergonhado.

"É mesmo?", retruquei. "Como você aprendeu a meditar?"

"Em um livro", ele respondeu.

Eu perguntei o que o livro dizia sobre a posição dos braços.

"Dizia que você deve manter seus braços como as asas de um abutre", ele disse e começou a bater seus ombros para trás e para frente, tal como o vira fazer quando me aproximei. Depois de observá-lo bater os braços por alguns segundos, pedi para ele parar.

"Deixe-me dizer uma coisa", eu disse. "O sentido real dessa instrução é manter um pouco de espaço entre os braços e o tronco, só o suficiente para se certificar de que seu peito esteja aberto e relaxado, de modo que você possa respirar bem e livremente. Os abutres em repouso sempre mantêm um pouco de espaço entre as asas e os corpos. É isso que a instrução significa. Não há necessidade de bater seus braços. Afinal, você só está tentando meditar. Você não está tentando voar."

A essência desse ponto da postura física é encontrar equilíbrio entre seus ombros, de modo que um não fique abaixo do outro, ao mesmo tempo em que mantém seu peito aberto para permitir algum "espaço" para respirar. Algumas pessoas têm braços muito longos ou torsos muito largos — especialmente se tiverem passado muito tempo se exercitando em uma academia. Se você por acaso se incluir nessa categoria, não se force a manter artificialmente um pouco de espaço entre os braços e o tronco. Permita que seus braços repousem naturalmente, de modo que não comprimam o peito.

O quarto ponto da postura física é manter sua coluna o mais ereta possível — como dizem os textos clássicos, "como uma flecha". Mas também aqui é importante encontrar o equilíbrio. Se você tentar se sentar ereto *demais*, acabará se inclinando para trás, com todo o corpo tremendo de tensão. Já vi isso acontecer muitas vezes com alunos que estavam preocupados demais em fazer com que suas colunas ficassem absolutamente eretas. Por outro lado, se você se permitir ficar relaxado demais, quase certamente acabará comprimindo os pulmões, o que dificultará a respiração e pressionará vários órgãos internos, o que pode ser uma fonte de desconforto físico.

O quinto ponto envolve deixar o peso da cabeça repousar igualmente sobre o pescoço, de modo que não comprima a traqueia ou que a cabeça não fique para trás comprimindo a vértebra cervical, os sete ossinhos na parte superior de sua coluna, o que é vital para transmitir os sinais neuronais das partes inferiores de seu corpo para o cérebro. Quando encontrar a posição que lhe é adequada, provavelmente notará que seu queixo está pendendo um pouco mais na direção do pescoço do que o normal. Se já ficou sentado na frente do computador por horas com a cabeça levemente inclinada para trás, você imediatamente entenderá como se sentirá mais confortável ao fazer esse simples ajuste.

O sexto ponto refere-se à boca, que deve repousar naturalmente, de modo que seus dentes e lábios fiquem levemente separados. Se possível, você pode permitir que a ponta da língua toque gentilmente o céu da boca, logo atrás dos dentes. Não force a língua a tocar o céu da boca; apenas permita que ela gentilmente repouse lá. Se sua língua for curta demais para alcançar o palato sem esforço, não se preocupe. O mais importante é permitir que a língua repouse naturalmente.

O último ponto da postura de meditação envolve os olhos. A maioria das pessoas que são iniciantes na meditação sente-se mais confortável se mantiver os olhos fechados. Elas consideram que é mais fácil dessa forma permitir que a mente repouse e assim vivenciar um senso de paz e tranquilidade. Não há problemas com isso no começo. Uma das coisas que aprendi, entretanto, é que manter os olhos fechados facilita o apego a um senso artificial de tranquilidade. Assim, mais cedo ou mais tarde, depois de alguns dias de prática, é melhor manter seus olhos abertos ao meditar, de modo que possa ficar alerta, desperto e vigilante. Isso não significa olhar diretamente para frente sem piscar, mas apenas manter os olhos abertos como normalmente ficam ao longo do dia.

Na verdade, a postura dos sete pontos de Vairochana é um conjunto de orientações. A meditação é uma prática pessoal e cada pessoa é diferente da outra. O mais importante é encontrar *para si mesmo* o equilíbrio apropriado entre a tensão e o relaxamento.

Há também uma postura de meditação breve, de dois pontos, que pode ser adotada em situações nas quais pode ser inconveniente ou impossível adotar totalmente a postura mais formal de sete pontos. As instruções são muito simples: apenas mantenha sua coluna ereta e repouse o corpo da forma mais solta e relaxada possível. A postura de meditação de dois pontos é muito útil ao longo do dia, enquanto você conduz as atividades diárias, como dirigir, andar pela rua, fazer compras ou cozinhar. Essa postura de dois pontos, por si só, quase automaticamente produz um senso de consciência relaxada e a melhor parte é que, quando assume essa postura, ninguém vai notar que você está meditando!

POSTURA MENTAL

> *Se a própria mente que está enrodilhada em nós*
> *for afrouxada, ela, sem dúvida, será libertada.*
>
> SARAHA, *Doha for the People*, traduzido para
> o inglês por Elizabeth M. Callahan.

Os mesmos princípios por trás de encontrar uma postura física relaxada e alerta se aplicam a sua mente. Quando sua mente estiver naturalmente equilibrada entre o relaxamento e a atenção, suas qualidades inatas emergem de modo espontâneo. Essa foi uma das coisas que aprendi durante aqueles três dias que passei sentado sozinho em meu quarto no retiro, determinado a observar minha mente. Enquanto estava lá sentado, fiquei me lembrando de como meus professores tinham me dito que, quando a água fica parada, a lama, o lodo e outros sedimentos gradualmente se separam e repousam no fundo, dando-lhe uma chance de ver a água e tudo o que passar por ela de modo muito claro. Da mesma forma, se você permanecer em um estado de relaxamento mental, o "sedimento mental" de pensamentos, emoções, sensações e percepções naturalmente se acalma e a clareza inerente da mente é revelada.

Como no caso da postura física, o ponto essencial da postura mental é encontrar um equilíbrio. Se sua mente estiver tensa ou concentrada demais, você acabará ficando ansioso em ser um *bom* meditador. Se sua mente estiver solta demais, você acaba levado pelas distrações ou caindo em uma espécie de embotamento. O melhor é achar um caminho intermediário entre a grande tensão motivada pela perfeição e um tipo de desencanto como "Ah, não, preciso sentar e meditar". A abordagem ideal é entregar-se à liberdade de se lembrar que não importa se sua prática é boa ou ruim. O importante é a intenção de meditar. Só isso já é o suficiente.

10. SIMPLESMENTE REPOUSAR: O PRIMEIRO PASSO

Observe naturalmente a essência do que ocorrer.

KARMA CHAGMEY RINPOCHE,
The Union of Mahāmudrā and Dzogchen,
traduzido para o inglês por Erik Pema Kunsang.

O Buda reconhecia que não existem duas pessoas exatamente iguais, que todos nós nascemos com uma combinação única de habilidades, qualidades e temperamentos. Como uma demonstração de sua grande visão e compaixão, ele foi capaz de desenvolver uma enorme variedade de métodos por meio dos quais todas as pessoas podem chegar à experiência direta de sua verdadeira natureza e libertar-se totalmente do sofrimento.

A maioria dos ensinamentos do Buda foi elaborada espontaneamente de acordo com as necessidades das pessoas que estavam perto dele em um dado momento. A habilidade de reagir espontaneamente na forma correta é uma das marcas de um mestre iluminado — o que funciona muito bem enquanto o mestre iluminado estiver vivo. Depois que o Buda morreu, entretanto, seus primeiros alunos tiveram de descobrir um meio de organizar esses ensinamentos espontâneos, de forma que pudessem ser utilizados pelas gerações seguintes. Felizmente, os primeiros seguidores do Buda eram muito bons em criar classificações e categorias e conseguiram encontrar uma maneira de organizar as várias práticas de meditação que o Buda ensinou em duas categorias básicas: métodos analíticos e métodos não analíticos.

Os métodos não analíticos costumam ser ensinados primeiro por fornecerem os meios para acalmar a mente. Quando a mente está calma, é muito mais fácil conscientizar-se dos vários pensamentos, sentimentos e sensações sem se prender a eles. As práticas analíticas envolvem olhar diretamente para a mente em meio à experiência, e são normalmente ensinadas depois que a pessoa adquire prática em aprender a repousar a mente simplesmente como ela é. Além disso, como a experiência de observar diretamente a mente pode provocar muitas questões, as práticas analíticas são mais bem conduzidas sob a supervisão de um professor que tenha sabedoria e experiência para compreender essas questões e fornecer respostas que sejam unicamente adequadas a cada aluno. Por esse motivo, aqui, as práticas de meditação nas quais desejo me concentrar são as relacionadas ao ato de repousar e acalmar a mente.

Em sânscrito, a abordagem não analítica é conhecida como *shamata*. Em tibetano, ela é chamada de *shinay*, uma palavra composta de duas sílabas: *shi*, que significa "paz" ou "tranquilidade", e *nay*, que significa "residir" ou "permanecer". Assim, essa abordagem é conhecida como calma permanência — apenas permitindo que a mente repouse calmamente tal como ela é. Trata-se de um tipo básico de prática por meio do qual repousamos naturalmente a mente em um estado de consciência relaxada para permitir que a natureza da mente se revele.

MEDITAÇÃO SEM OBJETO

Corte a raiz da sua própria mente: repouse na consciência nua.

TILOPA, *Ganges Mahāmudrā*, traduzido para
o inglês por Elizabeth M. Callahan.

Na primeira vez em que meu pai me ensinou sobre repousar naturalmente a mente, "na consciência nua", eu não fazia ideia do que ele estava falando. Como eu poderia "repousar" minha mente sem algo sobre o qual repousar?

Felizmente, meu pai já viajara um pouco ao redor do mundo, já conhecera algumas pessoas e conversara com elas sobre suas vidas, seus problemas e sucessos. Essa é uma das grandes vantagens de vestir as túnicas budistas. As pessoas tendem a pensar que você é sábio ou importante e ficam mais dispostas a se abrir e lhe contar detalhes sobre suas vidas.

O exemplo que meu pai usava sobre repousar a mente veio de algo que ele ouviu do recepcionista de um hotel, que sempre ficava feliz em terminar seu dia de trabalho, o qual consistia em ficar atrás de um balcão por oito horas, registrando a entrada e a saída das pessoas, ouvindo suas reclamações sobre os quartos e suas intermináveis contestações sobre as despesas em suas contas. Ao final do turno, o recepcionista estava tão exausto que tudo o que queria era chegar em casa e tomar um longo banho quente. E, depois do banho, ele ia para o quarto, deitava-se na cama, soltava um suspiro profundo e relaxava. As próximas horas eram só dele: sem precisar ficar de pé vestindo um uniforme, sem ouvir reclamações e sem olhar para o computador para confirmar reservas e checar a disponibilidade dos quartos.

É isso que significa repousar a mente em uma meditação *shinay* sem objeto: como se você tivesse acabado de terminar um longo dia de trabalho. Simplesmente deixe tudo ir e relaxe. Você não precisa bloquear os pensamentos, as emoções ou as sensações que surgirem, mas também não precisa segui-los. Somente repouse no presente aberto, limitando-se a permitir que o que tiver de acontecer aconteça. Se os pensamentos ou as emoções surgirem, permita-se tomar consciência deles. A meditação *shinay* sem objeto não significa deixar que sua mente vagueie sem objetivo por fantasias, memórias ou divagações. Ainda há uma presença da mente que pode ser livremente descrita como um centro de consciência. Você pode não estar se fixando em algo específico, mas ainda está consciente, ainda presente para o que acontece aqui e agora.

Quando meditamos nesse estado sem objeto, estamos, na verdade, repousando a mente em sua clareza natural, inteiramente indiferentes à passagem dos pensamentos e das emoções. Essa clareza natural — que está além de qualquer compreensão dualista de sujeito e objeto — está sempre presente para nós da mesma forma que o espaço está sempre presente. Em certo sentido, a meditação sem objeto implica aceitar quaisquer nuvens e neblina que podem obscurecer o céu e, ao mesmo tempo, reconhecer que o céu em si permanece inalterado mesmo quando é obscurecido. Se você já viajou de avião, provavelmente já notou que, acima das nuvens, neblina ou chuva, o céu está sempre aberto e claro. Isso parece muito comum. Da mesma forma, a natureza búdica está sempre aberta e clara mesmo quando os pensamentos e as emoções a obscurecem. Apesar de poder parecer muito comum, todas as qualidades de clareza, vacuidade e compaixão estão contidas nesse estado.

A prática *shinay* sem objeto é a abordagem mais básica para repousar a mente. Você não precisa observar seus pensamentos ou emoções — práticas que discutirei mais adiante — e não precisa tentar bloqueá-los. Tudo o que você precisa fazer é repousar na consciência de sua mente desempenhando suas funções com um tipo de inocência infantil, um senso de empolgação: "Uau! Veja quantos pensamentos, sensações e emoções estão passando pela minha consciência neste exato momento!"

Em certo sentido, a prática *shinay* sem objeto é similar a olhar para a grande extensão do espaço, em vez de se concentrar nas galáxias, estrelas e planetas que se movem nele. Os pensamentos, as emoções e as sensações vêm e vão na consciência, da mesma forma que galáxias, estrelas e planetas se movimentam pelo espaço. Da mesma forma como o espaço não é definido pelos objetos que se movem nele, a consciência não é definida ou limitada pelos pensamentos, emoções, percepções e assim por diante, que ela apreende. A consciência simplesmente *é*. E a prática *shinay* sem objeto envolve repousar na "qualidade de ser" (literalmente, *é-dade*) da consciência. Algumas pessoas consideram a prática muito fácil; outras a consideram muito difícil. Trata-se mais de uma questão de temperamento individual do que de competência ou habilidade.

As instruções são simples. Se você estiver praticando formalmente, é melhor manter a postura dos sete pontos da melhor forma possível. Se não puder manter uma postura formal — se estiver dirigindo, por exemplo, ou andando pela rua —, então mantenha a coluna ereta e o resto do corpo relaxado e equilibrado. Em seguida, permita que sua mente relaxe em um estado de consciência pura do presente.

Inevitavelmente, todos os tipos de pensamentos, sensações e sentimentos passarão pela sua mente. É o que se espera, já que você não tem treino em repousar a mente. É como dar início a um programa de treinamento com pesos em uma academia de ginástica. No começo, você consegue levantar apenas algumas centenas de gramas em algumas poucas repetições antes de seus músculos se cansarem. Mas, se continuar a se exercitar, gradualmente você perceberá que consegue levantar mais peso e fazer mais séries.

Da mesma forma, aprender a meditar é um processo gradual. No começo, você pode ser capaz de permanecer parado somente por alguns segundos de uma vez antes que pensamentos, emoções e sensações comecem a borbulhar na superfície. A instrução básica é não seguir esses pensamentos e emoções, mas apenas se conscientizar de tudo o que se passa em sua consciência, como ela é. Não importa o que passar pela sua mente, não se concentre nisso e não tente suprimir nada. Limite-se a observar à medida que vem e vai.

Quando começa a seguir um pensamento, você perde o contato com o que está ocorrendo aqui e agora, e começa a imaginar todo tipo de fantasias, julgamentos, memórias e outros cenários que não têm nada a ver com a realidade do momento presente. E, quanto mais você se permite ser pego por esse tipo de divagação mental, mais fácil se torna afastar-se da abertura do presente momento.

O propósito da meditação *shinay* é lenta e gradualmente romper esse hábito e permanecer em um estado de consciência presente — aberto a todas as possibilidades do momento presente. Não se critique ou se condene quando se pegar seguindo os pensamentos. O fato de você se ter apanhado revivendo um evento passado ou projetando-se no futuro é suficiente para trazê-lo de volta ao momento presente e fortalecer sua intenção de meditar. Sua *intenção* de *meditar*, enquanto estiver envolvido na prática, é um fator crucial.

Também é importante prosseguir lentamente. Meu pai tomava muito cuidado ao dizer a seus novos alunos, incluindo a mim, que a abordagem mais efetiva no começo é repousar a mente por períodos muito curtos várias vezes ao dia. De outra forma, ele dizia, você corre o risco de se entediar ou se desapontar com seu progresso e acabar desistindo de tentar. "De gota em gota", os textos antigos dizem, "um copo se enche".

Assim, quando começar, não imponha a si mesmo uma meta ambiciosa de se sentar para meditar por vinte minutos. Em vez disso, tente praticar um minuto ou até meio minuto — utilizando aqueles poucos segundos nos quais você se encontra disposto, ou até desejando fazer uma pausa na agitação do dia a dia — para observar sua mente, em vez de se perder em divagações. Praticando dessa forma, "uma gota por vez", você se verá gradualmente se libertando das limitações mentais e emocionais que são a fonte de fadiga, decepção, raiva e desespero, e descobrirá dentro de si uma fonte ilimitada de clareza, sabedoria, diligência, paz e compaixão.

11. PRÓXIMOS PASSOS: REPOUSANDO NOS OBJETOS

Repouse a mente direcionando a atenção concentrada para um objeto específico.

9º GYALWANG KARMAPA, *Mahāmudrā:
The Ocean of Definitive Meaning*, traduzido para
o inglês por Elizabeth M. Callahan.

Quando comecei a meditar formalmente, descobri que a meditação sem objeto era difícil demais por ser fácil demais. É a simples consciência de que a essência da mente natural está perto demais para ser reconhecida. Ela está lá quando acordamos de manhã, em qualquer lugar que vamos durante o dia, quando comemos e quando nos aprontamos para dormir. É simplesmente consciência. Nada mais do que isso. Mas, como está conosco o tempo todo, não lhe damos o devido valor. E, da mesma forma, é fácil ficar preso em todos os pensamentos, sentimentos e sensações que são os produtos naturais da mente em seu estado natural.

Se você está enfrentando esse problema, você não está sozinho.

Felizmente, meu pai e outros professores conheciam muito bem o problema de repousar a mente diretamente e souberam ensinar outras técnicas, mais graduais. Os métodos mais simples envolviam a utilização direta dos sentidos como meio de acalmar e relaxar a mente.

AS PORTAS DA PERCEPÇÃO

Todo esse mundo é o mundo da mente, o produto da mente.

CHÖGYAM TRUNGPA, *The Heart of the Buddha*.

Como os cientistas, os budistas reconhecem os cinco sentidos: visão, audição, olfato, paladar e tato. Em termos budistas, os cinco sentidos são conhecidos como as portas da percepção, uma imagem baseada nas aberturas de uma casa. A maior parte de nossos sentimentos e percepções entra na nossa experiência por uma ou mais dessas cinco portas. Mas, como esses cinco sentidos — ou consciências dos sentidos, como a maioria dos textos budistas se refere a eles — só podem registrar percepções sensoriais, a ciência budista acrescenta uma sexta consciência dos sentidos, a consciência mental. Não há nada de misterioso ou oculto nessa sexta consciência. Ela não tem nada a ver com uma percepção extrassensorial ou com a capacidade de conversar com espíritos. Ela é a capacidade da mente de conhecer e discernir o que vemos, cheiramos, ouvimos, saboreamos ou tocamos.

A metáfora tradicional para as seis consciências é uma casa com cinco aberturas, uma abertura em cada uma das quatro direções e outra no teto. Essas cinco aberturas representam as cinco consciências dos sentidos. Agora, imagine que alguém solte um macaco nessa casa. O macaco representa a consciência mental. Vendo-se de repente solto em uma grande casa, o macaco naturalmente enlouqueceria, pulando de abertura em abertura para explorar, procurando algo novo, algo diferente, algo interessante. Dependendo do que encontrasse, esse macaco maluco decidiria se um objeto percebido é agradável ou doloroso, bom ou ruim, ou, em alguns casos, entediante. Qualquer pessoa que passasse pela casa e visse um macaco em cada uma das aberturas poderia pensar que há cinco macacos soltos na casa. Entretanto, na verdade, há somente um: a consciência mental inquieta e não treinada.

Mas, como qualquer outro ser senciente, tudo o que um macaco louco realmente quer é ser feliz e evitar a dor. Assim, é possível ensinar ao macaco louco da sua própria mente a se acalmar, deliberadamente concentrando sua atenção em um ou outro sentido.

MEDITAÇÃO COM UM OBJETO

Para neutralizar nossa tendência de fabricar constantemente, os budas nos ensinaram a contar com um suporte. Ao nos acostumar com esse suporte, nossa atenção se estabiliza.

TULKU URGYEN RINPOCHE, *As It Is*, Volume I,
traduzido para o inglês por Erik Pema Kunsang.

No decorrer das experiências do dia a dia, as informações que recebemos dos nossos sentidos constituem, quase inevitavelmente, uma fonte de distração, já que a mente tende a se fixar nas informações sensoriais. Ao mesmo tempo, na condição de seres corporizados, seria inevitável vivenciarmos um senso de futilidade se tentássemos nos livrar por completo dos nossos sentidos ou bloquear as informações que recebemos deles. A abordagem mais prática é fazer amizade com nossos sentidos e utilizar as informações que recebemos por meio dos órgãos sensoriais como uma maneira de acalmar a mente. Os textos budistas se referem a esse processo como "auto-antídoto", usando a própria fonte da distração como um meio de atingir a liberdade da distração. A metáfora deriva da prática comum, em épocas remotas, de utilizar o mesmo material para trabalhar com uma determinada substância. Se você quisesse cortar vidro, por exemplo, precisaria usar vidro; se quisesse cortar ferro, precisaria usar uma ferramenta feita de ferro. Da mesma forma, você pode usar seus sentidos para resolver as distrações dos sentidos.

Na prática de meditação com objeto, utilizamos nossos sentidos como um meio de estabilizar a mente. Podemos usar a faculdade da visão para meditar sobre a forma e a cor; a faculdade da audição, para meditar sobre o som; a faculdade do olfato, para meditar sobre odores; a faculdade do paladar, para meditar sobre sabores; e a faculdade do tato, para meditar sobre sensações físicas. Em vez de distrações, as informações que recebemos pelos nossos sentidos podem se tornar grandes aliados em nossa prática.

Uma vez que aprendi a observar minhas percepções de um modo calmo e meditativo, a prática ficou muito mais fácil. Eu me vi muito menos emocionalmente envolvido no que percebia. Em vez de pensar: "Ah, esse cara está gritando comigo", eu era capaz de pensar: "Humm, a voz desse cara está bem alta, seu tom de voz está um pouco incisivo e os sons que ele está produzindo provavelmente têm por objetivo insultar ou magoar."

Em outras palavras, apenas aprendendo como repousar minha atenção sem esforço nas informações sensoriais que estava recebendo, e me desligando do conteúdo emocional ou intelectual normalmente associado aos sons que ele estava produzindo, *ele não podia me magoar*. E, ao ser capaz de escutá-lo sem defesas, me vi aberto o suficiente para reagir de um modo que desarmava sua raiva aparente sem diminuir minha própria integridade.

Meditando sobre as sensações físicas

Uma das maneiras mais fáceis de começar uma prática *shinay* com base em objeto consiste em, gentilmente, repousar sua atenção nas sensações físicas simples. Limite-se a concentrar sua atenção em uma região específica — por exemplo, a testa.

Comece fazendo com que sua coluna fique ereta e relaxe seu corpo. Se estiver praticando formalmente, você pode manter a postura dos sete pontos, descrita anteriormente. Se estiver em algum lugar onde não seja conveniente manter a postura formal, apenas mantenha a coluna ereta e permita que seu corpo relaxe confortavelmente. Não importa se você mantém seus olhos abertos ou fechados enquanto pratica. Na verdade, algumas pessoas acham mais útil manter os olhos fechados. (É claro que, se você estiver dirigindo ou andando pela rua, sugiro que mantenha os olhos abertos!)

Deixe sua mente repousar por alguns momentos, como ela é...

Agora, conduza sua consciência lentamente para a testa...

Você pode sentir um tipo de formigamento ou talvez tenha uma sensação de calor. Pode até sentir alguma coceira ou pressão. Não importa o que sentir, permita conscientizar-se disso por um ou dois minutos...

Limite-se a observar...

Apenas repouse gentilmente sua atenção na sensação...

Então, relaxe a atenção e deixe sua mente repousar tal como é. Se estava com os olhos fechados, pode abri-los.

Como foi?

Depois de ter passado algum tempo repousando sua consciência nas sensações de uma parte do corpo, você pode estender a técnica conduzindo gentilmente a atenção por todo o seu corpo. Algumas vezes, refiro-me a essa abordagem estendida para as sensações físicas como "prática de escaneamento", porque ela me lembra uma daquelas máquinas que podem escanear o corpo inteiro. Mais uma vez, se estiver praticando formalmente, comece adotando a postura dos sete pontos. Se estiver praticando informalmente, deixe sua coluna ereta e permita que seu corpo relaxe confortável e naturalmente. Em qualquer caso, você pode manter seus olhos abertos ou fechados, o que for mais confortável para você.

Comece permitindo que sua mente repouse no *shinay* sem objeto por alguns momentos. Então, gentilmente conduza sua consciência para quaisquer sensações na área da testa. Permita que sua mente observe essas sensações, que seja meramente consciente, nada mais. Aos poucos, abaixe seu foco, observando quaisquer sensações que estiverem ocorrendo no rosto, pescoço, nos ombros, braços e assim por diante. Apenas observe... Não há necessidade de bloquear nada em sua mente ou mudar o que você estiver observando. Mantenha a mente e o corpo relaxados e tranquilos enquanto reconhece as sensações à medida que surgirem. Depois de alguns minutos, permita que sua mente repouse. Então, volte a observar suas sensações, alternando entre a observação e o repouso da mente pelo tempo que durar sua sessão de prática.

A maioria das sensações envolve algum tipo de base física. Nossos corpos entram em contato com alguma coisa: a cadeira na qual estamos sentados, o chão, uma caneta, nossas roupas, um animal ou uma pessoa. E esse contato produz uma sensação física distinta. Em termos budistas, os tipos de sensações que resultam do contato físico direto são chamados de "sensações físicas grosseiras". Mas, à medida que ficamos mais profundamente atentos ao que sentimos, começamos a reconhecer sentimentos que não são necessariamente relacionados ao contato tátil, sentimentos que são chamados de "sensações físicas sutis".

Quando comecei a praticar esse tipo de técnica *shinay*, descobri que, quando tentava evitar uma determinada sensação, ela aumentava. Mas, quando aprendi a observá-la, qualquer desconforto que sentia se tornava mais tolerável. Por ser uma criança curiosa, é claro, eu precisava saber por que essa mudança ocorria. Somente depois de analisar o processo por algum tempo, percebi que, quando me permitia apenas observar uma sensação, eu estava participando ativamente do que ocorria naquele exato momento. Via parte de minha mente resistindo a uma sensação dolorosa e outra parte me incitando a somente olhar para a sensação objetivamente. Quando olhava para esses impulsos conflitantes ao mesmo tempo, era capaz de enxergar toda a minha mente envolvida no processo de lidar com a repulsa e a aceitação, e o processo de observar o funcionamento da minha mente se tornava mais interessante do que a repulsa ou a aceitação. A simples observação de minha mente funcionando era fascinante por si só. Esta, em minha opinião, é a definição mais prática da clareza que posso oferecer: a capacidade de ver a mente funcionando simultaneamente em vários níveis.

Meditando sobre as sensações dolorosas

Sentimentos como frio, calor, fome, satisfação, peso ou tontura ou ter uma dor de cabeça, uma dor de dente, um nariz escorrendo, uma garganta inflamada ou dor nos joelhos ou nas costas estão de forma bastante direta — apesar de nem sempre agradável — presentes na consciência. Como a dor e o desconforto são sensações tão diretas, elas, na verdade, são objetos muito efetivos de foco meditativo. A maioria de nós considera a dor uma ameaça a nosso bem-estar físico. Por um lado, quando nos preocupamos ou nos permitimos nos preocupar com essa ameaça, a dor em si quase sempre aumenta. Por outro lado, quando consideramos a dor ou o desconforto um objeto de meditação, podemos usar essas sensações para aumentar nossa capacidade de clareza, observando a mente lidar com as várias soluções.

Por exemplo, se eu sentir dor nas pernas ou nas costas ao me sentar na posição de meditação formal ou mesmo quando estou em um carro ou em um avião, em vez de me alongar, levantar ou movimentar, olho para a experiência mental da dor. Afinal, é a consciência mental que, na verdade, reconhece e registra as sensações. Quando direciono minha atenção para a *mente* que está registrando a dor, em vez de me concentrar em uma área específica da dor, a dor não necessariamente desaparece, mas se transforma em um ponto no qual posso me envolver ativamente no que quer que esteja vivenciando aqui e agora, em vez de tentar evitá-lo. O mesmo princípio se aplica às sensações prazerosas: em vez de tentar mantê-las, somente as observo como manifestações da experiência. De fato, meus anos de treinamento me ensinaram a usar as sensações como formas de analisar e desfrutar da capacidade infinita da mente, em vez de eu ser usado pelas sensações para reforçar um senso de estar cercado de limitações físicas.

É claro que, se estiver vivenciando uma dor crônica ou séria, você deve consultar um médico, já que esses sintomas podem indicar um grave problema físico. Entretanto, já ouvi de algumas pessoas que, depois que seus médicos excluíram qualquer possibilidade de um problema físico sério, a dor que elas sentiam acabava diminuindo. Parece que o medo da dor exacerba essa sensação e a "trava" em um local — que pode representar um "alerta vermelho" autoperpetuante enviado do tálamo à amígdala e outras partes do cérebro. Porém, se seu médico descobrir um problema físico sério, não hesite em seguir suas recomendações para o tratamento. Apesar de a meditação poder ajudá-lo a lidar com a dor e o desconforto de problemas físicos graves, ela não substitui o tratamento.

Mesmo tomando os remédios prescritos por um médico, você pode sentir alguma dor. Nesse caso, tente trabalhar com a sensação física da dor como um suporte para a meditação. Mas, se a dor é sintoma de uma doença grave, quando estiver trabalhando com a dor como um suporte para a meditação, evite concentrar-se nos resultados desse tipo de prática. Se sua motivação for livrar-se da dor, o que você estará fazendo, na verdade, é reforçando os padrões neuronais associados ao medo da dor. A melhor forma de enfraquecer esses padrões neuronais é se esforçar para observar a dor com objetividade, deixando que os resultados se equacionem por si.

Fiquei muito impressionado com essa lição quando meu pai teve de passar por uma pequena cirurgia quando estava na Alemanha. Aparentemente, a pessoa que deveria anestesiar a área a ser operada tinha várias outras tarefas a cumprir e esqueceu-se completamente de meu pai. Quando o médico fez a primeira incisão, notou que os músculos na área começaram a se contrair — o que não aconteceria se a área estivesse adequadamente entorpecida. O médico ficou furioso com a anestesista, mas meu pai implorou para que ele não causasse nenhum problema, já que não sentia dor alguma. A sensação de ter uma incisão em uma área tão sensível, ele explicou, tinha, na verdade, proporcionado a oportunidade de elevar sua consciência a um sentido superior de clareza e paz.

Em termos simples, meu pai desenvolveu, pela prática, uma rede de conexões neuronais que era acionada espontaneamente para elevar a experiência de dor a uma observação objetiva da mente que sente a dor. Apesar de o médico ter insistido em anestesiar a área antes de prosseguir com a cirurgia, por insistência de meu pai, acabou não fazendo uma reclamação formal contra a mulher que deveria ter administrado a anestesia.

No dia seguinte, a anestesista veio visitar meu pai, escondendo alguma coisa nas costas. Sorrindo, agradeceu por meu pai ter impedido que ela tivesse problemas e mostrou que estava trazendo um saco cheio de docinhos, o que agradou muito meu pai.

A prática de observar as sensações físicas — tanto "grosseiras" quanto "sutis" — é tão simples que você pode usá-la durante as sessões de meditação formal ou em qualquer momento durante o dia quando tiver alguns segundos extras entre reuniões, compromissos ou outras obrigações. Na verdade, considero essa prática especialmente útil ao longo do dia, por gerar um sentimento imediato de leveza e abertura. Várias pessoas me disseram que achavam a prática muito útil no trabalho, quando elas precisam ficar sentadas durante horas assistindo a uma apresentação entediante.

Meditando sobre a forma

O termo técnico para utilizar o sentido da visão como uma maneira de repousar a mente é "meditação sobre a forma". Mas não se intimide com o termo. A meditação sobre a forma é muito simples. Na verdade, nós a praticamos inconscientemente todos os dias, sempre que olhamos fixamente para a tela de um computador ou um semáforo. Quando elevamos esse processo inconsciente ao nível da consciência ativa, deliberadamente repousando nossa atenção em um objeto específico, a mente se torna muito tranquila, muito aberta e muito relaxada.

Aprendi, inicialmente, com um objeto muito pequeno, localizado perto o suficiente para que eu o visse sem muito esforço. Poderia ser uma mancha colorida no chão, a chama de uma vela, uma fotografia ou mesmo a nuca da pessoa sentada à minha frente na sala de aula. Também se pode contemplar um objeto de maior significância espiritual — muitas vezes, chamado de "forma pura". Se você for budista, o objeto pode ser uma imagem ou uma estátua do Buda; se for cristão, pode concentrar-se em uma cruz ou na imagem de um santo; se pertencer a outra seita religiosa, escolha um objeto que tenha um significado especial para você. À medida que você se acostuma com essa prática, torna-se até possível concentrar-se em formas mentais — objetos evocados na sua imaginação.

Independentemente do objeto escolhido, você provavelmente notará que ele tem duas características: forma e cor. Concentre-se no aspecto que preferir. Você pode escolher algo branco, preto ou rosa, ou redondo, quadrado ou multiforme. O objeto em si não importa. A ideia consiste em repousar a atenção em sua cor ou em sua forma, envolvendo a faculdade mental somente a ponto de reconhecer o objeto. Nada mais que isso. Assim que traz a atenção para o objeto, você está consciente.

Não é necessário tentar vê-lo tão claramente a ponto de reconhecer todos os pequenos detalhes. Se você tentar fazer isso, ficará tenso, enquanto o propósito da prática é repousar. Mantenha o foco livre, só com atenção suficiente para ter a mera consciência do objeto que você está olhando. Não tente fazer com que algo ocorra nem tente forçar sua mente a relaxar. Pense: "Tudo bem, que venha o que vier. Isso é meditação. Isso é o que estou fazendo." Não precisa de mais nada além disso.

É claro que é possível olhar fixamente para um objeto sem de fato vê-lo. Sua mente pode estar totalmente absorta em algo que você ouve a distância, de modo que, por vários segundos ou até minutos, você deixa de ver o objeto. Como eu odiava quando minha mente vagueava assim! Mas, de acordo com meu pai, esse tipo de passeio mental é completamente natural. E, quando você reconhecer que a mente está se desviando do objeto de concentração, redirecione sua atenção para o objeto.

Dito isso, encorajo você a praticar.

Fique na postura que seja mais confortável para você e permita que sua mente repouse por alguns momentos em um estado relaxado e solto. Então, escolha alguma coisa para olhar e repouse seu olhar no objeto, percebendo sua forma ou sua cor. Você não precisa olhar fixamente — se precisar piscar, apenas pisque. Na verdade, se você não piscar, seus olhos ficarão muito secos e irritados. Depois de alguns momentos olhando para o objeto, deixe que sua mente relaxe novamente. Retorne seu foco ao objeto por alguns minutos; então, permita que sua mente relaxe mais uma vez.

Sempre que pratico usando um objeto visual como suporte, lembro de algo mencionado por Longchenpa, um dos grandes estudiosos budistas e mestres da meditação do século XIV. Em um de seus livros, ele salienta que há um grande benefício em alternar entre a meditação baseada em um objeto e o tipo de meditação sem objeto discutido anteriormente. Conforme ele explica, quando repousa a mente em um objeto, você o está vendo como algo distinto ou separado de si. Mas, quando relaxa e repousa a mente na consciência, a distinção se dissolve. E, ao alternar entre concentrar-se em um objeto e permitir que a mente repouse na consciência pura, você, de fato, começa a reconhecer a verdade básica que a neurociência tem nos mostrado: tudo o que percebemos é uma reconstrução criada na mente. Em outras palavras, não há distinção entre o que é visto e a mente que o vê.

Esse reconhecimento, é claro, não ocorre da noite para o dia. Ele requer certa prática. Na verdade, como veremos mais adiante, o Buda forneceu alguns métodos específicos para dissolver a distinção entre a mente e tudo o que é percebido por ela. Mas estou me adiantando — o que acontece quando me empolgo com alguma coisa. Por enquanto, vamos voltar aos métodos básicos de transformar as informações sensoriais em meios de conduzir a mente a um lugar calmo e relaxante.

Meditando sobre o som

Meditar sobre o som é muito parecido com meditar sobre a forma, com a diferença de que agora você está acionando a faculdade da audição. Comece permitindo que sua mente repouse por alguns momentos em um estado de relaxamento e então, aos poucos, permita-se tomar consciência das coisas que você ouve perto do seu ouvido, como, por exemplo, as batidas do coração ou a respiração, ou os sons que ocorrem naturalmente a seu redor. Algumas pessoas acham útil tocar uma gravação de sons naturais ou uma música suave. Não há necessidade de tentar identificar esses sons, nem é necessário focar em um som específico. Na verdade, é mais fácil apenas se permitir tomar consciência de tudo o que você escuta. A questão se resume a cultivar a consciência pura e simples do som à medida que atinge seu ouvido.

Como ocorre na meditação sobre a forma e a cor, você provavelmente descobrirá que consegue se concentrar nos sons a seu redor somente por alguns segundos por vez, antes de sua mente se dispersar. Tudo bem se isso acontecer. Quando você descobrir que sua mente está indo para outro lugar, retorne ao estado de espírito relaxado e conduza sua consciência de volta ao som. Permita-se alternar entre repousar sua atenção nos sons e deixar que sua mente repouse em um estado relaxado de meditação aberta.

Um dos grandes benefícios da meditação sobre o som é que ela gradativamente ensina você a deixar de atribuir *significado* aos vários sons que ouve. Você aprende a ouvir sem reagir emocionalmente ao *conteúdo*. À medida que se acostuma a prestar atenção ao som *como* um som, você se descobre capaz de ouvir críticas sem ficar nervoso ou na defensiva, assim como escutar elogios sem ficar orgulhoso ou emocionado demais. Você pode ouvir o que as pessoas dizem com uma atitude muito mais relaxada e equilibrada, sem ser levado por uma reação emocional.

Certo dia, ouvi uma história maravilhosa sobre um tocador de cítara na Índia que aprendeu a usar os sons de seu instrumento como um suporte para a sua prática de meditação. Se você não conhece bem os instrumentos musicais indianos, a cítara é um instrumento comprido, normalmente feito com 17 cordas, como um violão, para produzir uma maravilhosa variedade de tons. Esse tocador de cítara tinha tanto talento que era extremamente requisitado e passava grande parte de seu tempo viajando pela Índia, como bandas de rock muitas vezes passam muito tempo fora de casa se apresentando em outras cidades.

Depois de um tour particularmente longo, ele voltou para casa e descobriu que sua esposa estava tendo um caso com outro homem. Ele foi bastante compreensivo quando percebeu a situação. Talvez a concentração que ele desenvolveu ao longo dos anos de prática e desempenho constantes, combinada com os sons de seu adorável instrumento, tenha acalmado e concentrado sua mente. De qualquer maneira, ele não discutiu com a esposa nem teve uma explosão de raiva. Em vez disso, ele se sentou com ela e teve uma longa conversa, durante a qual ele percebeu que o caso da sua esposa e seu próprio orgulho de ser solicitado a tocar em todo o país eram sintomas de apego — um dos três venenos mentais que nos mantêm viciados no ciclo de samsara. Havia pouca diferença entre seu apego à fama e o apego da esposa a outro homem. O reconhecimento o atingiu como um raio e ele percebeu que, para se livrar do próprio vício, precisaria se livrar de seu apego à fama. A única forma de conseguir isso era procurar um mestre de meditação e aprender a reconhecer o apego como uma manifestação dos seus hábitos mentais.

Ao final da conversa, ele deixou tudo para a esposa, exceto a cítara, à qual ele ainda sentia um apego tão forte que nenhuma análise racional poderia dissolver, e saiu à procura de um mestre. Ele acabou chegando em um sepulcrário, o equivalente antigo de um cemitério, no qual os corpos eram depositados sem serem enterrados ou cremados. Esses cemitérios a céu aberto eram lugares assustadores, repletos de ossos humanos, esqueletos parciais e corpos em decomposição. Mas era o tipo de ambiente no qual havia mais chance de se encontrar um grande mestre, que já superou o medo da morte e da impermanência — duas situações de medo que mantêm as pessoas presas nas condições samsáricas de apego àquilo que é e de aversão ao que pode ser.

Naquele cemitério a céu aberto, o tocador de cítara encontrou um *mahasiddha* — uma pessoa que passou por provações extraordinárias para atingir um conhecimento profundo. O mahasiddha vivia em uma cabana caindo aos pedaços que mal fornecia proteção contra os ventos e o clima. Da mesma maneira como alguns de nós sentimos um forte vínculo com pessoas que conhecemos ao longo da nossa vida, o tocador de cítara sentiu um laço profundo com aquele mahasiddha e perguntou se ele poderia aceitá-lo como aluno. O mahasiddha concordou e o tocador de cítara utilizou galhos e barro para construir a própria cabana, onde poderia praticar as instruções básicas da meditação shinay que o mahasiddha lhe ensinara.

Como muitas pessoas que começam a praticar a meditação, o tocador de cítara teve muitas dificuldades em seguir as instruções do seu professor. Seguir as instruções do professor mesmo por alguns poucos minutos pareciam uma eternidade; a cada vez que ele se sentava para meditar, via-se atraído por seu antigo hábito de tocar a cítara e desistia da prática para começar a tocar. Ele começou a se sentir terrivelmente culpado, negligenciando a prática de meditação para manusear a cítara. Por fim, foi à cabana de seu professor e confessou que não conseguia meditar.

"Qual é o problema?", o mahasiddha perguntou.

O tocador de cítara respondeu: "Estou apegado demais à minha cítara. Prefiro tocar a meditar."

O mahasiddha lhe disse: "Este não é um grande problema. Posso lhe dar um exercício para meditar sobre a cítara."

O tocador de cítara, que estava esperando uma crítica — como a maioria de nós espera dos nossos professores —, ficou muito surpreso.

O mahasiddha continuou: "Volte para a sua cabana, toque a cítara e ouça o som do seu instrumento com a pura observação consciente dos sons. Não tente tocar com perfeição. Somente ouça os sons."

Aliviado, o tocador de cítara voltou à cabana e começou a tocar, somente ouvindo os sons sem tentar ser perfeito, sem se concentrar nos resultados de tocar o instrumento ou nos resultados da sua prática de meditação. Como ele aprendeu a praticar sem se preocupar com os resultados, após alguns anos, ele mesmo se tornou um mahasiddha.

Considerando que poucos dos meus alunos tocam cítara, a verdadeira lição dessa história está em aprender como utilizar a própria experiência como um suporte para a prática, sem preocupação com os resultados. Em especial no Ocidente, onde os sons, as visões e os cheiros do trânsito na hora do rush podem se tornar uma enorme fonte de preocupação, a prática de observar as sensações do trânsito, em vez de se concentrar no objetivo de sair do congestionamento, oferece uma grande oportunidade para a prática da meditação. Se desviar a atenção do objetivo de chegar a algum lugar e repousar a atenção nas sensações que o cercam, você pode muito bem se transformar em um "mahasiddha do trânsito".

Meditando sobre o cheiro

Na verdade, podemos utilizar como objeto de meditação qualquer sensação que tenha um apelo maior em um determinado momento. Por exemplo, utilizar o cheiro como um objeto de meditação pode ser especialmente útil, tanto durante uma prática formal quanto no decorrer de um dia comum. Na prática formal, você pode concentrar a atenção nos cheiros que o cercam — pode ser o cheiro de incenso, se você gostar dele, ou os cheiros que naturalmente ocorrem no local onde você costuma praticar.

Meditar sobre o cheiro pode ser especialmente prático quando você estiver envolvido em atividades diárias como cozinhar ou comer. Ao reservar algum tempo para concentrar sua atenção nos cheiros da comida, você pode transformar rotinas diárias entediantes — como cozinhar, comer ou andar pelo escritório — em práticas que acalmam e fortalecem sua mente.

Meditando sobre o sabor

Levou um bom tempo para eu perceber que, quando comia ou bebia, mal reparava no que estava fazendo. Em geral, eu me via envolvido em conversas com outras pessoas ou distraído por meus próprios problemas, conflitos ou divagações. Como resultado, não me envolvia de fato com o que estava fazendo e assim perdia a oportunidade de vivenciar a riqueza do momento presente. Concentrar-se no sabor é uma técnica extremamente prática que pode ser utilizada para exercitar a meditação em vários momentos do dia.

Quando aprendi a utilizar o sabor como um foco de meditação, ensinaram-me a começar permitindo que minha mente repousasse naturalmente por alguns momentos e depois me concentrasse sem esforço nos sabores que percebia. Eu não precisaria analisar uma sensação específica de sabor, como o azedo, o doce ou o amargo de um alimento. Só precisaria focar minha atenção suavemente em todos os sabores que percebia e, em seguida, repousar minha mente naturalmente, alternando entre focar minha atenção à sensação de sabor e repousar naturalmente minha mente.

OUTROS SUPORTES ÚTEIS

> *Ensinei diferentes abordagens para orientar bem meus alunos.*
>
> The Lankāvatārasutra, traduzido para o inglês por Maria Montenegro.

Além de trabalhar com os objetos dos sentidos, o Buda também ensinou algumas outras técnicas que poderiam ser facilmente utilizadas em qualquer momento e em qualquer lugar. Uma dessas técnicas envolvia utilizar a respiração como um objeto de meditação. Se você estiver vivo, há grandes chances de estar respirando, e a possibilidade de direcionar sua atenção nas idas e vindas da respiração está sempre disponível. O segundo suporte é um velho amigo meu, ao qual me sinto especialmente grato, já que me impediu de enlouquecer quando eu era criança. Esse suporte, que acabei conhecendo por acidente enquanto me sentava em uma caverna, é baseado na repetição de um mantra.

Inspirando e expirando

Aprendi várias formas diferentes de utilizar a respiração como um objeto de meditação, mas não vou incomodá-lo com todas elas. Prefiro me concentrar em dois dos métodos mais simples, que também são os mais fáceis de se praticar sem chamar atenção em público. Tudo o que você precisa fazer é concentrar a atenção sem esforço no simples ato de inspirar e expirar. Você pode focar a atenção na passagem de ar pelas suas narinas ou na sensação do ar enchendo e saindo de seus pulmões. Usar a respiração dessa forma é bem semelhante a concentrar-se na sensação física; a única diferença é que você está focando a consciência da sensação na simples experiência de inspirar e expirar. Como há um intervalo natural de uma fração de segundo entre a inalação e a exalação, você também pode se concentrar no processo em três etapas: inalação, exalação e o intervalo entre ambos.

Concentrar-se na respiração é particularmente útil quando você está estressado ou distraído. Internamente, o simples ato de direcionar a atenção à respiração produz um estado de calma e consciência que permite que você se distancie de qualquer problema com o qual esteja lidando e reaja de modo mais calmo e objetivo. Se você estiver estressado, direcione a atenção à sua respiração. Ninguém reparará no fato de que você está meditando; provavelmente nem prestarão atenção ao fato de você estar respirando ou não.

A meditação formal sobre a respiração é um pouco diferente. Um dos métodos que aprendi consiste em contar minhas inalações e exalações como forma de concentrar minha atenção mais completamente. Conte a primeira inalação e exalação como "um", a próxima inalação e exalação como "dois" e assim por diante, até chegar a sete. Então, recomece o processo, contando a partir de "um". Mais cedo ou mais tarde, você poderá acumular números ainda mais elevados de inalações e exalações. Mas, como sempre, é melhor começar limitando sua meta a períodos curtos de prática que você pode repetir várias vezes.

Meu velho amigo, o mantra

A meditação com o mantra é uma técnica muito poderosa que não apenas cultiva a consciência, mas também, por meio da potência das sílabas recitadas por mestres iluminados ao longo de milhares de anos, dissipa camadas de obscurecimento mental e aumenta nossa capacidade de beneficiarmos a nós mesmos e aos outros. Essa conexão pode ser difícil de aceitar no começo; ela soa como algo mágico. Pode ser mais fácil pensar nas sílabas dos mantras como ondas sonoras que se perpetuam pelo espaço por milhares, talvez milhões, de anos.

Na meditação com o mantra, o foco da atenção é a recitação mental de determinado conjunto de sílabas que parecem ter um efeito direto em acalmar e limpar a mente. Para esse exercício, utilizaremos um conjunto muito simples de três sílabas que formam o mantra mais básico de todos: OM AH HUNG. OM representa o aspecto luminoso, claro e permanente da experiência; AH representa o aspecto vazio ou inerentemente aberto; e HUNG representa a união do aspecto luminoso com a natureza inerentemente vazia da aparência.

Você pode começar recitando o mantra em voz alta e, aos poucos, passar para uma forma mais interna de recitação mental. O importante é continuar a recitar o mantra mentalmente por cerca de três minutos e, então, permita que sua mente repouse, alternando entre a recitação e o repouso pelo maior período que conseguir. Não importa se você vai sentir os efeitos de imediato ou não; você já acionou alguma coisa. Essa "alguma coisa" é a liberdade da sua mente.

Mas a liberdade raramente chega na forma que achamos que deveria. Na verdade, para a maioria de nós, a liberdade não somente parece desconhecida, mas nitidamente desagradável. Isso ocorre porque nos acostumamos com nossas correntes. Elas podem nos ferir, elas podem até nos fazer sangrar, mas pelo menos são conhecidas.

Contudo, o conhecido é só um pensamento ou, algumas vezes, um sentimento. E, para nos ajudar a fazer a difícil transição entre o conhecido e a liberdade, o Buda nos forneceu métodos para trabalhar diretamente com os pensamentos e os sentimentos.

12. TRABALHANDO COM PENSAMENTOS E SENTIMENTOS

Vire suas costas para o desejo!
Corte o apego pela raiz!

JAMGÖN KONGTRUL, *The Torch of Certainty*,
traduzido para o inglês por Judith Hanson.

Há muito tempo atrás na Índia havia um pastor que passou a maior parte de sua vida cuidando do gado de seu mestre. Finalmente, mais ou menos aos 60 anos, ele percebeu: "Este é um emprego chato. Todo dia é a mesma coisa. Levar o gado para pastar, observá-los comer e trazê-los de volta para casa. O que eu deveria aprender com isso?" Depois de pensar sobre o assunto por algum tempo, ele decidiu largar o emprego e aprender a meditar, para que pudesse pelo menos se libertar da monotonia do samsara.

Depois de pedir demissão do emprego, ele foi para as montanhas. Um dia ele viu uma caverna, na qual um mahasiddha estava sentado. Ao ver o mahasiddha, o pastor ficou muito feliz e aproximou-se dele pedindo conselhos sobre como meditar. O mestre concordou e deu ao pastor instruções básicas sobre como meditar utilizando os pensamentos como suporte. Depois de receber as instruções, o pastor se acomodou em uma caverna próxima e começou a praticar.

Como a maioria de nós, ele logo se deparou com problemas. Durante todos os seus anos como pastor, ele se tornou muito apegado a seu gado e, quando tentava praticar o que o mahasiddha ensinou, os únicos pensamentos e imagens que apareciam em sua mente eram as vacas das quais ele cuidava. Apesar de fazer um grande esforço para bloquear os pensamentos, as vacas continuavam a aparecer; quanto mais ele tentava, com mais clareza elas apareciam.

Enfim, exausto, ele procurou o mestre e disse que estava tendo muita dificuldade em seguir as instruções. Quando o mahasiddha perguntou qual era o problema, o pastor explicou sua dificuldade.

"Isso não é um grande problema", o mestre lhe disse. "Posso lhe ensinar outro método. Ele é chamado de meditação da vaca."

"O quê?", o pastor perguntou, muito surpreso.

"Estou falando sério", o mahasiddha retrucou. "Tudo o que você precisa fazer é observar as imagens das vacas que vê. Observe-as enquanto você as conduz ao pasto, enquanto elas se alimentam, enquanto você as conduz de volta para a fazenda. Observe todos os pensamentos sobre as vacas que surgirem."

Então, o pastou voltou para a sua caverna e sentou-se para praticar com seu novo conjunto de instruções. Como ele não estava tentando bloquear seus pensamentos, dessa vez sua meditação foi muito fácil. Ele começou a sentir muita paz e felicidade. Ele não sentia falta de suas vacas. E sua mente foi ficando mais tranquila, mais equilibrada e mais flexível.

Depois de algum tempo, ele voltou ao mahasiddha e disse: "Tudo bem agora, terminei minha meditação da vaca. O que faço agora?"

O mestre respondeu: "Muito bem. Agora que você aprendeu a acalmar sua mente, vou lhe ensinar o segundo nível da meditação da vaca. Eis as instruções: medite sobre seu próprio corpo como se você fosse uma vaca."

Então, o pastor voltou à caverna e começou a praticar conforme instruído, pensando: "Tudo bem, agora sou uma vaca. Tenho cascos e chifres, falo mugindo, como grama..." Enquanto mantinha essa prática, ele descobriu que sua mente se tornava ainda mais tranquila e feliz do que antes. Quando sentiu que havia dominado essa prática, ele voltou ao mestre e perguntou se havia um terceiro nível de instruções.

"Sim", o mahasiddha respondeu tranquilamente. "Para o terceiro nível da meditação da vaca, você precisa se concentrar em ter chifres."

Assim, mais uma vez, o pastor voltou à caverna para executar as instruções de seu professor, concentrando-se apenas no pensamento de ter chifres. Ele se concentrou no tamanho dos chifres, em sua localização, cor e sensação de seu peso em cada lado de sua cabeça. Depois de alguns meses praticando dessa forma, se levantou e tentou sair da caverna. Mas sentiu algo obstruindo sua passagem na saída, tornando-lhe impossível sair. Ele apalpou para sentir o obstáculo e descobriu, para a sua surpresa, que dois chifres muito compridos haviam brotado das laterais de sua cabeça.

Virando o corpo de lado, ele finalmente conseguiu sair da caverna e correu, aterrorizado, para procurar o professor.

"Veja o que aconteceu!", ele gritava. "Você me deu esta meditação da vaca e agora tenho chifres! Isto é horrível! É como um pesadelo!"

O mahasiddha riu de contentamento. "Não, é maravilhoso!", ele exclamou. "Você dominou o terceiro nível da meditação da vaca! Agora você precisa praticar o quarto nível. Você precisa pensar: "Agora não sou uma vaca e não tenho chifres."

Diligentemente, o pastor voltou à caverna e praticou o quarto nível da meditação da vaca, pensando: "Agora não tenho chifres, agora não tenho chifres, agora não tenho chifres...". Depois de alguns dias de prática, ele acordou certa manhã e descobriu que conseguia sair da caverna sem nenhuma dificuldade. Os chifres haviam desaparecido.

Surpreso, ele correu para o mestre, anunciando: "Veja, não tenho mais chifres! Como isso pôde acontecer? Quando eu achava que tinha chifres, eles apareceram. Quando eu achava que não tinha mais chifres, eles desapareceram. Por quê?"

O mahasiddha respondeu: "Os chifres apareceram e desapareceram por causa da forma como você concentrou sua mente. A mente é muito poderosa. Ela pode fazer com que as experiências pareçam muito reais e também podem fazer com que elas pareçam irreais."

"Ah!", o pastor exclamou.

O mestre continuou a explicar: "Os chifres não são as únicas coisas que aparecem e desaparecem de acordo com o foco de sua mente. É tudo assim. Seu corpo, as outras pessoas... o mundo inteiro. Sua natureza é a vacuidade. Nada existe de fato, à exceção da percepção em sua mente. Reconhecer isso é a verdadeira visão. Primeiro, você precisa acalmar sua mente e então aprende a ver as coisas claramente. Este é o quinto nível da meditação da vaca: aprender a equilibrar a tranquilidade e a verdadeira visão."

O pastor voltou mais uma vez à sua caverna, meditando com tranquilidade e verdadeira visão. Depois de alguns anos, ele próprio se tornou um mahasiddha, com sua mente tendo se tornado calma e livre do círculo de sofrimento samsárico.

Não existem mais muitos pastores no mundo. Talvez, se existissem, o mundo fosse um lugar mais tranquilo. Mesmo assim, se tiver coragem, você pode praticar como o velho pastor, mas usando um objeto diferente, como um carro. Depois de alguns anos praticando a meditação do carro, você pode se tornar um grande mestre, como o velho pastor. É claro que você precisa estar disposto a passar alguns anos com faróis, portas, cintos de segurança e talvez um porta-malas saindo do seu corpo — e depois aprendendo a fazê-los desaparecer. E, enquanto estiver praticando, você pode achar difícil entrar e sair do elevador de seu escritório e seus colegas podem estranhar um pouco se você começar a responder às perguntas com buzinadas, em vez de palavras.

Eu estou brincando, é claro. Há maneiras muito mais fáceis de trabalhar com seus pensamentos do que aprendendo a fazer crescer chifres ou luzes de freio.

USANDO SEUS PENSAMENTOS

Quando os pensamentos surgem, em vez de considerá-los falhas, reconheça-os como vazios e apenas deixe-os ser como são.

GÖTSANGPA, *The Highest Continuum*, traduzido para o inglês por Elizabeth M. Callahan.

Mesmo depois de fazer amizade com seus cinco sentidos e aprender a usar as entradas sensoriais como um suporte para a meditação, você pode encontrar alguma dificuldade em lidar com o "macaco louco", a consciência mental que gosta de pular de um lado ao outro, criando confusão, dúvida e incerteza. Mesmo se você aprender a repousar na simples consciência sensorial, a mente do macaco louco sempre estará buscando novas maneiras de interromper a calma, a clareza e a abertura que você obteve oferecendo uma interpretação diferente e perturbadora dos eventos — um equivalente psicológico a jogar as almofadas de um lado para o outro e devorar as oferendas do altar. Por mais difícil que seja lidar com isso, a interferência do macaco louco não é uma coisa "ruim"; trata-se apenas de uma questão de padrões neuronais entrincheirados tentando se reassegurar. Em essência, o macaco louco é uma reação programada neurologicamente a ameaças contra a sobrevivência humana. Em vez de se enfurecer, trabalhe com isso. Por que não gerar um sentido de gratidão em relação a essa atividade que nos ajuda a sobreviver?

Uma vez que você aprende a trabalhar com seus sentidos, contudo, precisa lidar com o próprio macaco louco, usando os pensamentos e as emoções que ele gera como suportes para acalmar a mente. E, uma vez que começa a trabalhar com esses pensamentos e emoções, você começará a descobrir toda uma nova dimensão de liberdade dos antigos padrões baseados na sobrevivência. Você começa o processo questionando se todo pensamento e todo sentimento que você tem é um fato ou um hábito.

É muito comum que as primeiras lições que aprendemos na vida sejam as mais importantes. "Olhe para os dois lados antes de atravessar a rua." "Não aceite doces de estranhos." "Não brinque com fósforos." As crianças ouvem essas coisas de seus pais repetidas vezes, por um bom motivo; e, mesmo assim, por mais importantes que sejam essas lições da infância, sempre parecemos esquecê-las. Os seres humanos, por natureza, assumem riscos. É assim que aprendemos. Mas algumas lições podem ser mortais e outras podem causar dor persistente. É por isso que, mesmo na fase adulta, precisamos repetir as lições que aprendemos na infância e transmiti-las para os nossos próprios filhos. Certas lições precisam ser repetidas.

Portanto, por favor, me perdoe se reitero algo que aprendi no começo do meu treinamento formal. *Pensar é a atividade natural da mente. A meditação não trata de interromper seus pensamentos. A meditação é simplesmente um processo de repousar a mente em seu estado natural, que é aberto para e naturalmente consciente dos pensamentos, emoções e sensações à medida que ocorrem.* A mente é como um rio e, como um rio, não há sentido em tentar interromper seu fluxo. Você pode muito bem tentar fazer com que seu coração pare de bater ou seus pulmões parem de respirar. Mas com que finalidade você faria isso?

Isso também não significa que você precisa ser um escravo de tudo o que sua mente produzir. Quando você não compreende a natureza e a origem de seus pensamentos, seus pensamentos *usam você*. Quando o Buda reconheceu a natureza da mente, ele reverteu o processo. Ele nos mostrou como podemos usar nossos pensamentos, em vez de sermos usados *por* eles.

Quando comecei a praticar formalmente com meu pai, eu estava muito nervoso. Eu achava que ele com certeza veria o quanto minha mente era ativa e quantos pensamentos malucos passavam por ela a cada segundo, e que ele me rejeitaria porque eu não era um bom candidato ao aprendizado. Em um aspecto, eu estava certo. Ele de fato via como minha mente era maluca. Mas eu estava errado ao pensar que era um mau candidato para a meditação.

O que ele me disse, e aos outros alunos, foi que, independentemente de quantos pensamentos passam por sua mente enquanto você está meditando, está tudo bem. Se cem pensamentos passarem pela sua mente no intervalo de um minuto, você tem cem suportes para a meditação. "Que sorte você tem!", ele costumava dizer. "Se o macaco louco dentro de sua cabeça está pulando por toda parte, isso é maravilhoso! Somente observe o macaco louco pulando. Cada pulo, cada pensamento, cada distração, cada objeto sensorial é um suporte para a meditação. Se você se vir lutando com várias distrações, pode utilizar cada distração como um objeto de meditação. Então, elas deixarão de ser distrações e se tornarão suportes para a prática de meditação."

Mas ele também nos advertia para não tentar nos ligar a cada pensamento que surgisse. Não importa o que passasse pela mente, deveríamos somente observá-lo vir e ir, suavemente e sem apego, da maneira como praticamos gentilmente repousar nossa atenção em formas, sons ou cheiros.

Observar os pensamentos é como correr para pegar um ônibus. Assim que você chega ao ponto, o ônibus já está saindo, então você precisa esperar o próximo ônibus chegar. Da mesma forma, muitas vezes há uma lacuna entre os pensamentos — ela pode durar só uma fração de segundo, mas mesmo assim, há uma lacuna. Essa lacuna é a experiência da total abertura da mente natural. Então, outro pensamento aparece e, quando desaparece, há outra lacuna. Então, outro pensamento vem e vai, seguido de outra lacuna.

O processo de observar seus pensamentos continua da seguinte forma: pensamentos seguidos de lacunas, seguidas de pensamentos, seguidos de lacunas. Se você mantiver essa prática, gradualmente as lacunas ficarão cada vez mais longas e sua experiência de repousar a mente como ela é se tornará mais direta. Assim, há dois estados básicos da mente — com pensamento e sem pensamento — e ambos são suportes para a meditação.

No começo, a atenção aos pensamentos sempre oscila. Tudo bem se isso acontecer. Se você descobrir que sua mente está devaneando, permita-se conscientizar-se de que sua mente está divagando. Até os devaneios podem se tornar um suporte para a meditação se você permitir que sejam gentilmente permeadas pela sua consciência.

E, quando você subitamente lembrar: "Ops, eu deveria estar observando meus pensamentos, deveria estar me concentrando na forma, deveria estar ouvindo os sons", simplesmente conduza sua atenção de volta ao que deveria estar fazendo. O grande segredo desses momentos de "ops" é que eles são, na verdade, experiências em frações de segundos de sua natureza fundamental.

Seria bom ater-se a cada "ops" que você vivenciar. Mas você não pode. Se tentar, eles se cristalizam em conceitos — ideias sobre o que o "ops" deveria significar. A boa notícia é que, quanto mais você praticar, mais "ops" poderá vivenciar. E, aos poucos, esses "ops" começam a se acumular, até que um dia o "ops" se torna um estado de espírito natural, uma liberação dos padrões habituais de fofoca neuronal que permite que você observe qualquer pensamento, qualquer sentimento e qualquer situação com total liberdade e abertura.

O "ops" é uma coisa maravilhosa.

Então, agora, tente praticar o "ops" trazendo a atenção para os seus pensamentos como suportes para a meditação. Como em qualquer outra prática, é importante que, no início, você se limite a permitir que sua mente repouse na consciência sem objeto por alguns momentos e só depois passe a observar seus pensamentos. Não tente praticar por muito tempo. Dê a si mesmo alguns minutos.

Primeiro, apenas repouse sua mente por um minuto...

Então, deixe a mente se conscientizar de seus pensamentos por talvez dois minutos...

E repouse sua mente novamente por um minuto...

Quando terminar, pergunte a si mesmo como foi a experiência. Você teve muitos "ops"? Você foi capaz de ver seus pensamentos com muita clareza? Ou eles eram nebulosos e indistintos? Ou eles desapareciam no ar assim que você tentava olhar para eles?

Quando ensino essa prática em palestras e depois faço perguntas sobre as experiências das pessoas, obtenho várias respostas diferentes. Algumas pessoas dizem que, quando tentam observar seus pensamentos, eles se esquivam. Eles desaparecem instantaneamente ou não surgem com muita clareza. Outros dizem que seus pensamentos se tornam muito sólidos e claros, aparecendo em suas mentes como palavras, e são capazes de observar os pensamentos vindo e indo sem muito apego ou perturbação.

Agora, vou lhe revelar um grande segredo: não há segredo! Ambos os extremos que as pessoas descrevem — e todas as variações entre eles — *são* experiências de meditação. Se tiver medo de seus pensamentos, você lhes está dando poder sobre você, porque eles parecem tão sólidos e reais, tão verdadeiros. E, quanto mais medo você tem deles, mais poderosos eles parecem ser. Mas, quando começa a observar seus pensamentos, o poder que você lhes concede começa a diminuir. Isso pode acontecer de duas formas.

Algumas vezes, como mencionado antes, se você observar seus pensamentos com proximidade, começará a notar que eles aparecem e desaparecem muito rapidamente, deixando pequenas lacunas entre eles. No começo, a lacuna entre um pensamento e o próximo pode não ser muito longa; mas, com a prática, as lacunas ficam cada vez mais longas e sua mente começa a repousar com mais tranquilidade e abertura na meditação sem objeto.

Em outros momentos, a simples prática de observar os pensamentos se torna algo com assistir à televisão ou a um filme. Na televisão ou na tela de cinema, várias coisas podem estar ocorrendo, mas você não está no filme ou na tela da televisão, não é mesmo? Há algum espaço entre você e o que você está assistindo. Quando pratica a observação de seus pensamentos, você pode na verdade vivenciar a mesma espécie de pequeno espaço entre você e seus pensamentos. Na verdade, você não está criando esse espaço, porque ele sempre esteve lá; você está meramente se permitindo notá-lo. E, por se tornar consciente desse espaço, você pode de fato começar a gostar de observar seus pensamentos — mesmo se eles forem assustadores — sem estar imerso neles ou ser controlado por eles. Somente deixe os pensamentos se movimentarem como sempre fizeram, como adultos observam crianças a brincar — construindo castelos de areia, simulando batalhas com soldados de brinquedo ou engajadas em outros jogos. As crianças estão intensamente envolvidas em suas atividades, mas os adultos se limitam a observar e riem afetuosamente de sua seriedade.

Qualquer uma dessas experiências que surgir para você é excelente e, sem dúvida, elas variarão à medida que você praticar. Algumas vezes, você observará seus pensamentos com muita proximidade, vendo-os vir e ir, notando as lacunas entre eles. Outras, você simplesmente os observará com um pouco mais de distância. A meditação é muito mais fácil do que a maioria das pessoas pensa: não importa o que você vivencia, contanto que esteja consciente do que está acontecendo, isso é *meditação*.

O único momento em que sua experiência se desloca da meditação para outra coisa ocorre quando você tenta controlar ou mudar o que está vivenciando. Mas, se você levar alguma consciência à tentativa de controlar sua experiência, isso também é meditação.

É claro que algumas pessoas não veem nenhum pensamento; suas mentes só ficam em branco. Tudo bem se isso também acontecer. É a sua mente que você está exercitando, então ninguém pode julgá-lo; ninguém pode avaliar a sua experiência. A meditação é um processo estritamente pessoal, e duas pessoas não têm as mesmas experiências. À medida que você continua a praticar, sem dúvida descobrirá que sua experiência muda algumas vezes de um dia para o outro, ou de uma sessão de prática para outra. Algumas vezes, você pode perceber que seus pensamentos são muito claros e fáceis de observar; outras, eles podem parecer um tanto quanto vagos e evasivos. Algumas vezes, você pode perceber que sua mente fica embotada ou nebulosa quando se sentar para praticar. Isso também é bom. A sensação de embotamento é como uma cadeia de neurônios tagarelando uns com os outros em resposta à sua intenção de meditar, e você pode observar o embotamento ou qualquer outra coisa que possa sentir. A observação, o simples ato de prestar atenção ao que você vivenciando em um momento específico, *é* a meditação. Mesmo a fofoca neuronal que se manifesta na forma de um pensamento como "Não sei meditar" pode ser um suporte para a meditação, contanto que você a observe.

Contanto que você mantenha a consciência ou a vigilância, não importa o que ocorra, a sua prática é a meditação. Se você observa seus pensamentos, isso é meditação. Se não consegue observar seus pensamentos, isso também é meditação. Qualquer uma dessas experiências pode ser um suporte para a meditação. O essencial é manter a consciência, não importa quais pensamentos, emoções ou sensações ocorrerem. Se você se lembra de que a consciência do que ocorrer *é* meditação, então a meditação fica muito mais fácil do que você pode pensar.

O CASO ESPECIAL DOS PENSAMENTOS DESAGRADÁVEIS

Não importa qual pensamento ocorrer, não tente pará-lo.

9º GYALWANG KARMAPA, *Mahāmudrā: The Ocean of Definitive Meaning*, traduzido para o inglês por Elizabeth M. Callahan.

Especialmente se a meditação for uma prática nova para você, pode ser muito difícil observar com atenção pura os pensamentos relacionados a experiências desagradáveis — em particular aquelas relacionadas a emoções fortes, como ciúmes, raiva, medo ou inveja. Esses pensamentos desagradáveis podem ser tão fortes e persistentes que é fácil prender-se a eles e ceder à tentação de segui-los. Não tenho dedos o suficiente para contar o número de pessoas que conheci e que discutiram esse problema comigo, especialmente se os pensamentos que elas vivenciavam se relacionavam com brigas que tiveram com alguém em casa, no escritório ou em outro lugar e que elas não conseguiam esquecer. Dia após dia, suas mentes retornavam às ideias que elas relacionavam ao que foi dito e feito e elas se viam presas pensando em como a outra pessoa foi horrível, no que elas poderiam ou deveriam ter dito ou feito na hora e o que elas gostariam de fazer para se vingar.

A melhor forma de lidar com esse tipo de pensamento é distanciar-se e repousar sua mente no shinay sem objeto por um minuto e então direcionar a atenção para cada pensamento e as ideias que giram em torno dele, observando-os diretamente por alguns minutos, da mesma maneira como você observaria o contorno ou a cor uma forma. Permita-se alternar entre repousar sua mente na meditação sem objeto e conduzir sua atenção de volta aos mesmos pensamentos.

Quando você trabalha com pensamentos negativos dessa maneira, duas coisas ocorrem. (Não se preocupe: nenhuma delas envolve chifres crescendo!) Primeiro, à medida que você repousa na consciência, sua mente começa a se acalmar. Segundo, você descobrirá que sua atenção a determinados pensamentos ou histórias vem e vai, do mesmo modo que ocorre quando você está trabalhando com formas, sons e outros suportes sensoriais. E, à medida que esse pensamento ou história é interrompido por outras questões — como estender as roupas lavadas, fazer compras ou preparar uma refeição —, as ideias desagradáveis gradualmente perdem força em sua mente. Você começa a perceber que elas não são tão sólidas ou poderosas como pareciam no começo. É como um sinal de ocupado ao telefone — irritante, talvez, mas nada com o qual você não consiga lidar.

Quando você trabalha com pensamentos desagradáveis dessa maneira, eles se tornam vantagens à estabilidade mental em vez de desvantagens — como adicionar peso na barra quando você está se exercitando em uma academia de ginástica. Você está desenvolvendo os músculos psicológicos para lidar com níveis maiores de estresse.

USANDO AS EMOÇÕES

Não é necessário sentir-se totalmente à mercê de suas emoções.

KALU RINPOCHE, *Gently Whispered*,
editado por Elizabeth Selanda.

Como as emoções tendem a ser vívidas e duradouras, elas podem ser ainda mais úteis do que os pensamentos como suportes para a meditação.

Meu pai e outros professores me ensinaram que há três categorias básicas de emoções: positivas, negativas e neutras.

As emoções positivas — como amor, compaixão, amizade e lealdade — fortalecem a mente, revigoram nossa confiança e aumentam a capacidade de ajudar os que precisam de ajuda. Algumas traduções de textos budistas se referem a essas emoções, e às ações a elas relacionadas, como "virtuosas" – uma tradução que, pelo menos como tenho observado entre os ocidentais, parece ter algum tipo de associação moral. Na verdade, não há uma associação moral ou ética relacionada a essas ações e emoções. Conforme me explicou um aluno que tem algum conhecimento dos significados das palavras ocidentais, a palavra *virtude*, como aplicada à tradução do termo tibetano *gewa*, está mais relacionada ao significado antigo de "virtude" como potência ou eficácia em termos de poder de cura.

As emoções negativas, como o medo, a raiva, a tristeza, a melancolia, os ciúmes ou a inveja — muitas vezes traduzidas como sentimentos "não virtuosos" (ou, em tibetano, *mi-gewa*) —, são emoções que tendem a enfraquecer a mente, reduzir a confiança e aumentar o medo.

Sentimentos mais ou menos neutros, por sua vez, basicamente consistem de reações ambivalentes ou contraditórias — os tipos de sentimentos que temos em relação a um lápis, um pedaço de papel ou um grampeador. Você pode tentar o quanto quiser, mas é difícil se sentir de forma positiva ou negativa em relação a um lápis.

O método de utilizar as emoções como suporte é diferente, dependendo do tipo de emoção que você está vivenciando. Se você estiver sentindo uma emoção positiva, do tipo que fortalece a mente, você pode se concentrar tanto no sentimento *quanto* no objeto do sentimento. Por exemplo, se estiver sentindo amor por uma criança, você pode repousar sua atenção tanto na criança quanto no amor que sente por ela. Se estiver sentindo compaixão por alguém com problemas, você pode se concentrar na pessoa que está precisando de ajuda e no seu sentimento de compaixão. Dessa forma, o objeto da sua emoção se torna um suporte para a própria emoção, enquanto a emoção se torna um suporte para se concentrar no objeto que a inspira.

Por outro lado, concentrar-se em um objeto de emoção negativa tende a reforçar uma imagem mental daquela pessoa, situação ou coisa como algo *ruim por si só*. Não importa o quanto você tente cultivar a compaixão, a confiança ou qualquer outro sentimento positivo, sua mente quase automaticamente associará o objeto com a emoção negativa: "Espere aí, isso é *ruim*. Lute contra isso. Faça com que vá embora. Ou fuja."

Uma abordagem mais construtiva às emoções negativas, similar a trabalhar com pensamentos negativos, consiste em repousar a atenção na própria emoção, e não em seu objeto. Limite-se a contemplar a emoção sem analisá-la intelectualmente. Não tente se apegar a ela e não tente bloqueá-la. Apenas a observe. Quando você faz isso, a emoção não parece tão grande ou poderosa como parecia inicialmente.

É o mesmo tipo de processo que eu praticava em meu primeiro ano de retiro, quando o medo e a ansiedade que eu sentia perto de outras pessoas me forçavam a fugir e ficar sozinho em meu quarto. Quando comecei a observar meus medos, passei a ver que eles não eram monstros sólidos e indivisíveis que eu jamais pudesse superar, mas apenas uma série de pequenas e fugazes sensações e imagens que surgiam e desapareciam da consciência tão rapidamente que só davam a aparência de ser sólidas e completas (similar, como mais tarde eu descobriria, à forma como uma massa giratória de partículas subatômicas produz a aparência de algo indivisível e sólido). E, depois de observar meu medo desse modo, comecei a pensar: "Humm, isso é interessante. Este medo não é tão grande e poderoso. Na verdade, ele chega a ser inofensivo. É só um apanhado de sensações transitórias que aparecem, permanecem por um ou dois segundos e depois desaparecem."

Isso não aconteceu da noite para o dia, é claro. Precisei passar algumas semanas imerso no processo, como uma espécie de cientista maluco absorto em um experimento. Também tive o benefício de vários anos de treinamento para me apoiar.

Mas saí da experiência valorizando todos os diferentes métodos que o Buda proporcionou tantos séculos atrás para ajudar pessoas que ele jamais conheceria pessoalmente a superar essas dificuldades. Algum tempo depois, quando comecei a aprender mais sobre a estrutura e o funcionamento do cérebro e sobre as revelações acerca da natureza da realidade descrita pelos físicos modernos, fiquei ainda mais impressionado com os paralelos entre as técnicas às quais o Buda chegou por meio da introspecção e as explicações obtidas por meio da observação objetiva da realidade.

Algumas vezes, porém, o objeto associado a uma emoção negativa — seja ele uma pessoa, um local ou um evento – é nítido ou presente demais para ser ignorado. Se esse for o caso, meu conselho é não tentar bloqueá-lo. Use-o. Repouse sua atenção na forma, no cheiro, no sabor ou em qualquer outra percepção sensorial com a qual você tenha aprendido a trabalhar. Dessa forma, o objeto da emoção pode se tornar, por si só, um suporte muito poderoso para a meditação.

Essa abordagem é útil quando você começa a trabalhar diretamente com as aflições mentais básicas descritas na Parte I deste livro. Quando fui apresentado ao tema das aflições mentais, pensei: "Ah, não! Sou cheio de defeitos. Sou ignorante. Tenho vários apegos e aversões. Estou preso à infelicidade pelo resto da minha vida." Então, ouvi um antigo provérbio. Não sei se é baseado em algum fato, mas ele diz algo assim: "Os pavões comem veneno e o veneno que eles comem é transformado em belas penas."

Tendo passado a maior parte de minha infância preso em uma pequena bolha de medo e ansiedade, sei como as aflições mentais podem ser fortes. Passei 13 anos pensando que morreria — e algumas vezes desejando morrer só para me livrar do medo que sentia. Depois que entrei no retiro e precisei encarar essas aflições, aprendi que a ignorância, o apego e a aversão constituíam o material que me foi dado para trabalhar, que, como o veneno que os pavões comem, acabaram revelando-se fonte de uma grande bênção.

Cada aflição mental é, na verdade, uma base para a sabedoria. Se ficarmos presos a nossas aflições ou tentarmos reprimi-las, acabaremos criando mais problemas para nós mesmos. Se, em vez disso, olharmos diretamente para elas, as coisas que achamos que nos matariam, aos poucos se transformam nos suportes mais poderosos para a meditação que jamais poderíamos imaginar.

As aflições mentais não são nossas inimigas. Elas são aliadas.

E esta é uma verdade difícil de aceitar. Mas, a cada vez que você sentir um impulso de fugir delas, pense no pavão. O veneno não tem um sabor muito bom. Mas, se você o engolir, ele se transformará em beleza.

Assim, para a nossa lição final sobre a prática, vamos dar uma olhada nos antídotos meditativos que podemos aplicar quando estamos diante das nossas experiências mais ameaçadoras e desagradáveis. À medida que analisamos essas práticas, passamos a reconhecer que o nível no qual qualquer experiência nos afasta, assusta ou parece nos enfraquecer é o mesmo nível no qual essas mesmas experiências podem nos tornar mais fortes, confiantes, abertos e capazes de aceitar as infinitas possibilidades da nossa natureza búdica.

13. COMPAIXÃO: ABRINDO O CORAÇÃO DA MENTE

Olhe para todas as pessoas com o coração aberto e amoroso.

Shāntideva, *O Caminho do Bodisatva*,
publicado em português pela Editora Makara.

Como todos nós vivemos em uma sociedade humana em um único planeta, precisamos aprender a conviver. Em um mundo privado de compaixão, a única forma de convivermos é por meio da coerção de instituições: polícia, exércitos e as leis e armas que os sustentam. Mas, se pudermos aprender a desenvolver a bondade amorosa e compaixão — um espontâneo entendimento de que tudo o que fazemos em nosso próprio benefício deve beneficiar os outros e vice-versa —, não precisaríamos de leis ou exércitos, polícia, armas ou bombas. Em outras palavras, a melhor forma de segurança que podemos oferecer a nós mesmos é desenvolver um coração aberto.

Já ouvi dizer que, se todos fossem gentis e compassivos, o mundo seria um lugar entediante. As pessoas não seriam nada além de cordeiros, andando desocupadas de um lado para outro sem nada para fazer. Nada poderia estar mais distante da verdade. Uma mente compassiva é uma mente diligente. Não há fim para os problemas deste mundo: milhares de crianças morrem de fome todos os dias; pessoas são massacradas em guerras que nem chegam a ser cobertas pela mídia; gases venenosos estão se acumulando na atmosfera, ameaçando nossa existência. Mas nem precisamos olhar tão longe para encontrar o sofrimento. Podemos vê-lo ao nosso redor: em colegas que passam pela dor do divórcio; em parentes que lidam com doenças físicas ou mentais; em amigos que perderam seus empregos; e em centenas de animais mortos todos os dias por serem indesejados, por estarem perdidos ou abandonados.

Se você realmente quiser ver o quão ativa uma mente compassiva pode ser, há um exercício muito simples que provavelmente não tomará mais de cinco minutos do seu tempo. Pegue uma caneta e papel e faça uma lista de dez problemas que você gostaria de ver resolvidos. Podem ser problemas globais ou questões que o cercam. Você não precisa pensar em soluções. Simplesmente faça a lista.

O simples ato de escrever essa lista mudará sua atitude significativamente. Isso despertará a compaixão natural da sua verdadeira mente.

O SIGNIFICADO DE BONDADE AMOROSA E COMPAIXÃO

> *Se fizéssemos uma lista das pessoas das quais não gostamos... descobriríamos muito sobre os aspectos de nós mesmos que não conseguimos encarar.*
>
> PEMA CHÖDRÖN, *Start Where You Are*.

Recentemente, um aluno me disse que achava que "bondade amorosa" e "compaixão" eram termos frios. Essas palavras soavam muito distantes e acadêmicas, muito parecidas com um exercício intelectual de ter pena das outras pessoas. "Por que", ele perguntou, "não podemos usar uma palavra mais simples e diretas, como 'amor'?"

Há alguns bons motivos pelos quais os budistas usam os termos "bondade amorosa" e "compaixão", e não um termo mais simples como "amor". A palavra "amor" está tão ligada a reações mentais, emocionais e físicas associadas ao desejo que há algum perigo em associar esse aspecto da abertura da mente com o reforço da ilusão essencialmente dualista de "eu" e "outro": "*Eu o* amo" ou "*Eu* amo *isto*". Há um sentido de dependência do objeto amado e uma ênfase no benefício pessoal de amar e ser amado. Sem dúvida, há exemplos de amor, como o vínculo entre um pai e um filho, que transcendem o benefício pessoal para incluir o desejo de beneficiar outra pessoa. A maioria dos pais provavelmente concordaria que o amor que sentem em relação aos filhos envolve mais sacrifício do que recompensas pessoais.

Entretanto, em geral, os termos "bondade amorosa" e "compaixão" servem como "faróis vermelhos" linguísticos. Eles nos fazem parar e pensar sobre o nosso relacionamento com os outros. Sob a perspectiva budista, a *bondade amorosa* é o desejo de que todos os seres senscientes — mesmo aqueles de quem não gostamos — vivenciem o mesmo senso de alegria e liberdade que nós mesmos desejamos sentir: um reconhecimento de que todos nós vivenciamos os mesmos tipos de desejos e necessidades; o desejo de viver nossas vidas em paz e sem medo da dor. Até uma formiga ou uma barata vivencia os mesmos tipos de necessidades e medos que os humanos. Como seres senscientes, somos todos parecidos; somos todos relacionados. A bondade amorosa implica um tipo de desafio para desenvolver essa consciência de afetuosidade ou de que partilhamos muitos pontos em comum em um nível emocional, e até físico, em vez de permitir que o termo permaneça em um conceito intelectual.

A *compaixão* leva essa capacidade de considerar outro ser senciente como um igual ainda mais longe. Seu significado básico é "sentir com", um reconhecimento de que o que você sente eu sinto. Tudo o que o prejudica me prejudica. Tudo o que o beneficia me beneficia. A compaixão, em termos budistas, é uma completa identificação com os outros e uma prontidão ativa para ajudá-los de qualquer maneira.

Vamos olhar para isso na prática. Se você mentir para alguém, por exemplo, quem você realmente prejudica? *A si mesmo*. Você precisa viver com o peso de se lembrar da mentira que contou, eliminar todos os rastros e talvez montar toda uma rede de novas mentiras para impedir que a mentira original seja descoberta. Ou suponha que você roube alguma coisa, mesmo algo tão sem valor quanto uma caneta, do seu escritório ou de outro lugar. Pense no número de grandes e pequenas ações envolvidas para esconder o que você fez. E, apesar de toda a energia gasta para encobrir sua ação, você quase inevitavelmente será pego. Não há como esconder cada detalhe. Assim, no final, o que você de fato fez foi despender muito tempo e esforço, que poderia ter sido direcionado para algo mais construtivo.

A compaixão é essencialmente o reconhecimento de que todos e tudo são um reflexo de todas as outras pessoas e todas as outras coisas. Um texto antigo chamado *Avatamsaka Sutra* descreve o universo como uma rede infinita gerada pelo desejo de Indra, uma divindade hindu. Em cada conexão dessa rede infinita, há uma joia magnificamente polida e infinitamente facetada, que reflete, em cada uma de suas facetas, todas as facetas de todas as outras joias da rede. Uma vez que a própria rede, o número de joias e o número de facetas de cada joia são infinitos, o número de reflexões também é infinito. Quando qualquer joia nessa rede infinita é alterada de qualquer forma, todas as outras joias na rede também mudam.

A história da rede de Indra é uma explicação poética para as conexões algumas vezes misteriosas que observamos entre eventos aparentemente não relacionados. Nos últimos tempos, tenho ouvido de vários alunos que muitos cientistas modernos têm se debatido por muito tempo com a questão das conexões — ou emaranhamentos, como são chamadas pelos físicos — entre partículas que não são óbvias para a mente humana ou visíveis em um microscópio. Ao que parece, experimentos envolvendo partículas subatômicas conduzidos ao longo de algumas décadas sugerem que tudo o que foi conectado em um momento retém essa conexão para sempre. Como as joias da rede de Indra, tudo o que afeta qualquer uma dessas pequenas partículas automaticamente afeta outra, independentemente do tempo e do espaço que as separam. E, como uma das teorias atuais da física moderna sustenta que toda matéria foi conectada em um único ponto no começo do big bang que criou nosso universo, é *teoricamente* possível — apesar de ainda não provado — que o que afeta uma partícula em nosso universo também afete todas as outras.

A profunda inter-relação sugerida pela história da rede de Indra — embora, no momento, seja apenas uma analogia à teoria científica contemporânea — pode algum dia revelar-se um fato científico. E essa possibilidade, por sua vez, transforma toda essa ideia de cultivar a compaixão não apenas em uma ideia interessante mas em uma questão concreta de imensas proporções. Com uma simples mudança de perspectiva, você pode não apenas alterar a própria experiência, mas também mudar o mundo

APRENDENDO AOS POUCOS

Liberte-se de qualquer apego pela experiência.

9º GYALWANG KARMAPA, *Mahāmudrā: The Ocean of Definitive Meaning*,
traduzido para o inglês por Elizabeth M. Callahan.

Treinar em bondade amorosa e compaixão deve ser algo feito de forma gradual. Caso contrário, é muito fácil tentar captar coisas demais e cedo demais — uma tendência ilustrada por uma história de advertência que me contaram quando iniciei essa etapa do meu treinamento. A história diz respeito a Milarepa, amplamente reconhecido como um dos mais iluminados mestres tibetanos, que ensinava principalmente por meio de canções e poemas que compunha na hora. Ao longo de sua vida, Milarepa viajou muito e, certo dia, ele chegou a uma vila e sentou-se para cantar. Um dos habitantes da vila ouviu a canção e ficou totalmente extasiado pela ideia de abrir mão de tudo a que estava apegado e viver como um eremita, para se tornar iluminado o mais rapidamente possível e ajudar o maior número de pessoas no mundo, durante o tempo que lhe restava.

Quando contou o que pretendia fazer, Milarepa gentilmente o aconselhou que seria uma ideia melhor ficar em casa por um tempo e começar a praticar compaixão de uma forma mais gradual. Mas o homem insistia que queria abandonar tudo imediatamente e, ignorando o conselho de Milarepa, correu para casa e, de modo febril, começou a doar tudo o que possuía, inclusive sua casa. Depois de juntar alguns itens necessários em um lenço, ele partiu para as montanhas, encontrou uma caverna e sentou-se para meditar, sem ao menos ter praticado antes e sem ao menos ter dedicado algum tempo para aprender como fazê-lo. Três dias depois, o pobre homem estava faminto, exausto e congelando. Após cinco dias passando fome e desconforto, ele queria voltar para casa, mas estava envergonhado demais. "Eu fiz tanto escândalo ao largar tudo e sair para meditar", ele pensou, "o que as pessoas vão pensar se eu retornar depois de apenas cinco dias?".

Mas, ao final do sétimo dia, ele não conseguia mais suportar o frio e a fome e voltou à sua vila. Envergonhado, ele bateu à porta de todos os seus vizinhos perguntando se eles se importariam em devolver suas coisas. Ele recebeu tudo de volta e, depois de se restabelecer, o homem voltou a procurar Milarepa e, com profunda humildade, pediu instruções preliminares em meditação. Seguindo o caminho gradual que Milarepa lhe ensinou, com o tempo, ele se tornou um meditador de grande sabedoria e compaixão e pôde beneficiar muitas outras pessoas.

A moral da história, é claro, é resistir à tentação de apressar a prática na expectativa de resultados imediatos. Como nossa perspectiva dualista de "eu" e "outro" não se desenvolveu da noite para o dia, não podemos esperar superá-la de uma vez só. Se nos apressarmos no caminho da compaixão, na melhor das hipóteses, acabaremos como o homem que, imprudentemente, abriu mão de tudo o que tinha. Na pior das hipóteses, acabaremos nos arrependendo de um ato de caridade, criando para nós mesmos um obstáculo mental que pode levar anos para ser superado.

Esse ponto foi enfatizado reiteradas vezes pelo meu pai e por meus outros professores. Se você seguir um caminho gradual, sua vida pode não mudar no dia seguinte, na próxima semana ou mesmo daqui a um mês. Mas, quando olhar para trás depois de um ano ou muitos anos, você *verá* a diferença. Você vai se ver cercado de companheiros amorosos e que o apoiam. Quando entrar em conflito com outras pessoas, as palavras e ações delas não parecerão tão ameaçadoras quanto antes. Qualquer sofrimento ou dor que você tenha sentido assumirá proporções muito mais administráveis e realistas, talvez até diminuindo em importância, se comparado com o que outras pessoas que você conhece talvez estejam passando.

O caminho gradual que aprendi sobre o desenvolvimento da compaixão em relação aos outros consiste em três "níveis", cada um a ser praticado por vários meses — similar à forma como os alunos aprendem a matemática básica — antes de avançar para aplicações superiores. O Nível Um envolve aprender como desenvolver um tipo de atitude compassiva em relação a si mesmo e aos outros seres próximos a você. O Nível Dois, em desenvolver bondade amorosa e compaixão incomensuráveis em relação a todos os seres. O Nível Três é conhecido como a *bodhicitta*.

Na verdade, há dois tipos, ou níveis de bodhicitta: o absoluto e o relativo. A *bodhicitta absoluta* é um reconhecimento espontâneo de que todos os seres sencientes, independentemente de como agem ou aparentam, já são completamente iluminados. Em geral, é necessário ter muita prática para atingir esse nível de reconhecimento espontâneo. A *bodhicitta relativa* envolve o cultivo do desejo de que todos os seres sencientes se tornem completamente livres do sofrimento por meio do reconhecimento da sua verdadeira natureza e agindo para realizar esse desejo.

NÍVEL UM

> *Quando pensar em um prisioneiro condenado... imagine que seja você.*
>
> PATRUL RINPOCHE, *As Palavras do Meu Professor Perfeito*,
> publicado em português pela Editora Makara.

A meditação sobre a bondade amorosa e a compaixão compartilha muitas semelhanças com as práticas shinay, das quais já falamos. A principal diferença é a escolha do objeto no qual repousamos nossa atenção e os métodos que utilizamos para repousar nossa atenção. Uma das lições mais importantes que aprendi em meus anos de treinamento formal foi que, sempre que bloqueava a compaixão, que é uma qualidade natural de minha mente, inevitavelmente acabava me sentindo pequeno, vulnerável e temeroso.

É fácil achar que *nós somos* os únicos a sofrer, enquanto outras pessoas são de alguma forma imunes à dor, como se tivessem nascido com algum tipo de conhecimento especial sobre ser feliz, por meio de algum acidente cósmico, que nunca recebemos. Ao pensar assim, fazemos com que nossos próprios problemas pareçam muito maiores do que realmente são.

Eu fui tão responsável por essa crença quanto todo mundo e, como resultado, me permiti ficar isolado, preso em um modo dualista de pensar, colocando meu "eu" fraco, vulnerável, contra todas as outras pessoas do mundo, que eu considerava muito mais fortes, felizes e seguras. O poder que eu achava que as outras pessoas tinham sobre mim se tornou uma terrível ameaça a meu próprio bem-estar. A qualquer momento, eu pensava, alguém poderia encontrar uma forma de destruir toda a segurança ou felicidade que eu conseguira atingir.

Depois de trabalhar com as pessoas durante anos, dei-me conta de que não era o único a ter sentimentos desse tipo. Alguma parte de nosso cérebro reptiliano imediatamente avalia se estamos diante de um amigo ou inimigo. Aos poucos, essa percepção se estende aos objetos inanimados, até que tudo — um computador, um fusível queimado, a luz piscante de uma secretária eletrônica — parece um tanto ameaçador.

Quando comecei a praticar a meditação sobre compaixão, contudo, descobri que minha sensação de isolamento começou a diminuir, enquanto, ao mesmo tempo, meu senso pessoal de autonomia e força começou a crescer. Onde eu só via problemas, comecei a ver soluções. Onde no passado eu via minha própria felicidade como algo mais importante que a felicidade alheia, comecei a ver o bem-estar dos outros como as bases para a minha própria paz de espírito.

Da maneira como me ensinaram, o desenvolvimento da bondade amorosa e da compaixão começa com o aprendizado de como apreciar a si mesmo. Trata-se de uma lição difícil, especialmente para pessoas que cresceram em culturas nas quais não é comum ater-se a fraquezas pessoais, ao invés de forças pessoais. Não se trata de um problema particularmente ocidental. Desenvolver uma atitude compassiva em relação a mim mesmo literalmente salvou minha vida durante meu primeiro ano de retiro. Eu poderia nunca ter saído do meu quarto se não tivesse confrontado minha verdadeira natureza, olhado profundamente em minha própria mente e visto sua verdadeira força, em vez da vulnerabilidade que sempre achei que estivesse presente.

Uma das coisas que me ajudaram quando estava sozinho em meu quarto foi me lembrar que a palavra em sânscrito para "ser humano" é *purusha*, que basicamente significa "algo que tem força". Ser humano significa ter força; mais especificamente, a força de realizar o que quisermos. E o que queremos remete ao impulso biológico básico de ser feliz e evitar a dor.

Assim, no começo, desenvolver bondade amorosa e compaixão significa usar a si mesmo como o objeto do seu foco meditativo. O método mais fácil é um tipo de variação da "prática de escaneamento" descrita anteriormente. Se você estiver praticando formalmente, fique na postura dos sete pontos da melhor maneira possível. Fique com a coluna ereta enquanto mantém o restante do corpo relaxado e equilibrado e permita que sua mente relaxe em um estado de simples observação do que surge na consciência.

Após alguns momentos repousando sua mente na meditação sem objeto, faça um rápido "exercício de escaneamento", observando, gradualmente, seu corpo físico. À medida que escaneia seu corpo, permita-se reconhecer como é maravilhoso *ter* um corpo, bem como uma mente capaz de escaneá-lo. Permita-se reconhecer como esses fatos tão básicos da sua existência são magníficos, como você tem sorte de ter os dons extraordinários de um corpo e de uma mente! Repouse nesse reconhecimento por um momento e então, gentilmente, inclua o seguinte pensamento: "Como seria bom se eu pudesse sempre desfrutar dessa sensação de bem- estar. Como seria bom se eu pudesse sempre gozar dessa sensação de bem-estar e todas as causas que levam a me sentir feliz, tranquilo e bem."

Então, somente permita que sua mente repouse, aberta e relaxada. Não tente manter essa prática por mais de três minutos se estiver praticando formalmente ou mais de alguns segundos durante sessões de meditação informal. É muito importante praticar em sessões curtas e depois permitir que sua mente repouse. Breves sessões de prática seguidas de períodos de repouso permitem que essa nova consciência se estabilize — ou, em termos científicos ocidentais, dão a seu cérebro a chance de estabelecer novos padrões sem ser dominado pela antiga tagarelice neuronal. Quando abandona a prática, você dá a si mesmo a chance de permitir que os efeitos o inundem de sentimento positivo.

Uma vez que você se familiariza com o próprio desejo de felicidade, fica muito mais fácil estender essa consciência aos outros seres sencientes a seu redor — pessoas, animais e até insetos. A prática da bondade amorosa e da compaixão em relação aos outros essencialmente envolve cultivar o reconhecimento de que todas as criaturas vivas querem sentir-se plenas, seguras e felizes. Tudo o que você precisa fazer é lembrar-se de que tudo o que se passa na mente de outra pessoa é o mesmo que se passa na sua. Quando você se lembra disso, percebe que não há motivo para ter medo de qualquer pessoa ou qualquer coisa. A única razão pela qual você está sempre com medo é quando falha em reconhecer que qualquer coisa ou qualquer pessoa que estiver enfrentando é exatamente como você: uma criatura que só quer ser feliz e estar livre do sofrimento.

Os textos budistas clássicos ensinam que deveríamos nos concentrar primeiro em nossas mães, que demonstraram maior afeição possível em relação a nós ao nos carregar em seus corpos, trazer-nos ao mundo e cuidar de nós nos primeiros anos de nossas vidas, muitas vezes com muito sacrifício. Entendo que muitas pessoas nas culturas ocidentais nem sempre têm relacionamentos amáveis e afetuosos com seus pais — casos nos quais usar o pai ou a mãe como objetos de meditação não seria algo muito prático. Nesses casos, é perfeitamente aceitável concentrar-se em outro objeto, como um parente especialmente bondoso, um professor, um amigo ou uma criança. Algumas pessoas escolhem se concentrar em seus animais de estimação. Não importa o objeto da sua meditação; o importante é repousar levemente sua atenção em algo ou alguém em relação ao qual você tem um profundo sentimento de afeto ou carinho.

Ao assumir a bondade amorosa e a compaixão como uma prática formal, comece mantendo a postura dos sete pontos ou, pelo menos (se estiver sentado em um ônibus, por exemplo), mantendo sua coluna reta enquanto permite que seu corpo repouse naturalmente. Como em qualquer prática de meditação, uma vez que posicionar seu corpo, o próximo passo será permitir que sua mente repouse naturalmente por alguns instantes e desligar-se de tudo o que você possa estar pensando no momento. Somente permita que sua mente respire em um grande suspiro de alívio.

Depois de repousar sua mente por alguns momentos na meditação sem objeto, conduza sem esforço sua consciência para a pessoa pela qual você tenha mais facilidade de sentir carinho, afeição ou interesse. Não se surpreenda se a imagem de alguém ou alguma coisa que você não escolheu deliberadamente aparecer com mais força do que o objeto com o qual você pode ter escolhido trabalhar. Isso acontece, muitas vezes de forma bastante espontânea. Um de meus alunos começou sua prática formal pretendendo concentrar-se em sua avó, que foi muito afetuosa com ele quando era jovem; mas a imagem que insistia em aparecer era a de um coelho que ele tinha na infância. Esse é só um exemplo da afirmação da sabedoria natural da mente. Na verdade, ele tinha várias memórias afetuosas associadas ao coelho e, quando, finalmente, se entregou a elas, a prática se tornou bastante fácil.

Por vezes, você pode perceber que sua mente produz espontaneamente memórias de uma experiência agradável que você teve com alguém, e não uma imagem mais abstrata da pessoa que escolheu como objeto de meditação. Tudo bem se isso acontecer. O importante em cultivar a bondade amorosa e a compaixão é permitir-se vivenciar sentimentos genuínos de afeto, carinho ou afeição.

À medida que prossegue, permita que o senso de afeto ou carinho se estabeleça em sua mente, como uma semente plantada no solo, alternando por alguns minutos entre vivenciar essa experiência e permitir que sua mente repouse na meditação sem objeto. Enquanto alterna entre esses dois estados, permita-se desejar que o objeto da sua meditação possa vivenciar o mesmo senso de abertura e afeto que você sente em relação a ele ou a ela.

Depois de praticar dessa maneira por algum tempo, você está pronto para ir um pouco mais fundo. Comece como antes, assumindo a postura apropriada e permitindo que sua mente repouse na meditação sem objeto por alguns momentos; em seguida, traga à mente o objeto de sua bondade amorosa e compaixão. Uma vez que tenha estabelecido o objeto da sua meditação, há algumas formas diferentes de prosseguir. A primeira é imaginar o objeto escolhido em um estado de muita tristeza ou dor. Se o objeto escolhido já estiver nessa condição, pense em sua condição presente. De qualquer forma, a imagem que você chama à mente naturalmente produz uma profunda sensação de amor e vínculo e um profundo desejo de ajudar. Pensar que alguém ou alguma coisa com a qual você se importa está sentindo dor pode partir seu coração. Mas um coração partido é um coração aberto. E é uma oportunidade para que o amor e a compaixão fluam através de você.

Outra abordagem é repousar levemente sua atenção no objeto escolhido enquanto se pergunta: "O quanto *eu* quero ser feliz? O quanto *eu* quero evitar a dor ou o sofrimento?" Permita que seu pensamento sobre esses pontos seja o mais específico possível. Por exemplo, se você estivesse em algum lugar muito quente, não preferiria ir para um lugar mais aberto ou fresco? Se estivesse sentindo algum tipo de dor física, não gostaria que a dor fosse aliviada? Enquanto pensa em suas respostas, conduza lentamente sua atenção ao objeto escolhido e imagine como ele se sentiria na mesma situação. Essa prática não apenas abre seu coração aos outros seres, mas também dissolve a própria identificação com qualquer dor ou desconforto que possa estar sentindo.

Cultivar bondade amorosa e compaixão em relação às pessoas que você conhece e com as quais você se importa não é tão difícil porque, mesmo quando você quer estrangulá-las por serem teimosas ou tolas, na verdade você ainda as ama. É um pouco mais difícil estender o mesmo senso de afeto e vínculo às pessoas que você não conhece — e ainda mais difícil estender essa consciência às pessoas das quais você não gosta.

Há algum tempo ouvi a história de um homem e uma mulher que moravam na China, talvez quarenta ou cinquenta anos atrás. Eles haviam acabado de se casar e, quando a noiva se mudou para a casa do marido, ela imediatamente começou a brigar com a sogra por causa de pequenas questões caseiras. Aos poucos, as diferenças aumentaram, até que esposa e sogra não suportavam sequer olhar uma para a outra. A noiva via a sogra como uma velha bruxa que interferia em tudo, enquanto a sogra pensava na jovem esposa de seu filho como uma criança arrogante que não tinha nenhum respeito para com os mais velhos.

Não havia nenhum motivo real para que a raiva tivesse crescido daquela forma. Mas, um dia, a esposa ficou tão furiosa com a sogra que decidiu que precisava tomar alguma providência para tirá-la do caminho. Então, foi ao médico e pediu um veneno para colocar na comida da sogra.

Ao ouvir as reclamações da jovem esposa, o médico concordou em vender o veneno. "Mas", ele advertiu, "se eu lhe desse algo forte e com efeito imediato, todos apontariam o dedo para você e diriam que você envenenou sua sogra, e também descobririam que você comprou o veneno de mim, o que não seria bom para nenhum de nós. Então, vou lhe dar um veneno mais suave que terá um efeito bem gradual, de modo que ela não morrerá imediatamente".

Ele também a instruiu que, enquanto estivesse dando o remédio, deveria tratar a sogra muito, muito bem. "Sirva todas as refeições com um sorriso", ele aconselhou. "Diga que você espera que ela goste da comida e pergunte se ela quer que você faça mais alguma coisa. Seja muito humilde e doce para que ninguém suspeite de você."

Ela concordou e levou o veneno para casa. Na mesma noite, começou a colocar o veneno na comida da sogra e, muito educadamente, lhe ofereceu a refeição. Depois de alguns dias sendo tratada com tanto respeito, a sogra começou a mudar sua opinião sobre a esposa do filho. "Talvez ela não seja tão arrogante assim", a velha mulher pensou. "Talvez eu tenha me enganado a respeito dela." E, aos poucos, começou a tratar a nora com mais gentileza, elogiando as refeições e a maneira como ela administrava o lar e até conversando e contando piadas.

E, à medida que a atitude e o comportamento da mulher mudavam, o da jovem também mudava. Depois de alguns dias, ela começou a pensar: "Talvez minha sogra não seja tão ruim quanto imaginei. Na verdade, ela até parece ser uma pessoa muito boa."

Isso continuou por cerca de um mês, até que as duas mulheres passaram a ser boas amigas. E começaram a se dar tão bem que, em um determinado momento, a moça parou de envenenar a comida da sogra. E, então, começou a se preocupar porque percebeu que já havia colocado tanto veneno em cada refeição que a sogra poderia morrer.

Assim, voltou ao médico e disse: "Cometi um erro. Na verdade, minha sogra é uma pessoa muito boa. Eu não deveria tê-la envenenado. Por favor, me ajude e me dê um antídoto para o veneno."

O médico ficou em silêncio por um momento depois de ouvir a moça. "Sinto muito", ele lhe disse. "Não tenho como ajudá-la. Não existe um antídoto."

Ao ouvir aquilo, a moça ficou terrivelmente abalada e começou a chorar, jurando que se mataria. "Por que você iria querer se matar?", o médico perguntou.

A moça respondeu: "Porque envenenei uma boa pessoa e agora ela vai morrer. Eu deveria tirar minha própria vida para me punir pelo ato terrível que cometi."

Mais uma vez, o médico ficou em silêncio por um momento e então começou a rir.

"Como você pode rir desta situação?", a moça perguntou, indignada.

"Porque você não precisa se preocupar com nada", ele respondeu. "Não existe um antídoto para o veneno porque nunca lhe dei veneno algum. O que lhe dei foi uma erva inofensiva."

Gosto dessa história porque é um exemplo simples de como uma transformação natural da experiência pode ocorrer com tanta facilidade. No começo, a noiva e a sogra se odiavam. Cada uma achava que a outra era terrível. Quando começaram a se tratar de forma diferente, entretanto, passaram a se ver sob uma nova perspectiva. Cada uma via a outra como uma pessoa basicamente boa e acabaram se tornando boas amigas. Como pessoas, elas não mudaram em nada. A única coisa que mudou foi sua perspectiva.

A vantagem dessas histórias é que elas nos forçam a ver que nossas impressões iniciais em relação aos outros podem estar equivocadas. Não há motivo para nos sentirmos culpados por esses erros; eles são meramente o resultado da ignorância. E, felizmente, o Buda nos ofereceu uma prática de meditação que nos fornece não apenas os meios para reparar tais erros, mas também para preveni-los no futuro. A prática é conhecida como "trocar de lugar com o outro", que, simplificando, significa imaginar-se no lugar de alguém ou de alguma coisa da qual você não goste muito.

Apesar de a prática de trocar de lugar com o outro poder ser feita em qualquer momento e em qualquer lugar, é aconselhável aprender o básico por meio da prática formal. A prática formal funciona um pouco como carregar a bateria de um celular. Uma vez que a bateria está totalmente carregada, você pode usar o celular por um bom tempo em vários locais e em várias circunstâncias. Mais cedo ou mais tarde, entretanto, a bateria acaba e você precisa carregá-la novamente. A grande diferença entre carregar uma bateria e desenvolver bondade amorosa e compaixão é que, no final, por meio da prática formal, o hábito de reagir com compaixão a outros seres cria uma série de conexões neuronais que perpetuam a si mesmas e não perdem a sua "carga".

O primeiro passo na prática formal é, como de hábito, manter a postura correta e permitir que sua mente repouse por alguns momentos. Então, traga à mente alguém ou algo do qual você não goste. Não julgue o que você sente. Conceda a si mesmo a permissão total para sentir o que vier. O simples ato de se livrar de julgamentos e justificativas permitirá que você vivencie certo grau de abertura e clareza.

O próximo passo é admitir a si mesmo que o que está sentindo — raiva, ressentimento, inveja ou desejo — é, por si só, a fonte de qualquer dor ou desconforto que você possa estar vivenciando. O objeto do seu sentimento não é a fonte de sua dor, mas sim sua própria reação mentalmente gerada em relação à pessoa ou coisa na qual você está se concentrando.

Por exemplo, você pode voltar a atenção a alguém que disse algo que talvez lhe tenha soado cruel, crítico ou desdenhoso — ou até a alguém que tenha dito uma grande mentira. Então, permita-se reconhecer que tudo o que aconteceu é que alguém emitiu sons e que você os ouviu. Se você passou algum tempo por menor que seja — praticando a meditação sobre o som, esse aspecto de "trocar de lugar com o outro" provavelmente lhe parecerá familiar.

Neste ponto, três opções estão disponíveis. A primeira, e mais provável, opção é permitir-se ser consumido pela raiva, culpa ou ressentimento.

A segunda (que é muito improvável) é pensar: "Eu deveria ter passado mais tempo meditando sobre o som."

A terceira opção é imaginar-se como a pessoa que disse ou fez algo que, em sua percepção, lhe provocou dor. Pergunte a si mesmo se o que essa pessoa disse ou fez foi de fato motivado por um desejo de magoá-lo ou se a pessoa estava tentando aliviar a própria dor ou medo.

Em muitos casos, você já sabe a resposta. Você pode ter ouvido algo sobre a saúde ou o relacionamento dessa pessoa ou sobre alguma ameaça à sua posição profissional. Mas, mesmo se não conhecer as especificidades da situação dessa pessoa, você saberá, por sua própria prática em desenvolver compaixão por si mesmo e estendê-la aos outros, que há apenas um motivo possível por trás do comportamento de alguém: o desejo de se sentir seguro ou feliz. E, se as pessoas dizem ou fazem algo que magoa, é porque elas não se sentem seguras ou felizes. Em outras palavras, elas estão com medo.

E você sabe como é estar com medo.

Reconhecer isso em outra pessoa é a essência de trocar de lugar com o outro.

Outro método de trocar de lugar com o outro é escolher um foco "neutro" — uma pessoa ou um animal que você pode não conhecer diretamente, mas de cujo sofrimento você, de alguma forma, está ciente. Seu foco pode ser uma criança em outro país, morrendo de sede ou fome, ou um animal preso em uma armadilha, desesperadamente mastigando sua própria perna para escapar. Esses seres "neutros" vivenciam todos os tipos de sofrimento sobre os quais não têm nenhum controle e dos quais não podem se proteger ou se livrar. E a dor que eles sentem e seu desejo desesperado de se livrar dela são facilmente compreensíveis, porque você compartilha o mesmo impulso básico. Assim, embora não os conheça, você reconhece seu estado de espírito e vivência a dor e o medo como seus. Estou disposto a apostar que estender a compaixão dessa forma — em relação a pessoas das quais você não gosta ou que você não conhece — não o transformará em um velho cordeiro entediado e preguiçoso.

NÍVEL DOIS

Que todos os seres tenham a felicidade e as causas da felicidade.

Os Quatro Imensuráveis.

Há uma prática de meditação específica que pode ajudar a gerar bondade amorosa e compaixão incomensuráveis. Em tibetano, essa prática é chamada de *tonglen*, que pode ser traduzida como "enviar e tomar para si".

O tonglen é, na verdade, uma prática bastante fácil, exigindo apenas uma simples coordenação de imaginação e respiração. O primeiro passo se resume a reconhecer que, por mais que você queira obter a felicidade e evitar o sofrimento, outros seres também se sentem da mesma forma. Não há necessidade de visualizar seres específicos, apesar de você poder começar com uma visualização específica se considerar útil. Mais cedo ou mais tarde, entretanto, a prática de tomar para si e enviar se estende além do que você pode imaginar para incluir todos os seres sencientes incluindo animais, insetos e habitantes de dimensões que você desconhece ou não tem como ver.

O propósito, conforme me ensinaram, é lembrar que o universo está repleto de um número infinito de seres e pensar: "Da mesma forma como quero a felicidade, todos os seres querem a felicidade. *Da mesma forma como quero evitar o sofrimento, todos os seres querem evitar o sofrimento.* Sou só uma pessoa, enquanto o número de outros seres é infinito. O bem-estar desse número infinito é mais importante do que o de um." E, à medida que permite que esses pensamentos passem em sua mente, você começa a se ver ativamente envolvido em desejar que os outros se libertem do sofrimento.

Comece adotando a postura correta e permita que sua mente repouse por alguns momentos. Então, use a sua respiração para enviar toda a felicidade para todos os seres sencientes e absorver todo o seu sofrimento. Enquanto expira, imagine toda a felicidade e os benefícios que você adquiriu durante sua vida saindo de si na forma de luz pura que se espalha para todos os seres e se dissolve neles, preenchendo todas as suas necessidades e eliminando seu sofrimento. Assim que começar a expirar, imagine a luz imediatamente tocando todos os seres e, quando terminar de exalar, pense que a luz já se dissolveu neles. À medida que inala, imagine a dor e o sofrimento de todos os seres sencientes como uma luz negra e esfumaçada sendo absorvida por suas narinas e dissolvendo-se em seu coração.

Dando continuidade a essa prática, imagine que todos os seres estão livres do sofrimento e cheios de alegria e felicidade. Depois de praticar dessa forma por alguns instantes, permita que sua mente repouse. Então, reinicie a prática, alternando entre períodos de tonglen e de repouso da mente.

Se ajudar em sua visualização, você pode se sentar com o corpo bem ereto e repousar suas mãos com os punhos levemente fechados em cima de suas coxas. Ao expirar, abra seus dedos e deslize suas mãos para baixo em suas coxas na direção dos joelhos enquanto se imagina emitindo luz na direção de todos os seres. Enquanto inspira, deslize as mãos de volta para cima, formando os punhos levemente fechados, como se recolhesse a luz negra do sofrimento dos outros e a dissolvesse em seu coração.

O universo está cheio de tantos tipos diferentes de criaturas que é impossível ao menos imaginar todos, quanto mais oferecer ajuda direta e imediata a cada um deles. Mas, por meio da prática de tonglen, você abre sua mente para infinitas criaturas e deseja o bem estar delas. O resultado é que, mais cedo ou mais tarde, sua mente fica mais clara, mais calma, mais focada e mais consciente e você desenvolve a capacidade de ajudar os outros de formas infinitas, tanto direta quanto indiretamente.

Uma lenda popular tibetana ilustra os benefícios de desenvolver essa forma de compaixão que a tudo abrange. Um nômade que passou seus dias andando pelas montanhas era constantemente atormentado pelo chão áspero e espinhoso por não ter sapatos. Ao longo de suas viagens, ele começou a coletar as peles de animais mortos e espalhá-las nos caminhos das montanhas, cobrindo as pedras e os espinhos. No entanto, mesmo com grande esforço, ele só conseguiu cobrir várias centenas de metros quadrados. No final, ocorreu-lhe que, se usasse algumas pequenas peles para fazer um par de sapatos, ele poderia andar por milhares de quilômetros sem nenhuma dor. Ao se limitar a cobrir os pés com couro, ele cobriu toda a superfície do planeta com couro.

Da mesma forma, se você tentar lidar com cada conflito, cada emoção e cada pensamento negativo toda vez que ocorrerem, você será como o nômade tentando cobrir o mundo com couro. Se, por outro lado, trabalhar no sentido de desenvolver uma mente amorosa e tranquila, você pode aplicar a mesma solução para cada problema em sua vida.

NÍVEL TRÊS

> *Uma pessoa que... despertou a força da compaixão genuína será muito capaz de trabalhar física, verbal e mentalmente pelo bem-estar alheio.*
>
> JAMGÖN KONGTRUL, The Torch of Certainty,
> traduzido para o inglês por Judith Hanson.

A prática da bodhicitta — a mente do despertar — pode parecer quase mágica, no sentido de que, quando você escolhe lidar com as outras pessoas como se elas já estivessem totalmente iluminadas, elas tendem a reagir de uma maneira mais positiva, confiante e tranquila do que se você lidar com elas de outra forma. Mas, na verdade, não há nada de mágico nesse processo. Você está observando e agindo em relação às pessoas no nível do pleno potencial delas, e elas reagem da melhor maneira possível da mesma forma.

Como mencionado anteriormente, há dois aspectos da bodhicitta: a absoluta e a relativa. A bodhicitta absoluta é o vislumbre direto da natureza da mente. Na bodhicitta absoluta, ou na mente absolutamente desperta, não há distinção entre sujeito e objeto, "eu" e "outro"; todos os seres sencientes são espontaneamente reconhecidos como manifestações perfeitas da natureza búdica. No entanto, poucas pessoas são capazes de imediatamente vivenciar a bodhicitta absoluta. Eu, com certeza, não era capaz. Como a maioria das pessoas, precisei praticar o caminho mais gradual da bodhicitta relativa.

Há várias razões pelas quais esse caminho é chamado de "relativo". Em primeiro lugar, ele se relaciona à bodhicitta absoluta, no sentido de compartilhar o mesmo objetivo: a experiência direta da natureza búdica, ou mente desperta. Para usar uma analogia, a bodhicitta absoluta é como a cobertura de um prédio, enquanto a bodhicitta relativa pode ser comparado com os andares inferiores. Todos os andares fazem parte do mesmo prédio, mas cada um dos andares inferiores tem uma relação relativa com a cobertura. Se quisermos chegar à cobertura, precisamos passar por todos os andares inferiores. Em segundo lugar, quando atingimos o estado da bodhicitta absoluta, não há distinção entre os seres sencientes; cada ser vivo é compreendido como uma manifestação perfeita da natureza búdica. Na prática da bodhicitta relativa, entretanto, ainda estamos trabalhando no contexto de uma relação entre sujeito e objeto, ou "eu" e "outro". Finalmente, de acordo com muitos grandes professores, como Jamgön Kongtrul, em seu livro *The Torch of Certainty*, o desenvolvimento da bodhicitta absoluta depende do desenvolvimento da bodhicitta relativa.[11]

Desenvolver a bodhicitta relativa sempre envolve dois aspectos: aspiração e aplicação. A *bodhicitta da aspiração* envolve cultivar o desejo sincero de elevar todos os seres sencientes ao nível no qual eles reconheçam que são imbuídos de natureza búdica. Nós começamos pensando: "Eu gostaria de atingir o completo despertar para ajudar todos os seres sencientes a atingir o mesmo estado." A bodhicitta da aspiração se concentra no fruto, ou resultado, da prática. Nesse sentido, a bodhicitta da aspiração é como se concentrar na meta de conduzir todos a um destino — por exemplo, Londres, Paris ou Nova York. No caso da bodhicitta da aspiração, é claro, o "destino" é o despertar completo da mente, ou a bodhicitta absoluta. A *bodhicitta da aplicação* — muitas vezes, comparada nos textos clássicos a efetivamente dar os passos para chegar a um destino pretendido — foca no caminho para atingir a meta da bodhicitta da aspiração: a liberação de todos os seres sencientes de todas as formas e causas de sofrimento por meio do reconhecimento de sua natureza búdica.

Como mencionado, enquanto praticamos a bodhicitta relativa, ainda estamos presos em considerar os outros seres sencientes sob uma

---

11 Jamgön Kongtrul, T*orch of Certainty*, traduzido para o inglês por Judith Hanson (Boston: Shambhala, 1977), 60-61.

perspectiva levemente dualista, como se a existência deles fosse relativa à nossa própria. Mas, quando geramos a motivação para elevar não apenas a nós mesmos, mas todos os seres sencientes ao nível do completo reconhecimento da natureza búdica, algo estranho acontece: a perspectiva dualista de "eu" e "outro" começa, muito gradativamente, a se dissolver e desenvolvemos mais sabedoria e força para ajudar os outros e também a nós mesmos.

Como uma abordagem à vida, o cultivo da bodhicitta relativa é um aprimoramento na forma como normalmente lidamos com os outros, apesar de demandar certa carga de trabalho. É tão fácil condenar as pessoas que não concordam com o nosso próprio ponto de vista, não é mesmo? A maioria de nós faz isso da forma fácil e impensada de quem esmaga um mosquito, uma barata ou uma mosca. A essência do desenvolvimento da bodhicitta relativa é reconhecer que o desejo de esmagar um inseto e o impulso de condenar uma pessoa que discorda de nós são fundamentalmente a mesma coisa. Trata-se de uma reação de lutar ou fugir profundamente incrustada na camada reptiliana do nosso cérebros — ou, para colocar de forma menos elaborada, nossa natureza de crocodilo.

Assim, o primeiro passo no desenvolvimento da bodhicitta relativa é tomar a seguinte decisão: "Prefiro ser um crocodilo ou um ser humano?"

Sem dúvida, há vantagens em ser um crocodilo. Os crocodilos são muito bons em enganar os inimigos e sobreviver. Mas eles não conseguem amar ou sentir que são amados. Eles não têm amigos. Eles nunca podem vivenciar a alegria de criar os filhos. Eles não valorizam muito a arte ou a música. Eles não conseguem rir. E muitos deles acabam como sapatos.

Se você chegou até aqui na leitura deste livro, há muitas chances de que não seja um crocodilo. Mas você provavelmente conheceu algumas pessoas que agem como crocodilos. O primeiro passo no desenvolvimento da bodhicitta relativa é livrar-se de seu desagrado em relação a pessoas que agem como crocodilos e cultivar algum senso de compaixão em relação a elas, já que elas não reconhecem a riqueza e a beleza da vida e não participam dela. Se você conseguir agir assim, ficará muito mais fácil estender a bodhicitta relativa a todos os seres sencientes — incluindo crocodilos verdadeiros e todos os outros seres que podem incomodá-lo, amedrontá-lo ou enojá-lo. Se você apenas parar um momento para pensar no quanto essas criaturas não se beneficiam, seu coração quase automaticamente se abrirá para elas.

Na verdade, bodhicitta da aspiração e bodhicitta da aplicação são como duas faces da mesma moeda. Uma não pode existir sem a outra. A bodhicitta da aspiração é o cultivo de uma prontidão irrestrita para ajudar todos os seres vivos a atingir um estado de completa felicidade e liberdade da dor e do sofrimento. Não importa se você realmente é capaz de libertá-los. O que importa é a sua intenção. A bodhicitta da aplicação envolve as atividades necessárias para levar sua intenção adiante. Praticar um aspecto reforça sua habilidade de cultivar o outro.

Há muitas formas de praticar a bodhicitta da aplicação: por exemplo, tentar ao máximo abster-se de roubar, mentir, fofocar e falar ou agir de formas que intencionalmente causem dor; agir de forma generosa em relação aos outros; não alimentar discussões; falar gentil e calmamente, em vez de explodir; apreciar as boas coisas que ocorrem às outras pessoas, em vez de se permitir ser dominado pela inveja ou pelos ciúmes. Uma conduta assim é uma forma de estender a experiência da meditação a cada aspecto da sua vida cotidiana.

Não há inspiração maior, coragem maior, do que a intenção de conduzir todos os seres à perfeita liberdade e ao completo bem-estar de reconhecer sua verdadeira natureza. Não importa se você concretiza ou não essa intenção. A própria intenção tem tanto poder que, à medida que trabalha com ela, sua mente se fortalecerá; suas aflições mentais diminuirão; você se tornará mais habilidoso em ajudar outros seres; e, ao fazer isso, gerará as causas e as condições para seu próprio bem-estar.

14. COMO, QUANDO E ONDE PRATICAR

> *A confiança pura e forte... é algo*
> *a ser construído aos poucos.*
>
> 12º TAI SITU RINPOCHE, *Tilopa: Some Glimpses of His Life*,
> traduzido para o inglês por Ken Holmes.

Uma das perguntas que me fazem com mais frequência é: "Por que há tantos métodos e qual deles é o adequado para mim?"

Se olhar a seu redor, não é possível evitar reconhecer que não existem duas pessoas exatamente iguais em termos de temperamentos e capacidades. Algumas pessoas são muito boas com as palavras: compreendem facilmente as instruções verbais e sentem-se confortáveis em explicar as coisas verbalmente. Outras são mais "visuais": compreendem melhor as coisas quando a explicação é feita utilizando diagramas e figuras. Algumas pessoas têm o sentido da audição mais apurado do que outras, enquanto outras têm o sentido do olfato mais aguçado. Algumas pessoas são analíticas e têm muita facilidade em resolver fórmulas matemáticas complicadas. Outras são "poetas de coração", extremamente aptas em explicar o mundo a si mesmas e aos outros por meio de metáforas e analogias.

ESCOLHA O QUE FUNCIONA PARA VOCÊ

Coloque em guarda o vigia da atenção plena e repouse.

GYALWA YANG GÖNPA, traduzido para o inglês por Elizabeth M. Callahan.

Circunstâncias diferentes requerem providências diferentes, de forma que é sempre útil ter várias opções à disposição. Esse princípio se aplica a praticamente todos os aspectos da vida. Por exemplo, nos negócios ou nos relacionamentos pessoais, algumas vezes é melhor levar um tempo se acalmando,, revisando e comunicando suas ideias por e-mail enquanto em outras ocasiões um telefonema ou mesmo uma reunião presencial seria mais efetiva.

Da mesma forma, em termos de meditação, a técnica mais apropriada depende da situação específica, bem como de seu temperamento e suas capacidades pessoais. Quando você estiver lidando com emoções como tristeza, raiva ou medo, por exemplo, algumas vezes a prática de *tonglen* pode ser a melhor abordagem. Algumas vezes, utilizar a própria emoção como um foco para a prática *shinay* básica pode funcionar melhor. Muitas vezes, a única forma de encontrar a técnica que funciona melhor para você é por tentativa e erro.

O importante é escolher o método que lhe agrada mais e trabalhar com ele por algum tempo. Se você for uma pessoa mais "visual", tente trabalhar com a forma de meditação voltada para acalmar a mente. Se você for um tipo de pessoa mais alerta para as sensações físicas, tente escanear seu corpo ou concentrar-se na respiração. Se você for do tipo "verbal", tente trabalhar com um mantra. A técnica em si não importa. O importante é aprender a repousar a mente para trabalhar *com* ela, e não ser trabalhado *por* ela.

Entretanto, pelo fato de a mente ser tão ativa, é fácil entediar-se com um só método. Depois de alguns dias, semanas ou meses exercitando uma prática específica, é fácil se pegar pensando: "Ah, não, preciso meditar de novo." Suponha, por exemplo, que você comece meditando sobre a forma. No começo, parece muito bom e tranquilizador. Então, um dia, sem qualquer motivo aparente, você se cansa disso. Você odeia a ideia de meditar sobre a forma. Tudo bem se isso acontecer. Você não precisa meditar mais sobre a forma. Você pode tentar alguma outra coisa, como meditar sobre o som.

Por algum tempo, essa nova abordagem parece nova e muito emocionante. Você pode se pegar pensando: "Uau, nunca senti tanta clareza antes!" Então, depois de algum tempo, você se pega entediado com a nova técnica que adotou. Tudo bem se isso acontecer também. Se ficar entediado ao meditar sobre o som, você pode sempre tentar algo novo, como meditar sobre o cheiro, observar seus pensamentos ou voltar a atenção à sua respiração.

Fica claro agora por que o Buda ensinou tantas abordagens diferentes para a meditação? Mesmo antes da invenção da televisão, da Internet, dos rádios, dos aparelhos de MP3 e dos telefones, ele sabia como a mente humana é inquieta — e o quão desesperada ela é para ter distrações. Assim, ele nos deu várias maneiras de trabalhar com a natureza impaciente da mente.

Não importa o método escolhido, é muito importante, durante cada sessão, alternar entre focar um objeto e repousar a mente na meditação sem um objeto definido. O objetivo de exercitar esses suportes para a meditação é desenvolver um nível de estabilidade mental que lhe permita *conscientizar-se da sua própria mente à medida que ela percebe as coisas.* Repousar sua mente entre a meditação sem objeto e a meditação baseada em um objeto lhe dá uma chance de assimilar o que quer que você tenha vivenciado. Ao alternar entre esses dois estados, independentemente da situação na qual se encontra — se você está lidando com seus próprios pensamentos e emoções ou com uma pessoa ou situação que parece estar "lá fora" —, você gradualmente aprende a reconhecer que o que ocorre está intimamente relacionado à sua própria consciência.

PERÍODOS CURTOS, MUITAS VEZES

Liberte-se de todo o empenho.

TILOPA, *Ganges Mahāmudrā*, traduzido para o inglês por Elizabeth M. Callahan.

Estabelecer uma prática formal é uma das formas mais efetivas de interromper a velha fofoca neuronal que cria a percepção de um "eu" independente ou inerentemente existente e "outros" independentes ou inerentemente existentes. Ao reservar um tempo para a prática formal, você desenvolve um hábito construtivo que não apenas enfraquece seus padrões neuronais, mas efetivamente consegue estabelecer novos padrões que lhe permitem reconhecer a participação da sua própria mente na maneira como percebe.

Apesar de poder praticar formalmente a qualquer momento do dia, ensinaram-me que o melhor período para começar a prática formal é o primeiro momento da manhã, depois de uma boa noite do sono, ocasião em que sua mente está mais fresca e relaxada, antes de se envolver em todas as atividades diárias. Reservar um tempo para praticar antes de sair de casa para o trabalho ou fazer o que precisar ser feito estabelece o tom de todo o seu dia e também reforça seu próprio comprometimento para praticar ao longo do dia.

Para algumas pessoas, entretanto, meditar formalmente no início do dia não é possível e tentar forçar um período para a meditação de manhã em sua programação diária tenderá a fazer com que você encare a meditação como uma tarefa. Se você achar que esse é o caso, não hesite em escolher um horário mais conveniente — talvez na hora do almoço, depois do jantar ou logo antes de ir dormir.

Não há "regras" para a prática formal. Mas existe uma orientação muito prática que meu pai enfatizava várias vezes para todos os seus alunos de um modo que era fácil de lembrar: *períodos curtos, muitas vezes.*

Quando comecei a ensinar, descobri que muitos alunos que estavam se iniciando na meditação tendiam a estabelecer metas irreais para si mesmos. Eles achavam que, para meditar, precisavam sentar-se na postura perfeita de meditação por um tempo humanamente impossível. Então, eles se sentavam lá, tentando se engajar na meditação, tentando se forçar a entrar em um estado de serenidade. Por alguns poucos segundos, essa abordagem parecia funcionar: eles, de fato, sentiam alguma tranquilidade. Mas a mente está sempre em movimento, sempre processando novas ideias, novas percepções e novas sensações. É essa a função dela. A meditação trata de aprender a trabalhar *com* a mente *tal como ela é*, não tentar forçá-la a entrar em algum tipo de camisa de força budista.

Achamos que estamos sendo diligentes ao meditar por horas a fio. Mas a diligência real não significa se forçar além de seus limites naturais; significa tentar o seu melhor, em vez de se concentrar no resultado do que você está tentando atingir. Significa encontrar um caminho intermediário entre estar relaxado demais ou tenso demais.

Os sutras registram outra história sobre um excelente tocador de cítara que era um aluno direto do Buda. O Buda considerou esse homem especialmente difícil de ensinar porque a mente dele estava ou tensa demais ou relaxada demais. Quando estava tensa demais, não apenas era incapaz de meditar, mas também nunca conseguia lembrar como recitar as preces simples que o Buda lhe havia ensinado. Quando permitia que sua mente ficasse relaxada demais, ele parava totalmente de praticar e pegava no sono.

Então, o Buda finalmente perguntou: "O que você faz quando volta para casa? Você toca seu instrumento musical?"

O aluno respondeu: "Sim, toco."

"Você é bom nisso?", o Buda perguntou.

O tocador respondeu: "Sim, na verdade, sou o melhor do país."

"Então, como você toca?", o Buda indagou. "Quando você está tocando uma música, como afina seu instrumento? Você faz com que as cordas fiquem muito tensas ou muito soltas?"

"Não", o aluno retrucou. "Se eu deixar as cordas tensas demais, elas fazem um som como *tink, tink, tink*. Se eu não as tensionar o suficiente, elas fazem um som como *blump, blump, blump*. A corda está adequadamente afinada quando atinjo um ponto de equilíbrio, nem muito tensa nem muito frouxa."

O Buda sorriu e trocou um longo olhar com o tocador de cítara. Enfim, ele disse: "Isso é exatamente o que você precisa fazer na meditação." Essa história ilustra a importância de se evitar tensão desnecessária no início da prática da meditação. Considerando as agendas lotadas que a maioria das pessoas tem hoje em dia, reservar ao menos 15 minutos por dia no início da prática formal representa um comprometimento substancial. Não importa se você divide esse tempo em três sessões de cinco minutos ou cinco sessões de três minutos.

Especialmente no começo, é absolutamente essencial passar o tempo que puder praticando, sem esforço desnecessário. O melhor conselho que posso oferecer é abordar a prática da meditação da forma como as pessoas vão à academia de ginástica. É muito melhor passar 15 minutos se exercitando na academia do que não fazer exercício algum. Mesmo os 15 minutos que você puder dedicar à prática é melhor do que não passar tempo algum praticando. Algumas pessoas só conseguem levantar cinco quilos, enquanto outras podem facilmente levantar 25. Não levante 25 se puder levantar só cinco; se fizer isso, você se esforçará demais e provavelmente parará. E, da mesma forma como se exercita na academia, quando você medita, faça o melhor que puder. Não vá além de seus limites pessoais. *A meditação não é uma competição. Os 15 minutos que você passa sem esforço na prática da meditação podem, no final, provar-se muito mais benéficos do que as horas passadas por pessoas que se esforçam demais praticando por períodos mais longos.* Na verdade, a melhor regra é passar menos tempo meditando do que você acha que consegue. Se você acha que consegue praticar por quatro minutos, pare nos três; se acha que consegue praticar por cinco minutos, pare nos quatro. Ao praticar dessa forma, você se pegará ansioso para começar a praticar de novo. Em vez de achar que atingiu sua meta, permita-se querer mais.

Outra forma de fazer com que seus curtos períodos de prática formal passem ainda mais rapidamente é despender alguns momentos gerando *bodhicitta*, o desejo de atingir algum nível de realização para o benefício dos outros. Não se preocupe se esse desejo é ou não especialmente forte; a motivação, por si só, é suficiente e, depois de exercitá-la por um tempo, você provavelmente começará a achar que o desejo assumiu um significado real, um significado profundamente pessoal.

Depois de passar uns momentos gerando essa atitude de coração aberto, permita que sua mente repouse por alguns instantes na meditação sem objeto. Isso é importante, independentemente do método que você escolher trabalhar em uma sessão específica.

Entre repousar sua mente e gerar bodhicitta, pelo menos um minuto já se passou. Agora, você tem mais um bom minuto e meio para trabalhar a prática que escolheu, seja focar um objeto visual, um cheiro ou um som; observar seus pensamentos ou sentimentos; ou praticar alguma forma de meditação sobre a compaixão. Então, apenas repouse sua mente em shinay sem objeto por cerca de meio minuto.

Ao final de sua prática, você tem cerca de trinta segundos para fazer o que é conhecido como "dedicar o mérito". Uma pergunta que surge com muita frequência, tanto em palestras quanto em sessões individuais com meus alunos é: "Por que deveríamos nos preocupar em dar esse passo final de dedicar o mérito?"

Dedicar o mérito ao final de qualquer prática é uma aspiração de que qualquer força psicológica ou emocional que você obtenha por meio da prática seja transmitida para os outros — o que não apenas é uma maravilhosa e breve prática de compaixão, mas também uma forma extremamente sutil de dissolver a distinção entre "eu" e "outros". A dedicação do mérito leva cerca de trinta segundos, não importa se você a recitar em tibetano ou em sua língua nativa. Uma tradução aproximada para o português seria:

Por este poder, todos os seres,
Tendo acumulado força e sabedoria,
Atingem os dois estados claros
Que surgem da força e da sabedoria.

Algumas escolas de pensamento — para as quais, admito, não há provas científicas — sustentam que, como as ondas sonoras da prece recitadas em tibetano têm reverberado ao longo de séculos, recitar a prece na língua original pode aumentar seu poder se conectarmos a recitação a essas reverberações antigas. Com isso em mente, ofereço uma transliteração aproximada do tibetano:

Gewa di yee che wo kun
Sonam ye shay tsok dsok nay
Sonam ye shay lay jung wa
Tampa ku nyee top par shok

Independentemente de você escolher concluir sua prática com a formalidade do tibetano ou em sua língua nativa, há uma razão muito prática para finalizar sua prática dedicando o *sonam*. *Sonam* é um termo tibetano que significa "força mental" ou "a habilidade de desenvolver força mental". Quando fazemos algo bom, nossa tendência natural é pensar: "Que boa pessoa eu sou! Acabei de meditar. Acabei de aspirar a que todos os seres em todos os lugares vivenciem a felicidade real e libertem-se do sofrimento. O que vou ganhar com isso? Como minha vida vai mudar para melhor? Como isso vai *me* beneficiar?"

Essas podem não ser as palavras exatas que passam por sua mente, mas você provavelmente pensará algo similar.

E, de fato, você fez algo bom.

O único problema é que parabenizar a si mesmo dessa forma tende a enfatizar um sentido de diferença entre você e os outros. Pensamentos como "Eu fiz uma coisa boa", "Que pessoa boa *eu* sou" ou "*Minha* vida vai mudar" sutilmente reforçam a ideia de si como alguém separado dos outros seres — o que, por sua vez, corrói qualquer senso de compaixão, confiança e segurança que sua prática possa ter gerado.

Ao dedicar o mérito da sua prática — em outras palavras, ao deliberadamente gerar o pensamento de que, consciente ou inconscientemente, *todos* compartilham o desejo de paz e contentamento entre todos os seres sencientes —, de modo muito sutil você dissolve o hábito neuronal de perceber qualquer tipo de diferença entre si mesmo e os outros.

PRÁTICA INFORMAL

No meio do trabalho, lembre-se de reconhecer a essência da mente.

TULKU ÜRGYEN RINPOCHE, *As It Is*, Volume 1, traduzido para o inglês por Erik Pema Kunsang.

Algumas vezes, é impossível conseguir arranjar tempo para a prática formal todos os dias. Você pode ter de passar horas se preparando para uma reunião de negócios crucial ou talvez tenha de ir a um evento importante, como um casamento ou um aniversário. Você pode ter prometido uma atividade especial com seus filhos, seu companheiro ou seu esposo. Você pode estar tão cansado por tudo o que precisou fazer durante a semana que só quer passar o dia na cama ou assistindo à televisão.

Pular um dia ou dois de prática formal fará de você uma pessoa ruim? Não. Isso reverterá todas as mudanças que você conseguiu quando tinha tempo para se dedicar à prática formal? Não. Pular um dia ou dois (ou três) de prática formal significa que você precisa recomeçar a trabalhar com uma mente indomada? Não.

A prática formal é excelente porque sentar-se por cinco, dez ou 15 minutos por dia cria a oportunidade de começar a mudar sua perspectiva. Mas a maioria dos alunos do Buda era composta por fazendeiros, pastores e nômades. Entre cuidar de suas plantações ou de seus animais e de suas famílias, eles não tinham muito tempo para se sentar formalmente, com as pernas cruzadas, os braços retos e os olhos corretamente focados mesmo por cinco minutos de prática formal. Sempre havia um carneiro balindo em algum lugar, um bebê chorando ou alguém entrando às pressas em suas tendas ou cabanas para dizer que uma tempestade estava prestes a arruinar a plantação.

O Buda entendia esses problemas. Apesar de as histórias fantásticas sobre seu nascimento e criação o descreverem como o filho de um rei abastado que o criou em um palácio fabuloso e repleto de prazeres, suas origens, na verdade, foram muito mais humildes. Seu pai era apenas mais um dentre vários líderes das 16 repúblicas que lutavam para não serem engolidas pela poderosa monarquia indiana. Sua mãe morreu no parto, quando ele nasceu; seu pai o forçou a casar-se e procriar um herdeiro quando ele era só um adolescente. Ele perdeu o direito à herança quando fugiu de casa para abraçar uma vida que poderia ter um significado mais profundo do que as articulações políticas e militares.

Assim, quando falamos sobre o Buda, estamos falando de um homem que entendia que a vida nem sempre nos dá a oportunidade ou o tempo livre para praticar formalmente. Um dos seus grandes legados para a humanidade foi a lição de que é possível meditar em qualquer momento, em qualquer lugar. Na verdade, trazer a meditação para a sua vida cotidiana é um dos principais objetivos da prática budista. Qualquer atividade cotidiana pode ser utilizada como uma oportunidade para a meditação. Você pode observar seus pensamentos em qualquer momento, repousar sua atenção por um instante em experiências como sabor, cheiro, forma ou som, ou apenas repousar por alguns segundos na experiência maravilhosa de estar consciente das experiências que ocorrem na sua mente.

Ao praticar informalmente, entretanto, é importante estabelecer algum tipo de meta para si mesmo — por exemplo, 25 sessões de meditação informal com duração não superior a um minuto ou dois ao longo do dia. Isso também o ajuda a manter o controle das suas sessões. Monges e nômades muitas vezes controlam as sessões usando rosários de contas para recitação. Mas as pessoas no Ocidente possuem uma variedade muito maior de opções — incluindo calculadoras portáteis, um assistente digital pessoal, e até aqueles pequenos dispositivos de contagem que as pessoas usam em supermercados. Você também pode controlar as sessões anotando-as. O importante é contar todas as práticas de meditação informal para poder acompanhá-las em relação à sua meta. Por exemplo, se você estiver fazendo a meditação sem objeto, conte-a como uma sessão. Se perder o foco, tente novamente e conte como duas sessões.

Um dos grandes benefícios de organizar sua prática de meditação dessa forma é que ela é conveniente e portátil. Você pode praticar em qualquer lugar — na praia, no cinema, no trabalho, em um restaurante, no ônibus ou metrô, ou na escola —, contanto que se lembre de que sua intenção ao meditar *é* meditação. Independentemente da sua opinião sobre a qualidade da sua sessão de meditação, o objetivo é não perder de vista suas intenções de meditar. Quando se deparar com a resistência, lembre-se da história de como a vaca velha urina enquanto anda ao longo do dia. Isso deve ser suficiente para fazê-lo sorrir e lembrá-lo de que a prática é tão fácil, e tão necessária, quanto urinar.

Quando se sentir confortável com 25 sessões curtas por dia, você pode aumentar a meta para cinquenta sessões informais e, gradualmente, para cem. O mais importante é ter um plano. Caso contrário, você se esquecerá completamente de praticar. Os poucos segundos ou minutos em cada dia durante os quais você se permitiu repousar ou focar o ajudam a estabilizar sua mente, de forma que, quando finalmente tiver uma chance de praticar formalmente, não será como se sentar para jantar com um estranho. Você perceberá que seus pensamentos, sentimentos e percepções são muito mais familiares, como velhos amigos com os quais você pode ter uma conversa sincera.

A prática informal oferece ainda alguns outros benefícios. Primeiro, quando você integra a prática em sua vida cotidiana, evita a armadilha de ficar calmo e tranquilo durante a meditação formal e ficar tenso e nervoso no trabalho. Em segundo lugar, e talvez o mais importante, praticar informalmente na vida cotidiana aos poucos erradica a concepção errada e muito comum de que é necessário estar em um lugar absolutamente tranquilo para poder meditar.

Ninguém na história da humanidade jamais encontrou um lugar assim. As distrações estão por toda a parte. Mesmo se você subir ao topo de uma montanha, no começo pode sentir algum alívio no silêncio relativo desse local, em comparação com os sons da cidade ou do escritório. Mas, à medida que sua mente se acalmar, você com certeza começará a ouvir pequenos sons, como grilos cantando, o vento agitando as folhas, aves ou pequenos animais andando ou água escorrendo entre as pedras — e de repente o grande silêncio que você estava procurando é interrompido. Mesmo se tentar meditar dentro de casa, com todas as janelas e portas fechadas, há grandes chances de você se distrair — com coceira, dor nas costas, necessidade de engolir, o som da água pingando de uma torneira, o tique-taque de um relógio ou o som de alguém andando no andar de cima. Não importa para onde vá, você sempre encontrará distrações. O maior benefício da prática informal reside em aprender como lidar com essas distrações, não importa que forma elas assumam e não importa o quão irritante elas sejam.

EM QUALQUER MOMENTO, EM QUALQUER LUGAR

Deixe tudo que encontrar convergir para a meditação.

JAMGÖN KONGTRUL, *The Great Path of Awakening*,
traduzido para o inglês por Ken McLeod.

Com isso em mente, vamos dar uma olhada em algumas das formas nas quais você pode praticar em sua vida cotidiana e até usar o que normalmente podem parecer distrações como suportes para repousar a mente. Os textos antigos chamam a isso de "tomar sua vida como o caminho".

O simples ato de andar na rua pode ser uma grande oportunidade de desenvolver atenção plena. Com que frequência você vai a algum lugar, como dirigir ao supermercado ou caminhar para um restaurante na hora do almoço, e se encontra no destino sem ao menos perceber como chegou lá? Esse é um exemplo clássico de permitir que o "macaco louco" atue sem controle, lançando todo tipo de distrações, que não apenas impedem que você vivencie a plenitude do momento presente, mas também lhe roubam a chance de focar e treinar sua consciência. A oportunidade aqui é decidir conscientemente conduzir sua atenção ao que o cerca. Olhe para os prédios pelos quais você passa, para as outras pessoas na calçada, para o trânsito nas ruas, para as árvores que estão plantadas no caminho. Quando você presta atenção ao que vê, o "macaco louco" se acalma. Sua mente fica menos agitada e você começa a desenvolver uma sensação de calma.

Você também pode voltar a atenção à sensação física de caminhar, ao movimento das suas pernas, ao toque dos seus pés no chão, ao ritmo da sua respiração ou do seu coração. Isso funciona mesmo quando você estiver com pressa e, na verdade, é um excelente método de combater a ansiedade que normalmente nos envolve quando tentamos chegar logo a algum lugar. Você ainda pode andar rapidamente enquanto volta sua atenção às próprias sensações físicas ou às pessoas, locais ou objetos pelos quais passa pelo caminho. Permita-se pensar: "Agora estou andando na rua... Agora estou vendo um prédio... Agora estou vendo uma pessoa usando camiseta e jeans... Agora meu pé esquerdo está tocando o chão... Agora meu pé direito está tocando o chão..."

Quando você conduz a atenção consciente à sua atividade, as distrações e as ansiedades aos poucos se dissipam e sua mente se tranquiliza e relaxa. E, ao chegar a seu destino, você estará em uma posição muito mais confortável e aberta para lidar com o próximo estágio da sua jornada.

Você pode fazer o mesmo ao dirigir ou executar tarefas cotidianas em casa ou no trabalho, voltando sua atenção aos vários objetos em seu campo visual ou usando os sons como suportes. Até tarefas simples como cozinhar e comer proporcionam oportunidades para a prática. Ao cortar legumes, por exemplo, você pode voltar sua atenção à forma ou à cor de cada pedaço que estiver cortando ou aos sons da sopa ou do molho borbulhando no fogão. Ao comer, volte sua atenção aos cheiros e sabores que experimenta. Ou você pode praticar a meditação sem objeto em qualquer uma dessas situações, permitindo que sua mente repouse simples e abertamente enquanto conduz qualquer atividade, sem apego ou aversão.

Você pode até meditar enquanto dorme ou sonha. Enquanto pega no sono, você pode repousar a mente na meditação sem objeto ou gentilmente repousar a atenção na sensação de sonolência. Você também pode criar uma oportunidade de transformar seu sonho em experiências de meditação ao recitar silenciosamente para si mesmo várias vezes enquanto pega no sono: "Reconhecerei meus sonhos... Reconhecerei meus sonhos... Reconhecerei meus sonhos."

CONCLUINDO...

Quando começa a se sentir completamente desolado, você passa a se ajudar, passa a se sentir em casa.

CHÖGYAM TRUNGPA, *Illusion's Game: The Life and Teaching of Naropa.*

A meditação não é uma prática de um tamanho que serve para todos. Cada indivíduo representa uma combinação singular de temperamento, histórico e habilidades. Ao reconhecer isso, o Buda ensinou uma variedade de métodos para ajudar as pessoas em todas as fases da vida e em qualquer situação a reconhecer a natureza de suas mentes e a verdadeira liberdade dos venenos mentais da ignorância, apego e aversão. Por mais mundanos que esses métodos possam parecer, eles representam o coração da prática budista.

A essência dos ensinamentos do Buda consiste em que, apesar de a prática formal poder nos ajudar a desenvolver a experiência direta da vacuidade, da sabedoria e da compaixão, essas experiências não fazem sentido a não ser que possamos sustentá-las em todos os aspectos de nossa vida cotidiana. Porque é enfrentando os desafios da vida cotidiana que podemos de fato medir o quanto nos desenvolvemos em calma, insight e compaixão.

Mesmo assim, o Buda nos convidou a tentar as práticas por nós mesmos. Em um dos sutras, ele encorajou seus alunos a testar os ensinamentos por meio da prática, em vez de aceitá-los como teorias:

> Como você derrete, lima e lustra o ouro,
> Da mesma forma o monge analisa meus ensinamentos.
> Analise bem meus ensinamentos,
> Mas não os aceite pela fé.

No mesmo espírito, peço que tente pôr em prática os ensinamentos, para ver se eles funcionam para você. Algumas práticas podem ajudá-lo, outras não. Algumas pessoas podem ter afinidade imediata com uma ou mais técnicas, enquanto outros métodos requerem um pouco mais de prática. Algumas pessoas podem até achar que a prática da meditação não traz nenhum benefício. Isso também é bom. O mais importante é encontrar e trabalhar com uma prática que produza um sentido de tranquilidade, clareza, confiança e paz. Se puder agir assim, você beneficiará não apenas a si mesmo, mas também todos a seu redor, e esse é o objetivo de qualquer prática científica ou espiritual, não é mesmo? Criar um mundo mais seguro, mais harmonioso e pacífico, não apenas para nós mesmos, mas para as gerações futuras.

PARTE III: O FRUTO

A experiência muda o cérebro.

JEROME KAGAN, *Three Seductive Ideas*

15. PROBLEMAS E POSSIBILIDADES

No início, nossa mente não é capaz de permanecer estável e repousar por muito tempo. Entretanto, com perseverança e consistência, a calma e a estabilidade aos poucos se desenvolvem.

BOKAR RINPOCHE, Meditation: *Advice to Beginners,*
traduzido para o inglês por Chrístiane Buchet.

Experiências maravilhosas podem ocorrer quando você repousa sua mente na meditação. Algumas vezes, leva tempo para que essas experiências ocorram; outras vezes, elas ocorrem na primeira vez em que você se senta para praticar. Dessas experiências, as mais comuns são a absoluta felicidade, a clareza e a não conceitualização.

A absoluta felicidade, da forma como me foi explicado, é um sentimento de felicidade audaciosa, conforto e leveza tanto da mente quanto do corpo. À medida que essa experiência fica mais forte, parece que tudo em você é feito de amor. Até experiências de dor física ficam muito leves e quase imperceptíveis.

A clareza é a sensação de ser capaz de enxergar a natureza das coisas, como se toda a realidade fosse uma paisagem iluminada em um dia de Sol ensolarado sem nuvens. Tudo parece nítido e tudo faz sentido. Até pensamentos e emoções perturbadoras têm seu lugar nesse panorama iluminado.

A não conceitualização é uma experiência de total abertura da sua mente. Sua consciência é direta e desprovida de distinções conceituais como "eu" ou "outro", sujeitos e objetos ou qualquer outra forma de limitação. É uma experiência de consciência pura, tão infinita quanto o espaço, sem começo, meio ou fim. É como despertar em um sonho e reconhecer que tudo o que se vivencia no sonho não é separado da mente de quem sonha.

Entretanto, com muita frequência, o que ouço de pessoas que estão começando a meditar é que elas se sentam para praticar e nada acontece. Algumas vezes, elas têm uma sensação de tranquilidade muito breve e muito leve. Mas, na maioria dos casos, elas não se sentem nem um pouco diferentes da forma como se sentiam antes de se sentar para meditar ou depois de meditarem. E isso pode ser uma grande decepção.

Além disso, algumas pessoas tem uma sensação de desorientação, como se seu mundo familiar de pensamentos, emoções e sensações balançasse levemente, o que pode ser agradável ou desagradável.

Como já mencionei, independentemente de você vivenciar absoluta felicidade, clareza, desorientação ou absolutamente nada, *a intenção de meditar é mais importante do que o que acontece quando você medita*. Como a atenção plena já está presente, o simples ato de fazer um esforço para se conectar com ela desenvolve sua percepção da presença da atenção plena. Se você continuar praticando, aos poucos pode sentir alguma coisa, uma sensação de tranquilidade ou paz mental que pode ser um pouco diferente de seu estado mental habitual. Quando começa a vivenciar isso, você entenderá intuitivamente a diferença entre a mente distraída e a mente não distraída da meditação.

No começo, a maioria de nós não é capaz de repousar nossa mente na simples observação do que surge na consciência por muito tempo. Se você puder repousar por apenas um tempo muito curto, não há problema. Somente siga a instrução dada anteriormente de repetir esse curto período de relaxamento várias vezes ao longo de uma dada sessão. Mesmo repousar sua mente pelo tempo que leva para você inspirar e expirar é muito útil. Apenas repita a mesma coisa várias e várias vezes.

As condições estão sempre mudando e a verdadeira paz reside na habilidade de se adaptar às mudanças. Por exemplo, suponha que você esteja se concentrando calmamente em sua respiração e seu vizinho no andar de cima comece a passar o aspirador de pó ou um cachorro comece a latir em algum lugar na vizinhança. Suas costas ou pernas podem começar a doer ou você pode sentir uma coceira. Ou a memória de uma briga que você teve no outro dia pode surgir na sua cabeça sem razão aparente. Essas coisas acontecem o tempo todo — e essa é outra razão pela qual o Buda ensinou tantos métodos diferentes de meditação.

Quando distrações desse tipo ocorrem, limite-se a incorporá-las em sua prática. Una sua consciência à distração. Se sua prática de respiração for interrompida pelo ruído de um cão latindo ou de um aspirador de pó, passe para a meditação sobre o som, repousando sua atenção no ruído. Se você sentir dor nas costas ou pernas, volte sua atenção à mente que sente a dor. Se você sentir uma coceira, vá em frente e coce. Se você já teve chance de assistir a uma palestra ou prática de recitação de cânticos em um templo budista, você, sem dúvida, já viu monges inquietos se coçando, trocando de posições nas almofadas ou tossindo. Mas há muitas chances de que, se levaram seu treinamento a sério, eles estejam mudando de posição, coçando-se e assim por diante com atenção — voltando sua atenção à sensação da coceira, à sensação de coçá-la e ao alívio que sentem quando acabam de coçar.

Se você se distrai por emoções fortes, pode tentar focar, como ensinado anteriormente, na mente que vivencia a emoção. Ou pode tentar passar para a prática *tonglen*, usando o que estiver sentindo — raiva, tristeza, inveja ou desejo — como a base para a prática.

Na extremidade oposta da escala, várias pessoas que conheço sentem a mente ficar obscurecida e sonolenta quando praticam. É um grande esforço manter os olhos abertos e sua atenção focada no que estão fazendo. O pensamento de desistir da prática por hoje e cair na cama parece muito tentador.

Há algumas formas de lidar com essa situação. Uma delas, que é a variação de ficar alerta em relação às sensações físicas, consiste em repousar sua atenção na própria sensação de torpor ou sonolência. Em outras palavras, use seu torpor, em vez de ser usado por ele. Se você não conseguir ficar sentado, deite-se mantendo sua coluna o mais reta possível.

Outra forma é simplesmente olhar para cima. Você não precisa levantar a cabeça ou o queixo; somente volte seu olhar para cima. Isso, muitas vezes, tem o efeito de despertar sua mente. Abaixar o olhar, por outro lado, pode ter um efeito tranquilizador quando sua mente estiver agitada.

Se nada disso funcionar para reduzir o torpor ou a distração, costumo recomendar aos alunos que parem por um tempo e façam um intervalo. Saiam para caminhar, façam alguma tarefa em casa, exercitem-se, leiam um livro ou cuidem do quintal. Não faz sentido tentar se forçar a meditar se sua mente e seu corpo não estão dispostos a cooperar. Se insistir em combater a resistência, mais cedo ou mais tarde você ficará frustrado com a ideia de meditar e decidirá substituí-la por outras formas de atingir a felicidade por meio de alguma atração temporária. Nesses momentos, todos aqueles canais disponíveis em sua televisão parecem bastante promissores.

ESTÁGIOS PROGRESSIVOS DA PRÁTICA DA MEDITAÇÃO

Permita que a água [da mente] obscurecida pelos pensamentos se limpe.

TILOPA, *Ganges Mahāmudrā*, traduzido para
o inglês por Elizabeth M. Callahan.

Quando comecei a meditar, fiquei horrorizado ao me ver tendo *mais* pensamentos, sentimentos e sensações do que tinha antes de começar a praticar.

Parecia que minha mente estava ficando mais agitada, em vez de mais tranquila. "Não se preocupe", meus professores me diziam. "Sua mente não está piorando. O que está acontecendo é que você está ficando mais consciente da atividade que ocorre o tempo todo sem que você se dê conta."

A experiência da cachoeira

Os professores explicaram essa experiência por meio da analogia de uma cachoeira subitamente intensificada por um degelo: "À medida que a neve descongela e flui das montanhas, todo tipo de coisas se agita. Podem haver centenas de pedras, pedregulhos e outros elementos sendo levados pela água, mas é impossível ver tudo porque a água flui tão rapidamente, agitando todo tipo de sujeira, que isso a obscurece; e é muito fácil distrair-se com todo esse entulho mental e emocional."

Eles me ensinaram uma prece curta conhecida como *Dorje Chang Tungma*, que me foi muito útil quando minha mente parecia dominada pelos pensamentos, emoções e sensações. Parte da tradução dessa prece é como se segue:

> O corpo da meditação, dizem, é a não distração.
> Quaisquer pensamentos são percebidos pela mente como nada em si mesmos.
> Ajude este meditador, que repousa naturalmente na essência dos pensamentos que surgem, a repousar na mente tal como naturalmente é.

Trabalhando com tantos alunos ao redor do mundo, observei que a experiência da "cachoeira" é muitas vezes a primeira que uma pessoa encontra quando começa a meditar. Na verdade, há várias reações comuns a essa experiência e tive todas elas. Em certo sentido, acho que tenho sorte, pois, por ter vivenciado esses estágios, posso desenvolver uma empatia maior em relação a meus alunos. Na época, entretanto, a cachoeira me parecia uma provação terrível.

A primeira variação envolve tentar parar a cachoeira ao deliberadamente tentar bloquear pensamentos, sentimentos e sensações para vivenciar uma sensação de tranquilidade, abertura e paz. Essa tentativa de bloquear a experiência é contraprodutiva, porque cria uma tensão mental ou emocional que no fim se manifesta como uma pressão física, especialmente na parte superior do corpo: seus olhos se voltam para cima, seus ouvidos ficam retesados e seu pescoço e ombros ficam anormalmente tensos. Tendo a pensar nessa fase de prática como uma meditação "arco-íris", porque a tranquilidade, depois de bloquear o fluxo da cachoeira, é tão ilusória e fugaz quanto um arco-íris.

Uma vez que deixa de tentar impor uma sensação artificial de tranquilidade, você se perceberá confrontando a experiência "bruta" da cachoeira, na qual sua mente é levada pelos vários pensamentos, sentimentos e sensações que você estava tentando bloquear antes. Em geral, esse é o tipo de experiência "ops" descrita anteriormente na Parte II — na qual você começa a tentar observar seus pensamentos, sentimentos e sensações e deixa-se levar por eles. Você reconhece que está sendo levado e tenta se forçar a simplesmente voltar a observar o que ocorre em sua mente. Chamo essa forma de meditação de "anzol", na qual você tenta fisgar suas experiências e sente algum arrependimento caso se deixe ser levado por elas.

Há duas formas de lidar com a situação do "anzol". Se seu arrependimento por se deixar levar pelas distrações for muito forte, deixe que sua mente repouse gentilmente na experiência do arrependimento. Caso contrário, liberte-se das distrações e repouse a consciência em sua experiência atual. Você pode, por exemplo, tentar voltar a atenção para as suas sensações físicas: sua cabeça pode estar um pouco quente, seu coração pode estar batendo um pouco mais acelerado ou seu pescoço ou ombros podem estar um pouco tensos. Limite-se a repousar sua consciência nessa ou em outras experiências que ocorrerem no momento presente. Você também pode tentar repousar com atenção pura — como discutido nas Partes I e II — no próprio fluxo da cachoeira.

Não importa como você escolha lidar com ela, a experiência da cachoeira proporciona uma lição importante em abrir mão das ideias preconcebidas sobre a meditação. As expectativas que você traz para a prática da meditação muitas vezes são os maiores obstáculos que você encontrará. O importante é permitir-se simplesmente observar tudo o que está ocorrendo na sua mente tal como ela é.

Outra possibilidade é que as experiências vêm e vão com tanta rapidez que você não consegue reconhecê-las. É como se cada pensamento, sentimento ou sensação fosse uma gota d'água que cai em um grande lago e é imediatamente absorvida. Isso é, na verdade, uma experiência muito boa. É um tipo de meditação sem objeto, a melhor forma da prática da calma permanência. Assim, se você não conseguir recolher todas as "gotas", não se culpe — parabenize-se, porque você espontaneamente entrou em um estado de meditação que a maioria das pessoas considera difícil de atingir.

Depois de um pouco de prática, você verá que a precipitação de pensamentos, emoções e assim por diante começa a perder velocidade e torna-se menos difícil distinguir suas experiências com clareza. Elas estavam lá todo o tempo, mas, como ocorre com uma cachoeira real, em que a precipitação da água agita a sujeira e sedimentos, você não conseguia vê-las. Da mesma forma, à medida que as tendências e distrações habituais que normalmente obscurecem a mente começam a se acalmar por meio da meditação, você começa a ver a atividade que tem ocorrido o tempo todo logo abaixo do nível da consciência habitual.

Mesmo assim, talvez você não consiga observar cada pensamento, sentimento ou percepção enquanto eles passam pela sua mente, mas apenas tenha um vislumbre fugaz — como a experiência de ter acabado de perder um ônibus, conforme descrito anteriormente. Isso também é bom. Essa sensação de ter perdido apenas a observação de um pensamento ou sentimento é um sinal de progresso, uma indicação de que sua mente está se aguçando para captar traços de movimento, como um detetive começa a notar as pistas.

Enquanto continua a praticar, percebe que é capaz de se tornar consciente de cada experiência com mais clareza, à medida que ela ocorre. A analogia que meus professores me forneceram para descrever esse fenômeno foi a de uma bandeira tremulando em um vento forte. A bandeira se move constantemente, de acordo com a direção do vento. Os movimentos da bandeira são como os eventos açoitando sua mente, enquanto o mastro é como sua consciência natural: estável e firme, sem mudar nunca, ancorada no solo. Ela não se move, independentemente da força do vento que açoita a bandeira em uma ou outra direção.

A experiência do rio

Aos poucos, enquanto continua a praticar, você inevitavelmente se perceberá capaz de distinguir com clareza os movimentos dos pensamentos, emoções e sensações que passam pela sua mente. Nesse ponto, você começou a passar da experiência da "cachoeira" para o que meus professores chamavam de experiência do "rio", em que as coisas ainda estão se movendo, mas de forma mais lenta e suave. Um dos primeiros sinais de que você entrou na fase do rio da experiência meditativa é que você se verá entrando em um estado de consciência meditativa sem muito esforço, unindo sua consciência a qualquer coisa que esteja ocorrendo dentro de si mesmo ou ao seu redor. E, quando se sentar para a prática formal, você terá experiências mais claras de absoluta felicidade, clareza e não conceitualização.

Algumas vezes, as três experiências ocorrem simultaneamente; outras vezes, uma delas é mais forte do que as outras duas. Você pode sentir que seu corpo está ficando mais leve e menos tenso. Você pode notar que suas percepções estão ficando mais claras e, de certa forma, mais "transparentes", de modo que não parecem mais tão pesadas ou opressivas como eram no passado. Os pensamentos e sentimentos não parecem mais tão poderosos; eles se misturam ao "suco" da consciência meditativa, aparecendo mais como impressões passageiras do que como fatos absolutos. Quando "entra no rio", você percebe sua mente ficando mais tranquila. Você perceberá que não está levando seus movimentos tão a sério e, em consequência, se perceberá espontaneamente vivenciando uma sensação maior de confiança e abertura, que não será abalada por quem você encontra, o que você vivencia ou aonde você vai. Apesar de tais experiências poderem vir e ir, você começará a sentir a beleza do mundo a seu redor.

Uma vez que isso comece a ocorrer, você também começará a discernir pequenas lacunas entre as experiências. No começo, as lacunas serão muito breves — apenas vislumbres passageiros da não conceitualização ou da não experiência. Mas, com o tempo, à medida que sua mente ficar mais tranquila, as lacunas ficarão cada vez mais longas. Esse é, na verdade, o coração da prática *shinay*: a habilidade de perceber e repousar nas lacunas entre os pensamentos, as emoções e outros eventos mentais.

A experiência do lago

Durante a experiência do "rio", sua mente ainda pode ter seus altos e baixos. Quando você atinge o próximo estágio, que meus professores chamavam de experiência do "lago", sua mente começa a ficar muito suave, ampla e aberta, como um lago sem ondas. Você se perceberá genuinamente feliz, sem altos e baixos. Você ficará confiante e estável, e vivenciará um estado mais ou menos contínuo de consciência meditativa, mesmo enquanto dorme. Você ainda pode passar por problemas em sua vida — pensamentos negativos, emoções fortes e assim por diante —, mas, em vez de serem obstáculos, eles se transformam em oportunidades de aprofundar a consciência meditativa, como um atleta usa o desafio de correr mais um quilômetro para transpor uma "barreira" de resistência e obter ainda mais força e habilidade.

Ao mesmo tempo, seu corpo começa a sentir a leveza da absoluta felicidade e sua clareza aumenta, de modo que todas as suas percepções começam a assumir uma qualidade mais aguçada, quase transparente, como reflexos em um espelho. Apesar de a mente do "macaco louco" ainda poder impor alguns problemas durante a fase do rio, quando você atinge a fase do lago, o macaco louco se aposenta.

Uma analogia budista tradicional para o progresso ao longo desses três estágios é uma flor de lótus surgindo da lama. O lótus começa a crescer da lama e dos sedimentos do fundo de um lago ou lagoa, mas, quando se abre na superfície, não tem nenhum traço de lama; na verdade, as pétalas parecem repelir a sujeira. Da mesma forma, quando sua mente floresce na experiência do lago, você não tem nenhum traço de apego, nenhum dos problemas associados ao *samsara*. Você pode até chegar a desenvolver, como os grandes mestres, poderes elevados de percepção, como clarividência ou telepatia mental. Contudo, se tiver essas experiências, é melhor não se vangloriar delas ou mencioná-las a ninguém além de seu professor ou alunos muito próximos de seu professor.

Na tradição budista, as pessoas não falam muito sobre suas próprias experiências e realizações, principalmente porque o ato de se gabar tende a aumentar o senso de orgulho de uma pessoa e pode levá-la a utilizar mal as experiências para ganhar poderes mundanos ou obter influência sobre as outras pessoas, o que prejudica a si mesmo e aos outros. Por esse motivo, o treinamento da meditação envolve um voto ou um comprometimento — conhecido em sânscrito como *samaya* — para não fazer uso impróprio das habilidades obtidas pela prática da meditação: um juramento similar aos tratados para não fazer uso impróprio de armamento nuclear. A consequência de quebrar esse comprometimento é a perda de todas as realizações e habilidades obtidas por meio da prática.

CONFUNDINDO EXPERIÊNCIA COM REALIZAÇÃO

Renuncie a tudo a que você tem apego.

9º GYALWANG KARMAPA, *Mahāmudrā: The Ocean of Definitive Meaning*, traduzido para o inglês por Elizabeth M. Callahan.

Apesar de a experiência do lago poder ser considerada o coroamento da prática *shinay*, ela não é, em si, a realização ou a total iluminação. Trata-se de um passo importante no caminho, mas não o passo final. Realização é o total reconhecimento da nossa natureza búdica, a base do *samsara* e do *nirvana*: livre de pensamentos, emoções e das experiências fenomênicas da consciência dos sentidos e da consciência mental; livre das experiências dualistas de "eu" e excluir "outro", sujeito e objeto; infinita em escopo, sabedoria, compaixão e habilidade.

Meu pai me contou uma história sobre uma época em que ele ainda vivia no Tibete. Um de seus alunos, um monge, foi para uma caverna na montanha para praticar. Certo dia, o monge enviou a meu pai uma mensagem urgente pedindo para ir visitá-lo. Quando meu pai chegou, o monge lhe contou animadamente: "Eu me tornei totalmente iluminado. Posso voar. Sei que posso. Mas, como você é meu professor, preciso de sua permissão."

Meu pai reconheceu que o monge tivera um vislumbre — uma experiência — de sua verdadeira natureza e lhe disse bruscamente: "Pode esquecer. Você não pode voar."

"Não, não", o monge respondeu empolgado. "Se eu pular do alto da montanha..."

"Não", meu pai interrompeu.

Eles discutiram por muito tempo, até que o monge finalmente desistiu e disse: "Bem, se você acha isso, não tentarei."

Como estava perto do meio-dia, o monge ofereceu um almoço a meu pai. Depois de servir a refeição, o monge saiu da caverna e, logo depois, meu pai escutou um barulho estranho, uma espécie de BUM — e, então, de muito baixo da caverna, veio um lamento: "Por favor, me ajude! Quebrei a perna!"

Meu pai desceu para onde o monge estava e disse: "Você me disse que era iluminado. Onde está sua experiência agora?"

"Esqueça minha experiência!", o monge gritou. "Está doendo muito!"

Compassivo como sempre, meu pai levou o monge para a caverna, imobilizou sua perna e deu-lhe um remédio tibetano para ajudar a curar o ferimento. Mas aquela foi uma lição que o monge nunca esqueceu.

Como meu pai, meus outros professores sempre tomaram o cuidado de salientar a distinção entre a experiência momentânea e a verdadeira realização. A experiência está sempre mudando, como o movimento das nuvens no céu. A realização — a consciência estável da verdadeira natureza de sua mente é como o próprio céu, um pano de fundo imutável contra o qual as experiências se movem.

A fim de alcançar a realização, o importante é permitir que sua prática evolua gradualmente, começando com períodos muito curtos, várias vezes ao dia. As experiências de aumento da tranquilidade, serenidade e clareza que você vivencia durante esses curtos períodos o inspirarão, de forma muito natural, a estender sua prática a períodos mais longos. Não se force a meditar quando estiver muito cansado ou muito distraído. Não evite a prática quando a voz sussurrante e suave dentro da sua mente disser que é hora de se concentrar.

Também é importante renunciar a quaisquer sensações de absoluta felicidade, clareza ou não conceitualização que você possa vivenciar. Absoluta felicidade, clareza e não conceitualização são experiências muito agradáveis e sinais claros de que você criou uma profunda conexão com a verdadeira natureza da sua mente. Mas há uma tentação, quando essas experiências ocorrem, de se apegar a elas e fazer com que durem. Não há problemas em lembrar essas experiências e apreciá-las, mas, se tentar insistir nelas ou repeti-las, você acabará se decepcionando e se frustrando. Sei disso porque senti a mesma tentação e vivenciei a frustração quando me entreguei a ela. Cada vislumbre de absoluta felicidade, clareza ou não conceitualização é uma experiência espontânea da mente *como ela é* naquele momento específico.

Quando você tenta se apegar a uma experiência como absoluta felicidade ou clareza, a experiência perde a qualidade espontânea e viva; ela se torna um conceito, uma experiência morta. Não importa o quanto você tente fazer com que dure, ela, aos poucos, se dissipa. Se tentar reproduzi-la mais tarde, você pode ter uma amostra do que sentiu, mas ela será apenas uma memória, e não a própria experiência direta.

A lição mais importante que aprendi foi evitar me apegar às experiências positivas. Como ocorre com qualquer experiência mental, a absoluta felicidade, a clareza e a não conceitualização vêm e vão. Elas não foram criadas por você, elas não foram causadas por você e você não pode controlá-las. Elas são qualidades naturais da sua mente. Aprendi que, quando essas experiências muito positivas ocorrem, devo parar naquele exato instante, antes de as sensações se dissiparem. Ao contrário de minhas expectativas, quando parava de praticar assim que uma absoluta felicidade, clareza ou qualquer outra experiência maravilhosa ocorria, os efeitos duravam muito mais do que quando eu tentava me apegar a elas. Também descobri que ficava muito mais ansioso para meditar na próxima vez que deveria praticar.

E, ainda mais importante, descobri que terminar minha prática de meditação no ponto em que eu vivenciava absoluta felicidade, clareza ou não conceitualização era um excelente exercício em aprender a renunciar ao hábito do *dzinpa*, "agarrar". Tentar com muito esforço agarrar uma experiência maravilhosa é o verdadeiro perigo da meditação, porque é fácil demais pensar que essa experiência maravilhosa é um sinal de realização. Mas, na maioria dos casos, trata-se apenas de uma fase passageira, um vislumbre da natureza verdadeira da mente, tão facilmente obscurecida como quando as nuvens obscurecem o Sol. Uma vez que esse breve momento de consciência pura passa, você precisa lidar com as condições comuns do entorpecimento, da distração ou da agitação que confrontam a mente. E alcança maior força e progresso ao trabalhar com essas condições do que ao tentar reter as experiências de absoluta felicidade, clareza e não conceitualização.

Deixe que sua própria experiência seja seu guia e sua inspiração. Permita-se apreciar a vista enquanto viaja pelo caminho. A vista é sua própria mente e, como sua mente já é iluminada, se você aproveitar a oportunidade de repousar um pouco durante a jornada, mais cedo ou mais tarde perceberá que o lugar ao qual você quer chegar é o lugar onde você já está.

16. UM TRABALHO INTERNO

A iluminação só é possível de uma maneira: vinda de dentro.

12º TAI SITU RINPOCHE, "A Commentary on the Aspiration Prayer of Mahāmudrā, the Definitive Meaning", in *Shenpen Ösel* 2, n. 1 (março de 1998).

Uma das coisas boas de ensinar ao redor do mundo é a oportunidade de aprender um pouco de línguas diferentes. Há uma expressão em inglês da qual gosto muito, que se refere a um tipo de crime cometido por pessoas dentro de uma empresa: um "*inside job*", ou "*trabalho interno*". As pessoas envolvidas nesse tipo de crime normalmente se sentem seguras por acharem que conhecem todas as formas de prevenção de crime aplicadas na empresa em que trabalham. Mas, muitas vezes, acontece de elas saberem tudo e suas próprias ações as denunciam.

De certa forma, permitir ser controlado por nossas aflições mentais é um "trabalho interno". A dor que sentimos quando perdemos algo a que estamos apegados ou quando nos confrontamos com algo que preferíamos evitar é o resultado direto de não saber tudo o que deveríamos ou poderíamos sobre nossa própria mente. Somos pegos pela nossa própria ignorância, e tentativa de nos livrar por meio de algum tipo de recurso externo — que são simples reflexos da própria ignorância dualista que nos causou os problemas — só faz com que as prisões se fechem à nossa volta de modo mais firme e resistente.

Tudo o que aprendi sobre os processos biológicos do pensamento e da percepção indica que a única forma de sair da prisão da dor é conduzindo o mesmo tipo de atividade que nos aprisionou. Enquanto não reconhecermos a paz que existe naturalmente dentro da nossa mente, nunca poderemos encontrar satisfação duradoura em objetos ou atividades externas.

Em outras palavras, a felicidade e a infelicidade são "*trabalhos internos*".

SOBREVIVER OU TER SUCESSO: EIS A QUESTÃO

Todos os estados felizes surgem da virtude.

GAMPOPA, *The Instructions of Gampopa*, traduzido para o inglês por Lama Yeshe Gyamtso.

Quando criança, aprendi que há dois tipos de felicidade: a temporária e a permanente. A felicidade temporária é como uma aspirina para a mente, proporcionando algumas horas de alívio da dor emocional. A felicidade permanente vem do tratamento das causas subjacentes ao sofrimento. A diferença entre a felicidade temporária e a permanente é similar, em muitas formas, à distinção, discutida na Parte I, entre os estados emocionais e as características emocionais. Geneticamente, parece que os seres humanos são programados para procurar estados temporários de felicidade, em vez de características duradouras. Comer, beber, fazer amor e outras atividades liberam hormônios que produzem sensações físicas e psicológicas de bem--estar. Ao liberar esses hormônios, as atividades baseadas na sobrevivência têm uma função importante de garantir que sobrevivamos como indivíduos e que os genes que carregamos sejam transmitidos para gerações futuras.

Como me foi explicado, entretanto, o prazer que sentimos com essas atividades é transitório por determinação genética. Se comer, beber, fazer amor e assim por diante pudessem produzir sensações permanentes de felicidade, faríamos essas coisas uma vez e então relaxaríamos e desfrutaríamos as consequências desses atos enquanto outras pessoas assumiriam as tarefas envolvidas na perpetuação da espécie. Em termos estritamente biológicos, o impulso de sobrevivência nos impele mais fortemente para a infelicidade do que para a felicidade.

Essa é a má notícia.

A boa notícia é que uma peculiaridade biológica na estrutura do nosso cérebro nos permite passar por cima de muitas das nossas predisposições genéticas. Em vez de repetir, de modo compulsivo, as mesmas atividades para reviver estados temporários de felicidade, podemos treinar a nós mesmos para reconhecer, aceitar e repousar em uma experiência mais duradoura de paz e contentamento. Essa "idiossincrasia" é, na verdade, o neocórtex altamente desenvolvido, a área do cérebro que lida com a razão, a lógica e a conceitualização.

Há, é claro, desvantagens em ter um grande e complexo neocórtex. Muitas pessoas podem ficar tão imersas em pesar e repesar os prós e contras de tudo, desde o fim de um relacionamento ao momento certo para ir ao supermercado, que acabam nunca tomando decisão alguma. Mas a habilidade de escolher entre diferentes opções é uma incrível vantagem, que tem um peso muito maior do que quaisquer desvantagens.

DIRECIONANDO O CÉREBRO

A fogueira em si não é o fogo,

Nāgārjuna, *The Fundamental Wisdom of the Middle Way*, traduzido para o inglês por Ari Goldfield.

Hoje em dia, é um conhecimento relativamente comum que o cérebro é dividido em duas metades: a esquerda e a direita. Cada metade é mais ou menos uma imagem espelhada da outra, completa com sua própria amígdala, hipocampo e um grande lóbulo frontal que lida com a maior parte dos processos racionais do neocórtex. Já ouvi pessoas falarem casualmente sobre ter o "cérebro esquerdo" ou o "cérebro direito" preponderante, referindo-se à ideia popular de que as pessoas nas quais a metade esquerda do cérebro é mais ativa tendem a ser mais analíticas ou intelectuais, enquanto pessoas nas quais a metade direita do cérebro é mais ativa tendem a ser mais criativas ou artísticas. Não sei se isso é verdade ou não. O que aprendi, contudo, é que as pesquisas ao longo dos últimos anos indicam que, em seres humanos e outras espécies altamente evoluídas (como nosso amigo, o macaco louco), os dois lóbulos frontais exercem papéis diferentes em moldar e vivenciar as emoções.

Durante a reunião de 2001 do Mind and Life Institute, realizada em Dharamsala, o professor Richard Davidson apresentou os resultados de um estudo no qual as pessoas testadas no *Waisman Laboratory for Brain Imaging and Behavior*, em Madison, Wisconsin, viam fotos escolhidas para evocar diferentes tipos de emoções. Essas fotografias variavam de imagens de uma mãe segurando carinhosamente um bebê a imagens de acidentes com vítimas queimadas. Os participantes do estudo foram testados várias vezes ao longo de dois meses, com intervalos de algumas semanas entre cada teste. Os resultados demonstraram um aumento na atividade do lóbulo pré-frontal esquerdo dos participantes ao verem imagens normalmente associadas a emoções positivas como alegria, afeto e compaixão, enquanto a atividade no lóbulo pré-frontal direito aumentava quando os participantes viam imagens que provocavam emoções negativas como medo, raiva e repulsa.[12]

Em outras palavras, há uma forte indicação de que emoções positivas como felicidade, compaixão, curiosidade e alegria estão relacionadas à

---

[12] Daniel Goleman, *Destructive Emotions, How we can Overcome Them?* (New York: Bantam Dell 2003), 194-95.

atividade no lóbulo pré-frontal esquerdo do cérebro, enquanto emoções negativas como raiva, medo, ciúmes e ódio são geradas no lóbulo pré-frontal direito. A identificação dessa relação representa um grande passo na compreensão dos fundamentos biológicos da felicidade e da infelicidade, e pode, em longo prazo, fornecer a base para o desenvolvimento de uma ciência prática da felicidade. De forma mais imediata, isso oferece uma chave importante para entender os resultados dos estudos que o professor Davidson e o professor Antoine Lutz mais tarde começariam a conduzir envolvendo pessoas que passaram por diferentes níveis de treinamento em meditação e pessoas que não tinham nenhuma experiência em meditação.

O primeiro desses estudos, descrito como um "estudo-piloto" — quer dizer, um tipo de projeto de teste elaborado para ajudar os cientistas a desenvolver projetos de pesquisas clínicas que possam ser executados com critérios e controles muito mais específicos —, foi conduzido em 2001. O sujeito do estudo-piloto foi um monge que havia treinado por mais de trinta anos sob a orientação de alguns dos maiores mestres do budismo tibetano. É importante notar que os resultados desse estudo-piloto não podem ser considerados conclusivos. Em primeiro lugar, é claro, requer algum tempo revisar os resultados do estudo para separar e analisar questões técnicas imprevistas. Em segundo lugar, os resultados de um estudo-piloto ajudam os cientistas a distinguir entre informações que podem ser relevantes para o estudo e informações que não são. Em terceiro lugar, no caso de trabalhar com monges tibetanos, há certas dificuldades de linguagem que muitas vezes prejudicam a comunicação clara entre os sujeitos e os pesquisadores. Finalmente, conforme discutimos no final da Parte II, há uma reticência natural, baseada no samaya, de parte dos praticantes tibetanos, em descrever a natureza exata da sua experiência a qualquer pessoa que não seja um professor qualificado.

O estudo-piloto de Madison objetivou determinar se as técnicas de disciplina mental que o participante havia aprendido ao longo de três décadas de treinamento poderiam produzir mudanças objetivamente mensuráveis na atividade das várias áreas do seu cérebro. Para os fins do experimento, solicitou-se ao monge conduzir vários tipos de prática de meditação. Essas práticas incluíram repousar a mente em um objeto específico, gerando compaixão, e shinay sem objeto (que o monge envolvido no estudo-piloto classificou de meditação da "presença aberta", uma descrição do simples ato de repousar na presença aberta da mente sem se concentrar em um objeto específico). Ele alternava entre um estado neutro de sessenta segundos e uma prática de meditação por outros sessenta segundos.

Durante o estudo-piloto, o cérebro do monge foi monitorado com o auxílio de scanner de ressonância magnética funcional seguido por dois procedimentos de eletroencefalograma — o primeiro usando 128 eletrodos e o segundo, um conjunto maciço de 256, muito mais do que o número normal de sensores utilizados em hospitais, que só mensuram a atividade elétrica ou de ondas cerebrais logo abaixo do couro cabeludo. As fotos que vi dos experimentos de eletroencefalograma eram muito divertidas. Parecia que centenas de cobras haviam sido grudadas na cabeça do monge! Mas as informações coletadas por todas aquelas cobras, quando analisadas pelos avançados programas de computador desenvolvidos para o laboratório de Madison, forneceram um mapa das atividades em regiões muito profundas dentro do cérebro do monge.[13]

Apesar de ainda serem necessários alguns meses para os computadores analisarem todos os dados complicados gerados pelos diferentes escaneamentos cerebrais, análises preliminares do estudo-piloto indicaram mudanças entre grandes conjuntos de circuitos neurais no cérebro do monge que pelo menos sugerem uma correspondência entre as mudanças em sua atividade cerebral e as técnicas de meditação que ele foi convidado a praticar. Por outro lado, escaneamentos similares conduzidos em sujeitos que não tinham nenhum treinamento em meditação indicaram uma habilidade de certa forma mais limitada para direcionar a atividade de seus cérebros voluntariamente enquanto desempenhavam uma tarefa mental específica.

---

13 Ibid., 4–27

Em conversas sobre esse experimento durante uma viagem recente à Inglaterra, várias pessoas me disseram que um teste conduzido por cientistas da *University College* de Londres usando tecnologia de ressonância magnética havia demonstrado que motoristas de táxi de Londres — que devem passar por um treinamento de dois a quatro anos, conhecido como "the Knowledge" ("o Conhecimento"), no qual aprendem a se orientar na complexa rede de ruas naquela cidade — apresentavam um crescimento significativo do hipocampo, a área mais tipicamente associada à memória espacial. Em termos muito simples, esse estudo começa a confirmar que experiências repetidas podem, com efeito, alterar a estrutura e o funcionamento do cérebro.

A habilidade de reconhecer os sentimentos e as sensações dos outros é uma qualidade específica dos mamíferos, que são favorecidos com a região límbica do cérebro.[14] Não há dúvida de que, algumas vezes, essa capacidade pode parecer mais problemática do que deveria. Não seria bom apenas reagir a qualquer situação em termos simples, preto no branco, de matar ou ser morto, comer ou ser comido? Mas que perda incrível representaria essa abordagem simples da existência! A região límbica do nosso cérebro nos dá a capacidade de sentir amor e a consciência de sermos amados. Ela nos permite vivenciar a amizade e formar as estruturas sociais básicas que nos proporcionam uma medida maior de segurança e sobrevivência, que nos ajuda a garantir que nossos filhos e netos prosperem e cresçam. O sistema límbico nos fornece a capacidade de criar e desfrutar as emoções sutis evocadas pela arte, poesia e música. Sem dúvida, essas capacidades são complexas e, em alguns casos, embaraçosas; mas pergunte a si mesmo, na próxima vez que vir uma formiga ou uma barata correndo pelo chão, se você preferiria viver em termos das dimensões simples de medo ou fuga, ou com as emoções mais complexas e sutis de amor, amizade, desejo e apreciação da beleza?

Duas funções distintas, mas relacionadas, do sistema límbico estão

---

14 Para mais informações, veja o artigo "Homo homini lupus? Morality, the Social Instincts, and Our Fellow Primates", in J.-P. Changeux, A. R. Damasio, W. Singer e Y. Christen, eds., *Neurobiology of Human Values* (Heidelberg: Springer-Verlag, 2005).

envolvidas no desenvolvimento de bondade amorosa e compaixão. A primeira é o que os neurocientistas identificaram como *ressonância límbica*[15] — um tipo de capacidade cérebro-a-cérebro de reconhecer os estados emocionais dos outros por meio de expressão facial, feromônios e postura corporal ou muscular. É impressionante a velocidade na qual a região límbica do cérebro pode processar esses sinais sutis, de modo que possamos não apenas reconhecer os estados emocionais dos outros, mas também ajustar nossas próprias reações físicas às situações. Na maioria dos casos, se não tivermos nos treinado em um estado de atenção focado nas reações às mudanças e alterações na observação da nossa mente, o processo de ressonância límbica ocorre inconscientemente. Esse ajuste imediato é uma demonstração milagrosa da agilidade do cérebro.

A segunda função é chamada de *revisão límbica*, que, em termos simples, significa a capacidade de mudar ou revisar as redes de circuito neuronais da região límbica, ou por meio da experiência direta com uma pessoa como um lama ou um terapeuta, ou por meio da interação direta com uma série de instruções envolvidas, digamos, em consertar um carro ou montar uma barraca de camping.[16] O princípio básico por trás da revisão límbica é que as redes de circuito neuronais nessa região do cérebro são suficientemente flexíveis para suportar as mudanças. Para dar um exemplo muito simples, suponha que você esteja conversando com um amigo sobre alguém a quem você sente uma atração romântica e, enquanto estiver falando sobre essa pessoa, seu amigo diga algo como: "Oh não! Esse é exatamente o tipo de pessoa pela qual você se apaixonou antes e veja quanta dor o último relacionamento lhe causou." Talvez não sejam as palavras do seu amigo que façam com que você reconsidere prosseguir no novo relacionamento, mas sim seu tom de voz e suas expressões faciais, que são registradas em um nível de consciência que pode não ser necessariamente consciente.

---

15 Thomas Lewis, M.D., Fari Amini, M.D. e Richard Lannon, M.D., *A General Theory of Love* (Nova York: Random House, 2000), 62ff

16 Ibid., 176ff.

Pode parecer que a meditação — especialmente sobre a compaixão — cria novos caminhos neuronais que aumentam a comunicação entre diferentes áreas do cérebro, levando ao que ouvi alguns cientistas chamarem de "funcionamento do cérebro como um todo".

Do ponto de vista do budismo, posso dizer que a meditação sobre a compaixão estimula uma ampliação do insight sobre a natureza da experiência que decorre do desencadeamento da tendência habitual da mente de distinguir entre "eu" e "outro", sujeito e objeto – uma unificação dos aspectos analíticos e intuitivos da consciência que são ao mesmo tempo extremamente agradáveis e incrivelmente liberadores.

Por meio do treinamento em bondade amorosa e compaixão em relação aos outros, é possível integrar os processos da região límbica com uma percepção mais consciente. Uma das descobertas feitas durante os primeiros estudos de escaneamento cerebral conduzidos pelos professores Antoine Lutz e Richard Davidson (dos quais participei) foi que a meditação sobre a compaixão não referencial — uma prática meditativa baseada na união de vacuidade e compaixão — produzia um profundo aumento no que é muitas vezes chamado de *ondas gama*, flutuações na atividade elétrica do cérebro medidas por eletroencefalograma, que refletem uma integração de informações entre uma ampla variedade de regiões do cérebro.[17] Uma onda gama é uma onda cerebral de frequência muito elevada, muitas vezes associada com a atenção, a percepção, a consciência e o tipo de sincronia neuronal discutida na Parte I. Muitos neurocientistas consideram que as ondas gama representam a atividade que ocorre quando vários neurônios se comunicam espontaneamente de forma simultânea através de grandes áreas do cérebro.

Pesquisas preliminares indicam que praticantes experientes de meditação exibem níveis elevados de atividade das ondas gama, sugerindo que o cérebro atinge um estado mais estável e integrado durante a meditação. Contudo, como a neurociência e a tecnologia disponível para

---

17 Veja A. Lutz et al., "Long-Term Mediators Self-Induce High-Amplitude Gamma Synchrony During Mental Practice", *Proceedings of the National Academy of Science*, 101, (2004) 16369–73.

o estudo ainda são relativamente novas, não podemos afirmar, de modo conclusivo, que a prática da meditação aumenta a comunicação em áreas mais amplas do cérebro. Entretanto, o estudo dos motoristas de táxi de Londres, mencionado anteriormente, parece sugerir que a experiência repetida muda a estrutura do cérebro — e as experiências sensoriais também podem transformar áreas relacionadas no cérebro.

O FRUTO DA COMPAIXÃO

Mesmo um pequeno ato meritório traz grande felicidade.

The Collection of Meaningful Expressions, traduzido para o inglês por Elizabeth M. Callahan.

Como mencionado anteriormente, meditar com tranquilidade é como carregar suas baterias mentais e emocionais. A compaixão é a "tecnologia" mental e emocional que utiliza as baterias recarregadas da forma adequada. O que quero dizer com uma "forma adequada" é que há sempre a possibilidade de você poder fazer mau uso das habilidades desenvolvidas por meio da meditação shinay somente para aumentar a própria estabilidade emocional, a fim de ganhar poder sobre os outros ou até prejudicá-los. Depois de atingir certo nível de experiência, entretanto, a compaixão e a meditação shinay são normalmente praticadas juntas. Ao unir a meditação sobre a compaixão com a prática shinay, você beneficia não apenas a si mesmo, mas também aos outros. O verdadeiro progresso no caminho inclui uma consciência de beneficiar a si e aos outros simultaneamente.

A compaixão é recíproca. À medida que você desenvolve a própria estabilidade mental e emocional, e estende essa estabilidade por meio da compreensão compassiva dos outros, lidando com eles de forma gentil e empática, suas próprias intenções ou aspirações serão realizadas de forma mais rápida e fácil. Por quê? Porque, se você trata os outros com compaixão — com a compreensão de que eles têm o mesmo desejo que você de felicidade e o mesmo desejo de evitar a infelicidade —, as pessoas a seu redor têm um senso de atração, um senso de querer ajudá-lo tanto quanto você quer ajudá-las. Elas o ouvem com mais atenção e desenvolvem um senso de confiança e respeito. As pessoas que no passado poderiam ter sido adversárias começam a tratá-lo com mais respeito e consideração, facilitando seu próprio progresso em realizar tarefas difíceis. Os conflitos se solucionam com mais facilidade e você se vê avançando mais rapidamente em sua carreira, iniciando novos relacionamentos sem as decepções amorosas habituais e até formando uma família ou melhorando seus relacionamentos familiares existentes com mais facilidade — tudo porque carregou suas baterias por meio da meditação shinay e estendeu essa carga ao desenvolver um relacionamento mais afetuoso, compreensivo e empático com os outros. De certa forma, a prática da compaixão demonstra a verdade da interdependência em ação. Quanto mais você abre seu coração em relação aos outros, mais os outros abrem seus corações em relação a você.

Quando a compaixão começa a despertar no seu coração, você é capaz de ser mais sincero consigo mesmo. Se cometer um erro, você pode reconhecê-lo e tomar medidas para corrigi-lo. Ao mesmo tempo, você terá menos tendência de procurar defeitos nas outras pessoas. Se as pessoas fizerem algo ofensivo, se começarem a gritar com você ou tratá-lo mal, você perceberá (provavelmente com certa surpresa) que não reage da mesma forma como fazia no passado.

Uma mulher que conheci alguns anos atrás enquanto estava ensinando na Europa me abordou para descrever um problema que estava tendo com o vizinho. Suas casas ficavam bem próximas uma da outra, separadas apenas pelos quintais, muito estreitos. Parecia que o vizinho estava sempre tentando incomodá-la com pequenas coisas, como jogar objetos em seu quintal, danificar suas plantas e assim por diante. Quando ela perguntou por que ele agia assim, ele respondeu: "Adoro incomodar as pessoas."

É claro que, como esses pequenos ataques continuaram, a mulher ficou furiosa e viu-se incapaz de resistir à retaliação. Aos poucos, a "guerra dos quintais" ficou mais feroz e a animosidade entre os dois vizinhos aumentou.

Claramente frustrada, a mulher me perguntou o que deveria fazer para solucionar o problema, a fim de continuar sua vida em paz. Aconselhei-a a meditar em compaixão pelo seu vizinho.

"Já tentei isso", ela retrucou. "Não funcionou."

Depois de conversar um pouco com ela sobre como havia praticado, expliquei que meditar em compaixão envolve mais do que tentar evocar um senso de afeto ou gentileza por alguém ou algo considerado irritante ou frustrante. Na verdade, isso requer um pouco de investigação analítica das motivações da outra pessoa, bem como a tentativa de desenvolver alguma compreensão acerca dos sentimentos da outra pessoa — uma compreensão de que, como nós, todos compartilham o mesmo desejo básico de ser feliz e evitar a infelicidade.

Quando voltei à Europa no ano seguinte, ela me abordou novamente, dessa vez sorrindo feliz. Ela me contou que tudo havia mudado. Quando perguntei o que acontecera, ela explicou: "Pratiquei do modo como conversamos um ano atrás, pensando no que meu vizinho sentia e qual poderia ser sua motivação — como ele só queria ser feliz e evitar a infelicidade como eu. E, depois de algum tempo, subitamente percebi que não tinha mais medo dele. Percebi que nada que ele fizesse poderia me atingir. Ele, sem dúvida, continuou tentando, mas nada do que fazia me incomodava mais. Foi como se, ao meditar em compaixão por ele, eu tivesse desenvolvido confiança em mim mesma. Não precisei retaliar ou me enfurecer, porque o que ele estava fazendo parecia bastante inofensivo e pequeno."

"Depois de algum tempo", ela prosseguiu, "ele começou a ficar envergonhado. Quando percebeu que nada do que fazia me faria reagir, ele não somente parou de tentar me irritar, mas se mostrava bastante tímido toda vez que me via — e acabou passando de muito tímido a muito educado. Certo dia, ele me procurou e desculpou-se por ter feito todas aquelas coisas irritantes. De certa forma, eu acho, parecia que ao meditar em compaixão por ele, conforme aumentava minha confiança em mim mesma, elegradualmente desenvolveu confiança em si mesmo também. Ele não precisava fazer nada para provar que poderia ser poderoso ou prejudicial".

A maioria de nós não vive isolado. Vivemos em um mundo interdependente. Se você quiser melhorar as condições da sua própria vida, precisa depender dos outros para ajudá-lo ao longo do caminho. Sem esse tipo de relacionamento interdependente, você não teria comida, um teto sobre sua cabeça ou um emprego — você nem seria capaz de comprar pão na padaria! Assim, se você lida com os outros de maneira empática e compassiva, você só pode melhorar as condições da sua própria vida.

Quando você olha para seu relacionamento com o mundo e sua própria vida dessa forma, você percebe que a bondade amorosa e a compaixão são muito, muito poderosas.

O outro grande benefício de desenvolver a compaixão é que, por meio da compreensão das necessidades, medos e desejos dos outros, você desenvolve uma capacidade mais profunda de compreender a si mesmo — o que você deseja, o que você deseja evitar e a verdade sobre sua própria natureza. E isso, por sua vez, serve para dissolver qualquer sensação de solidão ou baixa autoestima que você possa estar sentindo. À medida que começa reconhecer que todos desejam a felicidade e morrem de medo da infelicidade, você começa a perceber que não está sozinho em seus medos, necessidades ou desejos. E, ao perceber isso, perde seu medo dos outros — cada pessoa é um amigo em potencial, um irmão ou irmã em potencial —, porque você compartilha os mesmos medos, os mesmos desejos e as mesmas metas. E, com essa compreensão, fica muito mais fácil comunicar-se com os outros de coração para coração.

Um dos melhores exemplos desse tipo de comunicação de coração aberto me foi relatado por um amigo tibetano que é motorista de táxi em Nova York. Certo dia, ele errou o caminho e entrou em uma rua de mão única na direção errada, no meio da hora do rush. Um policial o parou e aplicou-lhe uma multa, entregando uma intimação para se apresentar no tribunal. Quando ele lá compareceu, uma das pessoas que estavam na fila na frente dele estava furiosa, gritando para o juiz, para o policial que emitiu a multa e para todos os advogados a seu redor. Seu comportamento ultrajante não lhe rendeu muita simpatia no tribunal; ele perdeu o caso e acabou tendo de pagar uma multa pesada.

Quando chegou a vez do meu amigo de se apresentar perante o juiz, ele relaxou, sorriu e gentilmente cumprimentou o policial que havia emitido a multa, educadamente perguntando se ele estava bem. A princípio, o policial se desconcertou. Mas depois ele respondeu: "Olá! Estou bem. E você, como vai?" Meu amigo cumprimentou o juiz da mesma forma educada. À medida que o processo se desenrolou, o juiz perguntou a meu amigo: "Então, por que você entrou na rua errada?" Meu amigo explicou — sempre muito educado que o trânsito estava tão ruim naquele dia que ele não teve outra opção. O juiz se voltou ao policial e perguntou se o relato era verdadeiro. O policial admitiu que o trânsito estava muito ruim naquele dia e que o engano que meu amigo cometeu era compreensível, em vista das circunstâncias. Então, o juiz retirou a multa e deixou meu amigo partir. Depois, na saída, o policial procurou meu amigo e disse: "Você agiu muito bem."

Para o meu amigo — e também para mim —, aquela experiência no tribunal serviu com um bom exemplo dos benefícios de praticar a simples gentileza e compaixão, de tratar as pessoas como você gostaria de ser tratado, e não como adversários. Não importa sua posição na vida — se você é um motorista de táxi, um político poderoso ou um executivo corporativo de alto escalão —, suas chances de felicidade aumentam muito se você tratar qualquer pessoa com a qual esteja lidando como um amigo, como alguém que tem as mesmas esperanças e medos que você. O efeito dessa abordagem é exponencial. Se você puder influenciar a atitude ou a perspectiva de alguém, essa pessoa será capaz de transmitir os efeitos dessa mudança para outra. Se você puder mudar a atitude de três pessoas e cada uma delas puder mudar a atitude de outras três pessoas, você mudou as vidas de 12 pessoas. E a reação em cadeia só cresce.

17. A BIOLOGIA DA FELICIDADE

Do fundo do seu coração, desperte a confiança no princípio de causa e efeito.

PATRUL RINPOCHE, *As Palavras do Meu Professor Perfeito*,
publicado em português pela Editora Makara.

Um bom experimento científico produz muitas perguntas e muitas respostas. E uma das maiores questões geradas pelo estudo de meditadores treinados foi se a habilidade de direcionar suas mentes resulta de fatores como composição genética similar, históricos culturais e ambientais compartilhados ou similaridades na forma como foram treinados. Em outras palavras, as pessoas comuns, que não foram treinadas desde a infância no ambiente especializado de um monastério do budismo tibetano, se beneficiam da prática das técnicas de meditação budista?

Como as pesquisas clínicas que envolvem os mestres da meditação budista ainda estão engatinhando, pode levar ainda muito tempo antes de podermos responder a essas questões com segurança. Pode ser dito, entretanto, que o Buda ensinou centenas, provavelmente milhares, de pessoas comuns – fazendeiros, pastores, reis, homens de negócios, soldados, mendigos e até criminosos comuns — a direcionar suas mentes, de modo que criassem os tipos de mudanças sutis em sua fisiologia que lhes permitissem superar seu condicionamento biológico e ambiental e alcançar um estado duradouro de felicidade. Se o que ele ensinou não fosse efetivo, ninguém saberia seu nome, não haveria uma tradição conhecida como o budismo e você não estaria segurando este livro em suas mãos.

ACEITANDO SEU POTENCIAL

A causa que restringe é o caminho que libera.

9º GYALWANG KARMAPA, *Mahāmudrā: The Ocean of Definitive Meaning*, traduzido para o inglês por Elizabeth M. Callahan.

Você não precisa ter sido uma pessoa especialmente boa para dar início ao "trabalho interno" de ser feliz. Um dos grandes mestres do budismo tibetano de todos os tempos era um assassino. Hoje, ele é considerado um santo e imagens dele sempre o mostram com uma mão em concha no ouvido, ouvindo as preces das pessoas comuns.

Seu nome era Milarepa. Filho único de um casal abastado, ele nasceu em algum momento do século X. Quando o pai subitamente faleceu, seu tio assumiu o controle das riquezas da família e forçou Milarepa e sua mãe a viverem na miséria, uma mudança que não foi aceita com muito entusiasmo por nenhum dos dois. Nenhum dos parentes os protegeu. Aceitar as decisões tomadas pelos homens da família era o destino das viúvas e das crianças naquela época.

Segundo a história, quando Milarepa cresceu, sua mãe o enviou para estudar com um feiticeiro, para que ele aprendesse alguma magia negra e, assim, pudesse vingar-se dos parentes. Motivado tanto por sua raiva quanto pelo desejo de agradar a mãe, Milarepa dominou a arte da magia negra e, no dia do casamento de um primo, lançou um feitiço que fez com que a casa do tio desabasse, matando os membros da sua família.

Não se sabe ao certo se Milarepa de fato usou mágica ou se usou algum outro recurso para matar a família. Mas ele matou seus parentes e, mais tarde, não conseguia se livrar do terrível sentimento de culpa e remorso. Se contar uma única mentira a alguém pode fazer com que você perca o sono à noite, imagine como se sentiria se matasse 35 membros da própria família.

A fim de reparar seu crime, Milarepa saiu de casa para dedicar a vida ao benefício dos outros. Viajou para o sul do Tibete, a fim de estudar sob a orientação de um homem chamado Marpa, que havia feito três viagens à Índia para coletar a essência dos ensinamentos do Buda e levá-la de volta ao Tibete. Em vários sentidos, Marpa era uma pessoa comum — um "chefe de família", em termos budistas, o que significa que ele tinha esposa e filhos, uma fazenda e mantinha-se ocupado com o cotidiano do seu negócio e de sua família. Mas ele também era dedicado ao Dharma e sua devoção lhe deu grande coragem. Caminhar pelo Himalaia do Tibete à Índia não é tarefa fácil e a maioria das pessoas que faziam isso morria tentando. Seu senso de oportunidade, contudo, foi extraordinário, porque, pouco tempo depois de sua última viagem, a Índia foi conquistada por invasores e todas as bibliotecas e monastérios budistas foram destruídos e muitos dos monges e professores que perpetuavam o treinamento do Buda foram mortos.

Marpa transmitiu todo o conhecimento que trouxe da Índia a seu filho mais velho, Dharma Dode. Mas Dharma Dode faleceu em um acidente e, enquanto ainda se recuperava da perda, Marpa buscava um herdeiro para os ensinamentos recebidos na Índia. Ele deu uma única olhada em Milarepa e viu nele um homem que reunia o necessário, não apenas para dominar os detalhes dos ensinamentos, mas também para captar sua essência e transmiti-la à geração seguinte. Por quê? Porque o coração de Milarepa estava totalmente quebrado pelo que fizera e a profundidade de seu remorso era tão grande que ele estava disposto a fazer de tudo para se redimir de seus erros.

Milarepa havia reconhecido diretamente na sua experiência um dos ensinamentos mais básicos do Buda: tudo o que você pensa, tudo o que você diz, tudo o que você faz é refletido de volta a si mesmo como a própria experiência. Se causar dor a alguém, você vivência dor dez vezes maior. Se promover a felicidade e o bem-estar dos outros, você vivencia a mesma felicidade multiplicada por dez. Se sua própria mente está calma, as pessoas a seu redor vivenciarão um nível similar de tranquilidade.

Essa compreensão já existe a bastante tempo e foi expressa de formas diferentes por diferentes culturas. Até o famoso Princípio da Incerteza de Heisenberg reconhece uma relação íntima entre a experiência interior e a manifestação física. O desenvolvimento realmente empolgante para o nosso tempo é que a tecnologia moderna permite que os pesquisadores demonstrem o princípio em ação. Os pesquisadores de hoje fornecem evidências objetivas de que aprender a acalmar a mente e desenvolver uma atitude mais compassiva produz níveis mais elevados de prazer pessoal e pode efetivamente alterar a estrutura e o funcionamento do cérebro, de modo a garantir a constância da felicidade ao longo do tempo.

Para testar os efeitos da prática da meditação budista em pessoas comuns, Richard Davidson e seus colegas elaboraram um estudo envolvendo funcionários de uma corporação norte-americana.[18] O objetivo era determinar se as técnicas poderiam ajudar a compensar os efeitos psicológicos e físicos do estresse no ambiente de trabalho. Ele convidou os funcionários da empresa a se inscrever em um curso de meditação e, depois de coletar algumas amostras iniciais de sangue e conduzir algumas leituras de eletroencefalograma, dividiu os participantes aleatoriamente em dois grupos: um que seria imediatamente treinado e um grupo de controle que receberia o treinamento depois que os efeitos do primeiro grupo fossem estudados a fundo. O treinamento de meditação foi conduzido durante um período de dez semanas pelo Dr. Jon Kabat-Zinn, professor de medicina da Universidade de Massachusetts e fundador

---

18 Para detalhes, veja R. Davidson et al., "Alterations in Brain and Immune Function Produced by Mindfulness Meditation", *Psychosomatic Medicine*, 65 (2004): 564–70..

da *Stress Reduction Clinic*, clínica para redução do estresse, no centro médico da Universidade de Massachusetts.

Continuando a avaliar os participantes do estudo por vários meses depois de completarem seu treinamento de meditação, Davidson e sua equipe descobriram que, em um período de três ou quatro meses depois do fim do treinamento, algumas leituras de eletroencefalograma começaram a mostrar um aumento gradual e significativo na atividade elétrica da área do lóbulo pré-frontal esquerdo, a região do cérebro associada às emoções positivas. Durante o mesmo período de três ou quatro meses, os próprios participantes do estudo começaram a relatar experiências de estresse reduzido, maior tranquilidade e um senso mais geral de bem-estar.

No entanto, um resultado ainda mais interessante estava para ser revelado.

MENTE FELIZ, CORPO SAUDÁVEL

Os excepcionais dons físicos, verbais e mentais de um ser humano proporcionam a habilidade singular de seguir uma linha de ação construtiva.

JAMGÖN KONGTRUL, *The Torch of Certainty*,
traduzido para o inglês por Judith Hanson.

Tem havido muito pouco desacordo entre os budistas e os cientistas modernos de que o estado de espírito de uma pessoa tem algum efeito sobre seu corpo. Para usar um exemplo cotidiano, se você brigou com alguém durante o dia ou recebeu uma notificação pelo correio de que sua luz está para ser cortada porque você não pagou a conta, provavelmente você não conseguirá dormir bem à noite. Ou, se estiver prestes a fazer uma apresentação de negócios ou conversar com seu chefe sobre um problema que está tendo, seus músculos podem se tensionar, você pode ter uma dor de estômago ou subitamente ser acometido por uma dor de cabeça lancinante.

Até recentemente, não havia muitas evidências científicas para sustentar a relação entre o estado de espírito de uma pessoa e sua experiência física. O estudo de Richard Davidson com os funcionários de uma empresa foi cuidadosamente elaborado para que o final do treinamento de meditação coincidisse com a vacinação anual contra a gripe fornecida pela empresa. Depois de fazer uma nova coleta de sangue, por amostragem, dos participantes do estudo, descobriu-se que as pessoas que participaram do treinamento de meditação mostraram um nível significativamente mais elevado de anticorpos da gripe do que as que não foram treinadas. Em outras palavras, as pessoas que demonstraram uma mudança mensurável na atividade do lóbulo pré-frontal esquerdo também mostraram uma melhoria em seus sistemas imunológicos.

Resultados desse tipo representam um grande avanço na ciência moderna. Muitos dos cientistas com os quais conversei suspeitavam da existência de uma conexão entre a mente e o corpo. Mas, antes desse estudo, as evidências da conexão nunca haviam sido indicadas tão claramente.[19]

Durante sua longa e notável história, a ciência se concentrou quase exclusivamente em examinar o que está *errado* na mente e no corpo, em vez de analisar o que está *certo*. Mas, recentemente, houve uma pequena mudança de direcionamento e agora parece que muitas pessoas na comunidade científica moderna estão tendo a chance de fazer uma análise mais detalhada da anatomia e da fisiologia de seres humanos felizes e saudáveis.

Durante os últimos anos, vários projetos demonstraram relações muito fortes entre estados mentais positivos e uma redução do risco ou da intensidade de várias doenças físicas. Por exemplo, a Dra. Laura D. Kubzansky, professora assistente no *Department of Society, Human Development, and Health* da *Harvard School of Public Health*, elaborou e conduziu um estudo que acompanhava os históricos médicos de cerca de 1.300 homens em um período de dez anos.[20] Os participantes do estudo

---

[19] Daniel Goleman, *Destructive Emotions: How Can We Overcome Them?* (Nova York: Bantam Dell, 2003), 334.

[20] Para detalhes, veja L. Kubzansky et al., "Is the Glass Half Empty or Half Full? A Prospective Study of Optimism and Coronary Heart Disease in the Normative Aging Study", *Psychosomatic Medicine*, 63 (2001): 910–16.

eram, em sua maioria, veteranos militares, com acesso a um nível de cuidados médicos que muitas pessoas não têm, de modo que seus históricos médicos eram relativamente completos e fáceis de acompanhar em um período tão longo. Como "felicidade" e "infelicidade" são termos de certa forma amplos demais, para os propósitos do estudo, a Dra. Kubzansky se concentrou em manifestações específicas dessas emoções: otimismo e pessimismo. Essas características são definidas por um teste de personalidade padrão[21] que equaciona o otimismo com a crença de que seu futuro será satisfatório porque você tem certo controle sobre as consequências de eventos importantes, e o pessimismo com a crença de que os problemas que você tem são inevitáveis porque você não tem nenhum controle sobre o seu destino.

Ao final do estudo, a Dra. Kubzansky descobriu que, após ajustar estatisticamente fatores como idade, sexo, nível socioeconômico, exercícios físicos, consumo de álcool e fumo, a incidência de algumas formas de doença cardíaca entre participantes identificados como otimistas era cerca de 50% menor do que a de participantes identificados como pessimistas. "Eu sou uma otimista", a Dra. Kubzansky disse em uma entrevista recente, "mas não esperava resultados como esses".[22]

Outro estudo, liderado pela Dra. Laura Smart Richman, pesquisadora e professora assistente de psicologia na *Duke University*, analisou os efeitos físicos de duas outras emoções positivas associadas com a felicidade: esperança e curiosidade.[23] Cerca de 1.050 pacientes de uma clínica geral concordaram em participar respondendo a um questionário sobre seus estados emocionais, comportamentos físicos e outras informações como renda e nível de escolaridade.

A Dra. Richman e sua equipe acompanharam os registros médicos desses pacientes durante dois anos. Novamente, depois de fazer os ajustes

---

21 *The Minnesota Multiphasic Personality Inventory*.
22 Michael D. Lemonick, "The Biology of Joy", *Time*, 17 de janeiro de 2005.
23 L. Richman et al., "Positive Emotion and Health: Going Beyond the Negative", *Health Psychology*, 24, no. 4 (2005): 422–29.

estatísticos para os fatores mencionados acima, a Dra. Richman descobriu que níveis mais elevados de esperança e curiosidade estavam associados a uma menor probabilidade de ter ou desenvolver diabetes, pressão alta e infecções respiratórias. Na linguagem científica tipicamente cautelosa que objetiva evitar afirmações sensacionalistas, o estudo da Dra. Richman concluiu que os resultados sugeriram que "emoções positivas podem exercer uma função de proteção contra o desenvolvimento de doenças".[24]

A BIOLOGIA DA ABSOLUTA FELICIDADE

O suporte é o corpo humano supremo e precioso.

GAMPOPA, *The Jewel Ornament of Liberation*, traduzido para o inglês por Khenpo Konchog Gyaltsen Rinpoche.

O curioso sobre a mente é que, se você fizer uma pergunta e ouvir com cuidado, a resposta costuma surgir. Assim, não duvido que o desenvolvimento da tecnologia capaz de examinar os efeitos da mente sobre o corpo tenha alguma relação com o interesse crescente dos cientistas modernos em estudar o relacionamento entre a mente e o corpo. Até agora, as perguntas feitas pelos cientistas têm sido razoavelmente cautelosas e as respostas recebidas têm sido provocativas mas não absolutamente conclusivas. Como o estudo científico da felicidade e de seus atributos ainda é relativamente recente, precisamos estar dispostos a enfrentar certo nível de incerteza. Precisamos permitir a ele o tempo necessário para passar pelas dores do crescimento.

Enquanto isso, os cientistas começaram a traçar relações que podem ajudar a fornecer explicações objetivas para a eficácia do treinamento budista. Por exemplo, as amostras de sangue que Richard Davidson coletou

---

[24] Ibid.

dos participantes de seu estudo mostraram que as pessoas que tinham o tipo de atividade do lóbulo pré-frontal associada com emoções positivas também apresentaram níveis mais baixos de cortisol, um hormônio naturalmente produzido pelas glândulas adrenais como resposta ao estresse.[25] Como o cortisol tende a suprimir o funcionamento do sistema imunológico, uma correlação pode ser feita entre sentir-se mais ou menos confiante, feliz e capaz de exercer algum controle sobre a própria vida e ter um sistema imunológico mais forte e saudável. Por outro lado, uma sensação geral de estar infeliz, sem controle ou dependente das circunstâncias externas tende a produzir níveis mais altos de cortisol, que, por sua vez, pode enfraquecer o sistema imunológico e nos tornar mais vulneráveis a todos os tipos de doenças físicas.

OS BENEFÍCIOS DE RECONHECER A VACUIDADE

Você mesmo pode se tornar um ensinamento vivo;
você mesmo pode se tornar o dharma vivo.

CHÖGYAM TRUNGPA, *Illusion's Game: The Life and Teaching of Naropa.*

Qualquer uma das práticas de meditação descritas na Parte II pode ajudar a aliviar a sensação de estar "fora de controle" por meio da observação paciente dos pensamentos, emoções e sensações que vivenciamos em um determinado momento, de onde provém um reconhecimento gradual de que eles não são inerentemente reais. Se cada pensamento ou sentimento que você vivenciasse fosse inerentemente real, seu cérebro talvez se esmagasse com o enorme peso do acúmulo!

"Por meio da prática", um aluno me disse, "aprendi que os sentimentos não são fatos. Eles vêm e vão dependendo do meu próprio estado de

---

25 Lemonick, "Biology of Joy."

inquietação ou calma em um dado momento. Se fossem fatos, eles não mudariam, independentemente da minha situação".

O mesmo pode ser dito de pensamentos, percepções e sensações físicas, que, de acordo com os ensinamentos budistas, são todos expressões momentâneas da possibilidade infinita da vacuidade. Eles são como pessoas andando em um aeroporto a caminho de uma cidade diferente. Se você lhes perguntasse as intenções, elas lhe diriam que estão "só de passagem".

Então, como o reconhecimento da vacuidade pode reduzir os níveis de estresse que contribuem para doenças físicas? Mais acima, observamos as formas como a vacuidade pode ser comparada com nossas experiências nos sonhos, usando o exemplo específico de um carro. O carro que vivenciamos em um sonho não é "real", no sentido convencional de ser composto de várias partes materiais montadas em uma fábrica; mesmo assim, enquanto nosso sonho durar, nossa experiência de dirigir o carro parece muito real. Desfrutamos o prazer "real" de dirigir o carro e exibi-lo a nossos amigos e vizinhos e sentimos uma infelicidade "real" se, por um acaso, nos envolvermos em um acidente. Mas o carro no sonho não existe de verdade, não é mesmo? É só porque estamos presos na profunda ignorância de sonhar que o que sentimos ao dirigir o carro parece real.

Mesmo assim, até nos sonhos, algumas convenções reforçam nossa aceitação da realidade das experiências do sonho. Por exemplo, quando sonhamos com uma cachoeira, em geral a água cai para baixo. Se sonhamos com fogo, as chamas vão para cima. Quando nossos sonhos se transformam em pesadelos — por exemplo, se nos envolvemos em um acidente de carro, precisamos pular do alto de um prédio e desabamos no chão ou se somos compelidos a andar pelo fogo —, o sofrimento vivenciado parece muito real.

Então, deixe-me fazer uma pergunta que pode ser um pouco mais difícil de responder do que as que fiz até agora: que método você poderia utilizar para se libertar desse tipo de sofrimento que vivência no sonho sem acordar?

Eu fiz essa pergunta várias vezes em palestras e recebi várias respostas diferentes. Algumas das respostas eram bastante engraçadas, como uma pessoa que sugeriu contratar uma governanta clarividente que, instintivamente, reconheceria sua dor e entraria no sonho para ajudá-la em suas dificuldades. Não estou certo de quantas governantas clarividentes estão disponíveis ou se suas chances de serem contratadas aumentariam se elas incluíssem a clarividência em seus currículos como uma habilidade especial.

Outras pessoas sugeriram que passar algum tempo meditando no estado desperto automaticamente aumentaria as chances de ter sonhos mais agradáveis. Infelizmente, não posso dizer que isso acontece com as pessoas que conheci e com as quais conversei ao redor do mundo. Outras sugeriram que, se você sonhar que está pulando do alto de um prédio, pode subitamente descobrir que consegue voar. Não sei como ou por que isso poderia acontecer, mas me parece uma afirmação bastante arriscada.

Muito raramente, alguém sugere que a melhor solução possível é reconhecer no sonho que você só está sonhando. Pelo que sei, essa é a melhor resposta. Se puder reconhecer, enquanto estiver preso em um sonho, essa condição, você pode fazer tudo o que quiser no sonho. Você pode pular do alto de um prédio alto sem se ferir. Você pode andar pelo fogo sem se queimar. Você pode andar sobre a água sem se afogar. E, se estiver dirigindo seu carro e tiver um acidente, você pode escapar ileso.

Entretanto, o importante é que, ao exercitar o reconhecimento da vacuidade de todos os fenômenos, você pode realizar coisas incríveis na vida desperta. A maioria das pessoas passa pela vida desperta presa nas mesmas ilusões de limitação e restrição que vivenciam em seus sonhos. Mas, se passar ao menos alguns minutos por dia analisando seus pensamentos e percepções, você ganhará aos poucos a confiança e a consciência de reconhecer que sua experiência cotidiana não é tão sólida ou inalterável quanto achava que fosse. Aos poucos, a fofoca neuronal que você costumava aceitar como verdade começará a mudar, e a comunicação entre suas células cerebrais e as células associadas a seus sentidos também vai mudar. Tenha em mente que a mudança quase sempre ocorrerá muito lentamente. Você precisa se dar a chance de permitir que a transformação ocorra em seu próprio ritmo, de acordo com a própria natureza. Se tentar acelerar o processo, na melhor das hipóteses, você ficará desapontado; na pior, você pode se machucar (por exemplo, não o aconselharia a entrar no fogo depois de somente alguns dias meditando sobre a vacuidade).

Não consigo pensar em um melhor exemplo de paciência e diligência necessária para realmente reconhecer seu pleno potencial, sua natureza búdica, do que o primeiro filme da série *Matrix*, que muitos de vocês já devem ter assistido anos antes de mim. O filme me impressionou não só pelo fato de a realidade convencional vivenciada pelas pessoas presas no Matrix ter se revelado uma ilusão, mas também porque, mesmo com o benefício de todo equipamento e treinamento disponível a ele, ainda levou algum tempo para que o personagem principal, Neo, reconhecesse que as limitações pessoais aceitas como reais na maior parte de sua vida eram, na verdade, meras projeções da sua mente. Na primeira vez que precisou confrontar essas limitações, ele ficou aterrorizado e pude me identificar facilmente com seu medo. Apesar de ter Morpheus como guia e professor, ele ainda achava difícil acreditar no que era realmente capaz de fazer — da mesma forma como achei difícil acreditar na verdade da minha própria natureza na primeira vez em que ela me foi revelada pelos mestres que efetivamente demonstravam o pleno potencial dessa verdadeira natureza. Só no final do filme, quando Neo pôde constatar que as lições que lhe foram ensinadas eram verdadeiras, é que ele foi capaz de parar as balas no ar, voar pelo espaço e ver coisas antes de ocorrerem.

Mesmo assim, ele precisou aprender essas coisas de forma gradativa. Assim, não espere que, após dois ou três dias de meditação, você será capaz de andar sobre a água ou voar do alto de prédios. É mais provável que a primeira mudança observada seja um nível maior de abertura, confiança e honestidade consigo mesmo, e talvez uma habilidade de reconhecer os pensamentos e motivações das pessoas a seu redor com mais rapidez do que antes. E isso não é pouco: é o começo da sabedoria.

Se continuar praticando, todas as qualidades maravilhosas da sua verdadeira natureza gradualmente se revelarão. Você reconhecerá que a natureza essencial não pode ser prejudicada ou destruída. Aprenderá a "ler" os pensamentos e as motivações dos outros antes deles mesmos. Será capaz de olhar mais claramente para o futuro e ver as consequências das próprias ações e as ações das pessoas a seu redor. E, talvez o mais importante de tudo, você perceberá que, apesar dos seus próprios medos, não importa o que aconteça com seu corpo físico, sua verdadeira natureza é essencialmente indestrutível.

18. SEGUINDO EM FRENTE

Reflita sobre as vantagens desta rara existência humana.

JAMGÖN KONGTRUL, *The Torch of Certainty,*
traduzido para o inglês por Judith Hanson.

Dentre todos os seres vivos estudados até agora pelos cientistas modernos, pode-se considerar, com absoluta segurança, que só os seres humanos têm a capacidade de fazer escolhas deliberadas sobre o direcionamento de suas vidas e discernir se essas escolhas os conduzirão a um vale de felicidade transitória ou ao domínio da paz e do bem-estar duradouros. Apesar de sermos geneticamente programados para a felicidade temporária, também recebemos a habilidade de reconhecer em nós mesmos um senso mais profundo e duradouro de confiança, paz e bem-estar. Dentre os seres sencientes, os seres humanos parecem se destacar em sua habilidade de reconhecer a necessidade de construir um vínculo entre a razão, a emoção e o instinto de sobrevivência, e, ao fazê-lo, criar um universo — não apenas para si mesmos e as gerações humanas porvir, mas também para todas as criaturas que sentem dor, medo e sofrimento — no qual somos todos capazes de coexistir felizes e de modo pacífico.

Esse universo já existe, mesmo se não pudermos reconhecê-lo no momento. O objetivo dos ensinamentos budistas é desenvolver a capacidade de reconhecer que esse universo — que, na verdade, não é nada mais nada menos do que a possibilidade infinita inerente em nosso próprio ser — existe aqui e agora. Para reconhecê-lo, entretanto, é necessário aprender a repousar a mente. Só ao repousar a mente em sua consciência natural, podemos começar a reconhecer que não somos nossos pensamentos, nossos sentimentos nem nossas percepções. Pensamentos, sentimentos e percepções são funções do corpo. E tudo o que aprendi como budista, além de tudo o que aprendi sobre a ciência moderna, me diz que os seres humanos são mais do que apenas seus corpos.

Os exercícios que apresentei neste livro representam apenas o primeiro estágio do caminho para a realização do seu pleno potencial, sua natureza búdica. Por si mesmos, esses exercícios para aprender a acalmar sua mente, familiarizar-se com ela e desenvolver um senso de bondade amorosa e compaixão podem promover mudanças jamais sonhadas em sua vida. Quem não gostaria de se sentir confiante e tranquilo diante das dificuldades, reduzir ou eliminar sua sensação de isolamento ou contribuir, mesmo que indiretamente, para a felicidade e o bem-estar dos outros, proporcionando, assim, um ambiente no qual nós mesmos, aqueles que amamos e com quem nos importamos e as gerações ainda não nascidas possam prosperar? Tudo o que é necessário para realizar essas maravilhas é um pouco de paciência, um pouco de diligência, um pouco de disposição de abrir mão das ideias condicionadas sobre si mesmo e sobre o mundo a seu redor. Tudo o que é necessário é um pouco de prática em acordar no meio do sonho da sua vida e reconhecer que não há diferença entre a experiência do sonho e a mente de quem sonha.

Assim como a paisagem de um sonho tem um escopo infinito, o mesmo acontece com sua natureza búdica. As histórias sobre os mestres budistas do passado estão cheias de relatos maravilhosos de homens e mulheres que andavam sobre a água, passavam ilesos pelo fogo e comunicavam-se telepaticamente com seus seguidores através de grandes distâncias. Meu próprio pai foi capaz de passar pela experiência de um cirurgião cortando as camadas sensíveis da pele e dos músculos ao redor de seu olho sem sentir dor.

Eu também posso contar algumas histórias interessantes sobre um homem que viveu no século XX e que atingiu seu pleno potencial como um ser senciente. Esse homem era o 6º Karmapa, que foi o líder da linhagem Kagyu do budismo tibetano. No início do período de dificuldades que abalaram o Tibete no final da década de 1950, ele e um grande grupo de seguidores se estabeleceram em Sikkim, ao norte da Índia, onde construíram um grande monastério, várias escolas e instituições, fundando uma próspera comunidade para tibetanos exilados. Quando a comunidade em Sikkim estava estabelecida com segurança, o Karmapa começou a viajar pelo mundo, ensinando um crescente grupo de pessoas que, na época, já estava começando a se conscientizar da natureza especial do budismo tibetano. Em suas viagens pela Europa e América do Norte, ele realizou o que pode ser descrito como milagres, como deixar suas pegadas em pedra sólida e levar chuva para áreas assoladas pela seca no sudoeste dos Estados Unidos — em uma ocasião, fazendo com que uma fonte de água potável surgisse espontaneamente em uma região árida ocupada por índios hopi.

Mas foi a maneira como o 6º Karmapa morreu que ofereceu aos que testemunharam o evento a demonstração mais vívida das qualidades da mente natural. Em 1981, o Karmapa estava sendo tratado de câncer em um hospital fora de Chicago. O desenvolvimento da sua doença desconcertava a equipe médica, já que seus sintomas pareciam ir e vir sem qualquer razão aparente, desaparecendo totalmente em alguns momentos, para reaparecer mais tarde em uma área antes não afetada de seu corpo como se, de acordo com a descrição de uma testemunha, "seu corpo estivesse brincando com as máquinas".[26] Em toda aquela experiência difícil, o

---

26 Ken Holmes, *Karmapa* (Forres, Scotland: Altea Publishing, 1995), 32.

Karmapa nunca reclamou de dor. Ele se mostrava muito mais interessado no bem-estar dos funcionários do hospital, muitos dos quais passavam pelo seu quarto para sentir a enorme sensação de tranquilidade e compaixão que irradiava dele, apesar da devastação da doença.

Quando ele morreu, os lamas e outros tibetanos que ficaram com ele durante o seu tratamento solicitaram que seu corpo permanecesse intocado por três dias, como é o costume tibetano após a passagem de um grande mestre. Como o Karmapa havia causado uma profunda impressão no pessoal do hospital, a administração atendeu o pedido e, em vez de imediatamente remover o corpo para o necrotério do hospital, permitiu que seu corpo permanecesse no quarto, sentado na postura de meditação na qual ele morreu.

De acordo com os médicos que o examinaram durante esses três dias, o corpo do Karmapa nunca entrou em *rigor mortis* e a área ao redor de seu coração permaneceu quase tão morna quanto a de uma pessoa viva. Mais de vinte anos depois, as condições do seu corpo depois da morte desafiam as explicações médicas e ainda exercem um impacto profundo nas pessoas que as testemunharam.

Suspeito que sua decisão de ser tratado e ter seu corpo mantido em um hospital ocidental tenha sido o último e talvez maior presente do 6º Karmapa para a humanidade: uma demonstração para a comunidade científica ocidental de que de fato possuímos capacidades que não podem ser explicadas em termos comuns.

ENCONTRANDO UM PROFESSOR

Você precisa ser orientado por um autêntico mentor espiritual.

9º GYALWANG KARMAPA, *Mahāmudrā: The Ocean of Definitive Meaning*, traduzido para o inglês por Elizabeth M. Callahan.

O aspecto interessante sobre os mestres do passado e do presente é que eles compartilharam um processo similar de treinamento. Eles começaram praticando muitos dos exercícios apresentados neste livro para acalmar a mente e desenvolvendo a compaixão; então, atingiram seu pleno potencial ao seguir as orientações de um professor mais sábio e mais experiente do que eles. Se você quiser se aprofundar, se quiser explorar e vivenciar seu pleno potencial, precisa de um guia. Você precisa de um professor.

Quais são as qualidades de um bom professor? Antes de mais nada, o professor deve ter sido treinado de acordo com uma linhagem — caso contrário, ele (ou ela) pode meramente estar inventando as regras ou orientações de prática com base em seu próprio orgulho ou pode estar perpetuando um mal-entendido do que leu em livros. Há também um grande mas sutil poder em receber orientações de um professor treinado na tradição de uma linhagem estabelecida: o poder da interdependência discutido na Parte I. Quando trabalha com um professor treinado em uma linhagem, você se torna parte da "família" dessa linhagem. Da mesma forma como aprendeu lições tácitas, mas preciosas, de sua família biológica ou de sua família de criação, você ganhará lições de valor inestimável só ao observar e interagir com um professor de uma verdadeira linhagem.

Além de ter sido treinado nas disciplinas de uma linhagem específica, um professor qualificado também precisa demonstrar compaixão e, por meio de suas ações, sutilmente comprovar a própria realização sem ao menos mencioná-la. Evite professores que falem sobre suas próprias realizações — porque esse tipo de conversa ou ostentação é um sinal claro de que eles, na verdade, não atingiram a realização. Os professores que tiveram alguma experiência nunca falam sobre as próprias realizações, mas tendem, em vez disso, a falar sobre as qualidades dos seus próprios professores. E você também poderá sentir as próprias qualidades do seu professor por meio da aura de autoridade que o envolve, como a luz refletida de uma pepita de ouro. Você não vê o ouro em si, mas somente o brilho da luz dourada.

ESCOLHENDO A FELICIDADE

A intenção é o karma da mente.

GUNAPRABHA, *The Treasury of Abhidharma*,
traduzido para o inglês por Elizabeth M. Callahan.

Observe uma criança jogando um videogame, obcecada em apertar botões para matar inimigos e ganhar pontos e você verá como esses jogos podem ser viciantes. Então, dê um passo para trás e veja como os "jogos" financeiros, românticos ou de qualquer outra natureza que você tem jogado na idade adulta são tão viciantes quanto os videogames. A principal diferença entre um adulto e uma criança é que um adulto tem a experiência e o conhecimento para se distanciar do jogo. Um adulto pode escolher olhar mais objetivamente para a sua mente e, ao fazê-lo, desenvolver um senso de compaixão em relação aos outros que não são capazes de fazer essa escolha.

Conforme descrito nas páginas anteriores, uma vez que você se comprometa a desenvolver uma consciência da sua natureza búdica, inevitavelmente começará a ver mudanças em sua experiência cotidiana. Aos poucos, as coisas que costumavam preocupá-lo perdem o poder de perturbá-lo. Você se tornará intuitivamente mais sábio, mais relaxado e mais aberto. Você começará a reconhecer obstáculos como oportunidades de crescimento. E, à medida que sua sensação ilusória de limitação e vulnerabilidade aos poucos vai se dissipando, você descobrirá nas profundezas de seu ser a verdadeira grandiosidade de quem e o que você é.

O melhor de tudo é que, à medida que começa a ver seu próprio potencial, você também começa a reconhecê-lo em todos os que o cercam. A natureza búdica não é uma qualidade especial disponível a uns poucos privilegiados. A verdadeira indicação de ter reconhecido sua natureza búdica é perceber como ela é comum — a habilidade de ver que todo ser vivo compartilha essa natureza, apesar de nem todos poderem reconhecê-la. Assim, em vez de fechar seu coração para as pessoas que gritam com você ou agem de alguma outra maneira negativa, você se percebe se tornando mais aberto. Você reconhece que eles não são estúpidos, mas pessoas que, como você, querem ser felizes e estar em paz; eles só estão agindo de forma estúpida porque não reconheceram sua verdadeira natureza e estão dominados por sensações de vulnerabilidade e medo.

Sua prática pode começar com a simples aspiração de fazer melhor, de abordar todas as suas atividades com um senso maior de atenção plena e abrir seu coração mais profundamente em relação aos outros. A motivação é o fator mais importante para determinar se sua experiência será condicionada pelo sofrimento ou pela paz. Na verdade, a atenção plena e a compaixão se desenvolvem no mesmo ritmo. Quanto mais vigilante você se torna, mais fácil será ser compassivo. E, quanto mais você abrir seu coração aos outros, mais atento se tornará em todas as suas atividades.

A qualquer momento, você pode escolher seguir a cadeia de seus pensamentos, emoções e sensações que reforçam uma percepção de si mesmo como vulnerável e limitado ou lembrar-se de que sua verdadeira natureza é pura, incondicionada e incapaz de ser prejudicada. Você pode permanecer no sono da ignorância ou lembrar-se de que está e sempre esteve desperto. De qualquer modo, você ainda estará expressando a natureza ilimitada do seu verdadeiro ser. Ignorância, vulnerabilidade, medo, raiva e desejo são expressões do potencial infinito da sua natureza búdica. Não há nada de inerentemente errado ou certo em fazer uma ou outra escolha. O fruto da prática budista é o reconhecimento de que essa e outras aflições mentais não são nada mais ou menos do que escolhas disponíveis a nós, porque nossa verdadeira natureza é infinita em escopo.

Escolhemos a ignorância porque *podemos*. Escolhemos a consciência porque *podemos*. O samsara e o nirvana são diferentes pontos de vista baseados nas escolhas que fazemos em como encarar e compreender nossas experiências. Não há nada de mágico no nirvana e nada de mau ou errado no samsara. Se você está determinado a pensar em si mesmo como limitado, temeroso, vulnerável ou traumatizado pelas experiências passadas, saiba apenas que você *escolheu* isso e que sempre há a oportunidade de experimentar-se de forma diferente.

Em essência, o caminho budista oferece uma escolha entre a familiaridade e a praticabilidade. Sem dúvida, há certo conforto e estabilidade em manter padrões familiares de pensamento e comportamento. Sair dessa zona de conforto e familiaridade necessariamente envolve entrar no domínio da experiência desconhecida, que pode parecer realmente aterrorizante — um domínio desconfortável entre duas situações como a que vivenciei no retiro. Você não sabe se deve voltar ao que era familiar mas assustador ou persistir avançando para o que pode ser assustador apenas por ser desconhecido.

Em certo sentido, a incerteza que cerca a escolha de reconhecer seu pleno potencial é similar ao que vários alunos me contaram sobre terminar um relacionamento abusivo: há certa relutância ou sensação de fracasso associado a terminar um relacionamento. A principal diferença entre dar fim a um relacionamento abusivo e entrar no caminho da prática budista é que, quando você entra no caminho da prática budista, está terminando um relacionamento abusivo consigo mesmo. Quando escolhe reconhecer seu verdadeiro potencial, você, aos poucos, começa a se ver autodepreciando-se menos, sua opinião sobre si mesmo fica mais positiva e ampla e seu senso de confiança e alegria de viver aumentam. Ao mesmo tempo, você começa a reconhecer que todos a seu redor têm o mesmo potencial, independentemente de saberem ou não disso. Em vez de lidar com eles como ameaças ou adversários, você se verá capaz de reconhecer e ter empatia com o medo e a infelicidade dos outros e, espontaneamente, reagirá de um modo que enfatize as soluções, e não os problemas.

No final, a felicidade resulta da escolha entre o desconforto de se conscientizar de suas aflições mentais e o desconforto de ser dominado por elas. Não tenho como lhe prometer que sempre será agradável repousar na consciência dos seus pensamentos, sentimentos e percepções, e reconhecê-los como criações interativas entre sua própria mente e corpo. Na verdade, posso até garantir que olhar para si mesmo dessa forma será, por vezes, extremamente desagradável. Mas o mesmo pode ser dito de começar qualquer coisa nova, como ir à academia de ginástica, começar um novo emprego ou iniciar uma dieta.

Os primeiros meses sempre são difíceis. É difícil aprender tudo o que for necessário para dominar um trabalho; é difícil motivar-se para se exercitar; é difícil comer de forma saudável todos os dias. Mas, depois de algum tempo, as dificuldades declinam, você começa a ter uma sensação de prazer ou realização e toda a sua noção de ser começa a mudar.

A meditação funciona da mesma forma. Nos primeiros dias, você pode se sentir muito bem, mas, depois de cerca de uma semana, a prática se torna uma provação. Você não tem tempo, sentar-se para meditar é desconfortável, você não consegue se concentrar, você se cansa. Você percebe que é muito difícil continuar, como os atletas quando tentam acrescentar um quilômetro a mais às suas sessões de exercício. O corpo diz "Eu não consigo", enquanto a mente diz "Eu deveria". Nenhuma das vozes é particularmente agradável; na verdade, ambas são um pouco exigentes.

Muitas vezes, o budismo é chamado de o "caminho do meio" por oferecer uma terceira opção. Se você não conseguir se concentrar em um som ou uma chama por um segundo a mais, não hesite em parar. Caso contrário, a meditação se transforma em uma tarefa. Você vai acabar pensando: "Ah, não, já são 7h15, preciso meditar e cultivar a felicidade." Ninguém consegue progredir assim. Por outro lado, se você acha que consegue continuar por mais um minuto ou dois, não hesite em continuar. Você pode se surpreender com o que aprender. Você pode descobrir um pensamento ou sentimento específico por trás da resistência que você não queria reconhecer. Ou pode descobrir que consegue repousar sua mente por mais tempo do que achava que conseguiria — e essa descoberta, por si só, pode lhe dar mais confiança em si mesmo e, ao mesmo tempo, reduzir o nível de cortisol, aumentar o nível de dopamina e gerar mais atividade no lóbulo pré-frontal esquerdo do seu cérebro. E essas mudanças biológicas podem fazer uma grande diferença no seu dia, proporcionando um ponto de referência física para a tranquilidade, a estabilidade e a confiança.

Mas o melhor de tudo é que não importa quanto tempo você vai meditar, ou o método que vai utilizar, toda técnica de meditação budista acaba gerando compaixão, independentemente de estarmos conscientes ou não dela. Sempre que observar sua mente, você não tem como deixar de reconhecer a semelhança com as pessoas que o cercam. Quando vê seu próprio desejo de ser feliz, você não tem como evitar ver o mesmo desejo nos outros e, quando observa claramente o próprio medo, raiva ou aversão, você não tem como evitar ver que todos a seu redor sentem o mesmo medo, raiva ou aversão. Quando observa a própria mente, todas as diferenças imaginárias entre você e os outros automaticamente se dissolvem e a antiga prece dos Quatro Imensuráveis se torna tão natural e persistente quanto as próprias batidas de seu coração:

Que todos os seres sencientes tenham felicidade e as causas da felicidade.
Que todos os seres sencientes estejam livres do sofrimento e das causas do sofrimento.
Que todos os seres sencientes tenham alegria e as causas da alegria.
Que todos os seres sencientes permaneçam em grande equanimidade, livres do apego e da aversão.

AGRADECIMENTOS

Por sua inspiração e instruções, gostaria de agradecer a cada um de meus professores, incluindo Sua Eminência Tai Situ Rinpoche; Sua Santidade Dilgo Khyentse Rinpoche; Saljay Rinpoche; Nyoshul Khen Rinpoche; meu pai, Tulku Urgyen Rinpoche; Khenchen Kunga Wangchuk Rinpoche; Khenpo Losang Tenzin; Khenpo Tsultrim Namdak; Khenpo Tashi Gyaltsen; Drupon Lama Tsultrim; meu avô Tashi Dorje; e Dr. Francisco J. Varela.

Por sua ajuda em fornecer informações científicas e esclarecimentos, também gostaria de agradecer ao Dr. Richard Davidson, Dr. Antoine Lutz, Dr. Alfred Shapere, Dr. Fred Cooper, Dra. Laura D. Kubzansky, Dra. Laura Smart Richman e C. P. Antonia Sumbundu. Também gostaria de agradecer a Anne Benson, Ani Jamdron, Dr. Alex Campbell, Christian Bruyat, Lama Chodrak, Edwin e Myoshin Kelley, Dr. E. E. Ho, Dr. Felix Moos, Helen Tvorkov, Jacqui Horne, Jane Austin Harris, Jill Satterfield, M. L. Harrison Mackie, Veronique Tomaszewski Ramses e Dr. William Rathje, por suas contribuições na revisão e edição do manuscrito.

O manuscrito jamais se concretizaria neste livro sem a ajuda de minha agente, Emma Sweeney; meus editores Shaye Areheart e John Glusman; e o apoio de Tim e Glenna Olmsted, Mei Yen e Dwayne Ladle, Robert Miller, Christine Mignanelli, Lama Karma Chotso, Dra. Elaine Puleo, Gary Swanson e Nancy Swanson.

Gostaria de dirigir agradecimentos especiais a meu irmão, Tsoknyi Rinpoche; Josh Baran; Daniel Goleman; Tara Bennett-Goleman; e Lama Tashi, por sua inspiração, bondade e generosidade em organizar todos os vários detalhes deste livro.

Finalmente, gostaria de agradecer a Eric Swanson, que trabalhou com muita paciência, apesar de minhas constantes alterações no manuscrito. Ele tem profundos conhecimentos, uma mente aberta e um sorriso constante. Sem seu esforço, este livro jamais teria sido concluído.

GLOSSÁRIO

Amígdala: Uma estrutura neuronal no cérebro envolvida na formação de aspectos emocionais da memória, em particular o medo e o prazer.

Atenção plena: Repousar a mente na pura observação consciente dos pensamentos, sentimentos e das experiências sensoriais antes que outras associações mentais ocorram.

Axônio: O tronco de uma célula nervosa.

Bodhicitta absoluta: Insight direto sobre a natureza da mente. *Veja também* Bodhicitta, Bodhicitta da aplicação, Bodhicitta da aspiração, Bodhicitta relativa.

Bodhicitta da aplicação: Tomar medidas para cultivar a liberação de todos os seres sencientes de todas as formas e causas de sofrimento por meio do reconhecimento da sua natureza búdica. *Veja também* Bodhicitta, Bodhicitta absoluta, Bodhicitta da aspiração, Bodhicitta relativa.

Bodhicitta da aspiração: Cultivo do desejo sincero de elevar todos os seres sencientes ao nível no qual eles reconhecem sua natureza búdica. *Veja também* Bodhicitta absoluta, Bodhicitta da aplicação, Bodhicitta relativa, Bodhicitta.

Bodhicitta relativa: A intenção, no contexto relativo de "eu" e "outro", de elevar todos os seres sencientes ao nível no qual eles reconhecem sua natureza búdica. *Veja também* Bodhicitta, Bodhicitta absoluta, Bodhicitta da aplicação, Bodhicitta da aspiração.

Bodhicitta: Sânscrito: a "mente" ou "coração" do despertar. *Veja também* Bodhicitta absoluta, Bodhicitta da aplicação, Bodhicitta da aspiração, Bodhicitta relativa.

Bondade amorosa: Nos termos da filosofia budista, a aspiração de que todos os seres sencientes — mesmo aqueles dos quais não gostamos — vivenciem a mesma sensação de alegria e liberdade que nós mesmos desejamos sentir.

Cérebro reptiliano: A camada mais inferior e antiga do cérebro humano, responsável pelo controle de funções involuntárias como o metabolismo, a frequência cardíaca e a reação de lutar ou fugir. *Veja também* Tronco cerebral.

Clareza: Consciência espontânea; o aspecto consciente ilimitado da mente. Também conhecida como a luz clara da mente.

Corpo: O aspecto físico da existência. *Veja também* Mente, Fala.

Dharma: Sânscrito: A verdade ou a forma como as coisas são.

Dul-tren: Tibetano: A menor partícula.

Dul-tren-cha-may: Tibetano: Partícula indivisível.

Dzinpa: Tibetano: Agarrar.

Dzogchen: Tibetano: A Grande Perfeição.

Elétron: Uma partícula subatômica eletricamente carregada.

Espectro: O conjunto dos níveis de energia, diferentes para cada tipo de átomo.

Fala: O aspecto da existência que envolve comunicação verbal ou não verbal. *Veja também* Mente, Corpo.

Filhos do Coração: Os principais alunos de um grande mestre.

Fóton: Uma partícula de luz.

Gewa: Tibetano: Adjetivo usado para descrever algo que empodera ou fortalece; muitas vezes traduzido como "virtuoso".

Gom: Tibetano: Literalmente, "familiarizar-se com"; um termo comum para a meditação.

Hipocampo: Uma estrutura neuronal do cérebro envolvida na formação de aspectos verbais e espaciais da memória.

Hipotálamo: Uma estrutura neuronal na base da região límbica envolvida no processo de liberar hormônios na corrente sanguínea.

Iluminação: Em termos budistas, o firme e inabalável reconhecimento da própria natureza búdica. *Veja também* Natureza búdica, Mente natural.

Interdependência: O encontro de diferentes causas e condições para criar uma experiência específica.

Kagyu: Uma linhagem do budismo tibetano baseada na transmissão oral de ensinamentos de mestre a aluno; das palavras tibetanas *ka*, significando "fala", e *gyu*, "linhagem".

Karma: Sânscrito: Ação ou atividade.

Karmapa: O líder da linhagem Karma Kagyu do budismo tibetano.

Le-su-rung-wa: Tibetano: Maleabilidade.

Magakpa: Tibetano: Desimpedimento; muitas vezes traduzido como "habilidade" ou "poder". O aspecto da natureza búdica que transcende as ideias habituais de limitação pessoal.

Mahāmudrā: Sânscrito: Grande Selo ou Grande Gesto.

Mahasiddha: Sânscrito: Uma pessoa que passou por provações extraordinárias para atingir um conhecimento profundo.

Mala: Sânscrito: Um colar de contas para recitação, normalmente utilizado para contar repetições de um mantra.

Mantra: Sânscrito: A repetição de combinações especiais de sílabas antigas.

Massa: A medida da quantidade de matéria em um objeto.

Mente: O aspecto da existência que envolve a consciência. *Veja também* Corpo, Fala.

Mente natural: A mente em seu estado natural, livre de limitações conceituais. *Veja também* Natureza búdica, Iluminação.

Mi-gewa: Tibetano: Um adjetivo usado para descrever algo que enfraquece; muitas vezes traduzido como "não-virtuoso".

Natureza búdica: O estado natural de todos os seres scientes, que é infinitamente consciente, compassivo e capaz de se manifestar. *Veja também* Iluminação, Mente natural.

Neocórtex: A camada mais superior do cérebro, específica dos mamíferos, que proporciona as capacidades de raciocínio, formação de conceitos, planejamento e reações emocionais de ajuste fino.

Neurônio: Uma célula nervosa.

Neurotransmissor: Uma substância que passa sinais eletroquímicos entre os neurônios.

Nirvana: Sânscrito: "Extinguir" ou "apagar" (como se apaga a chama de uma vela); muitas vezes interpretado como um estado de absoluta felicidade, surgindo da "extinção" ou "apagamento" do ego ou da ideia de "eu".

Nying-jay: Tibetano: Compaixão; uma expansão absolutamente direta do coração.

Nyingma: Um termo tibetano aproximadamente traduzido como os "antigos"; refere-se, de modo específico, à linhagem mais antiga do budismo tibetano estabelecida no Tibete durante o século VII.

Plasticidade neuronal: A capacidade de substituir conexões neuronais antigas por novas.

Potencial de ação: A própria transmissão de um sinal entre um neurônio e outro.

Purusha: Sânscrito: Literalmente, "algo que possui poder"; em geral, utilizado para se referir a um ser humano.

Quatro Verdades Nobres, As: O nome aplicado aos primeiros ensinamentos dados pelo Buda em Varanasi, depois de ter atingido a iluminação; também conhecidas como o primeiro dos Três Giros da Roda do Dharma.

Realidade absoluta: O infinito potencial de algo ocorrer. *Veja também* Vacuidade, Tongpa-nyi.

Realidade relativa: A experiência momentânea de mudanças e deslocamentos infinitos de pensamentos, emoções e percepções sensoriais.

Região límbica: A camada mediana do cérebro, que inclui conexões neuronais que proporcionam a capacidade de vivenciar emoções e o impulso de cuidar dos outros.

Ressonância límbica: Um tipo de capacidade cérebro-a-cérebro de reconhecer os estados emocionais dos outros por meio de expressão facial, feromônios e postura corporal ou muscular.

Revisão límbica: A capacidade de mudar ou revisar as redes de circuito neuronais da região límbica por meio da experiência direta com outra pessoa.

Samaya: Sânscrito: Um voto ou comprometimento.

Samsara: Sânscrito: Roda; em termos budistas, a roda do sofrimento.

Sautrantika: Sânscrito: Uma escola antiga da filosofia budista.

Sem: Tibetano: Aquilo que conhece.

Ser senciente: Qualquer ser que tenha a capacidade de pensar e sentir.

Shamata: Sânscrito: Prática da calma permanência, permitindo que a mente repouse com tranquilidade tal como ela é. *Veja também* Shinay.

Shastra: Sânscrito: Uma explicação de, ou um comentário sobre, uma ideia ou termo expressado pelo Buda durante a sua vida.

Shedra: Tibetano: Uma universidade monástica.

Shinay: Tibetano: Calma permanência; permitir que a mente repouse com tranquilidade tal como ela é. *Veja também* Shamata.

Sinapse: A lacuna pela qual os neurônios se comunicam.

Sincronia neuronal: Processo em que os neurônios se movem em áreas amplamente separadas do cérebro espontânea e instantaneamente para comunicar-se entre si.

Sistema nervoso autônomo: A área do tronco cerebral que automaticamente controla as reações musculares, cardíacas e glandulares.

Sutra: Sânscrito: Literalmente, "fio". Na terminologia budista, uma referência específica às palavras do Buda "entrelaçadas" ao longo dos anos de seus ensinamentos.

Tálamo: Uma estrutura neuronal localizada no centro do cérebro, por meio da qual as mensagens sensoriais são classificadas antes de serem transmitidas para outras áreas do cérebro.

Tathagatagarbha: Sânscrito "A natureza de quem foi por aquele caminho", uma forma de descrever alguém que atingiu a completa iluminação; também traduzido como "natureza búdica", "essência iluminada", "natureza comum" e "mente natural".

Tonglen: Tibetano: "Enviar e tomar para si". A prática de enviar toda a sua felicidade a outros seres sencientes e tomar para si o sofrimento desses seres.

Tongpa: Tibetano: Indescritível, inconcebível, impossível de ser nomeado, vazio de significado em termos comuns.

Tongpa-nyi: Tibetano: *Veja* Vacuidade.

Três Giros da Roda do Dharma: Os três conjuntos de ensinamentos sobre a natureza da experiência dados pelo Buda em diferentes momentos e locais.

Tronco cerebral: A camada mais inferior e antiga do cérebro humano, responsável pelo controle de funções involuntárias como o metabolismo, a frequência cardíaca e a reação de lutar ou fugir. *Veja também* Cérebro reptiliano.

Tulku: Tibetano: Um mestre iluminado que foi escolhido para reencarnar em forma humana.

Vacuidade: A base inerentemente indescritível de todos os fenômenos dos quais qualquer coisa e todas as coisas surgem. *Veja também* Realidade absoluta, Tongpa-nyi.

Vaibhasika: Sânscrito: Uma escola antiga da filosofia budista.

Velocidade: A velocidade e a direção do movimento de partículas subatômicas.

SOBRE OS AUTORES

YONGEY MINGYUR RINPOCHE
Nascido em 1975 em Nubri, Nepal, Yongey Mingyur Rinpoche é uma estrela em ascensão da nova geração de mestres do budismo tibetano treinados fora do Tibete. Profundo conhecedor das disciplinas práticas e filosóficas da tradição antiga do budismo tibetano, possui vasto conhecimento das questões e particularidades da cultura moderna. Viajou durante quase uma década por todo o mundo, encontrando-se e conversando com diversos cientistas renomados e pessoas comuns que desejam ir além do sofrimento inerente à condição humana e atingir um estado de felicidade duradoura. Seus relatos sinceros e muitas vezes bem humorados das próprias dificuldades pessoais fazem com que seja amado por milhares de alunos budistas e não budistas ao redor do mundo. Para mais informações sobre Mingyur Rinpoche, seus ensinamentos e atividades, visite o site da Yongey Foundation em www.mingyur.org.

ERIC SWANSON
Formado pela Yale University e pela Julliard School, Eric Swanson adotou formalmente o budismo em 1995. É autor de *What the Lo-*

tus Said, uma descrição de sua jornada pelo Tibete como membro de uma equipe de voluntários que desenvolvem escolas e postos de atendimento médico em áreas rurais ocupadas predominantemente por populações nômades, e coautor de *Karmapa: The Sacred Prophecy*, história da linhagem Karma Kagyu do budismo tibetano.

Este livro foi diagramado por Mariana Erthal (www.eehdesign.com), com as fontes Garamond Premier Pro e Filosofia, e impresso na gráfica da Editora Vozes, em maio de 2021.